U0469486

我不只是数学

华应龙 著

中国人民大学出版社
·北京·

目 录

推荐序一　华应龙的"悖论"　　　　　　　　　　/朱永新　　　　　…001

推荐序二　从"我就是数学"到"我不只是数学"　/郑毓信　　　　　…004

自　序　我不只是数学　　　　　　　　　　　　　　　　　　　　…007

1. 真空妙有，面上生花 —— 以"认识面积"为例　　　　　　　　…015

[名家点评]

为学生而问，为学生而思

——读"认识面积"一课的前前后后　　　　/刘晓玫　　　　…028

2. 教是为了学的开始 —— 以"分数的初步认识"为例　　　　　…032

[名家点评]

教学内容的价值分析与判断决定教学行为

——兼评华应龙执教的"分数的初步认识"一课　/刘加霞　　　…053

3. 当阳光亲吻乌云 —— 以"解决（连乘）问题"为例　　　　　…062

[名家点评]

真善美的境界，人文化的课堂

——华应龙执教"解决（连乘）问题"教学评论　/陈今晨　　　…076

体验问题解决过程，实现"三维目标"的有机整合

——评华应龙执教的"解决（连乘）问题"　　/刘加霞　　　…078

4. 比喻的力量——以"平均数的再认识"为例　　　　　　　　…084

　　[名家点评]
　　对"平均数的意义"的叩问与实践　　　　/ 张　丹　李红云　…099

5. 人人都能学好数学——以"指尖上的数学"为例　　　　　…105

　　[名家点评]
　　将学生的数学思维引向深处
　　　——听华应龙"指尖上的数学"有感　　　　/ 曾小平　…119
　　"三会"落实数学核心素养
　　　——评"指尖上的数学"　　　　　　　　　/ 张春莉　…123

6. 真正有效的教学是打开学生的思维——以"台湾长什么样子"为例　…127

　　[名家点评]
　　想方设法教数学　　　　　　　　　　　　　/ 方运加　…143
　　小学数学综合与实践课的"源"与"流"　　／ 刘加霞　…144

7. 错误有时是创造的开始——以"猜想之后"为例　　　　…152

　　[名家点评]
　　从证伪到证实：还原数学课堂教学的完整过程
　　　——对"猜想之后"课例的点评　　　　　　/ 喻　平　…167
　　始于"猜想"，达于"素养"
　　　——读"猜想之后"课例有感　　　　　　　/ 张景斌　…172

8. 单位，让分数更好玩 —— 以"分数的再认识"为例 ···176

[名家点评]

通过"分"与"数（shǔ）"，得出分数是个"数（shù）"

—— 兼评华应龙执教的"分数的再认识" /刘加霞 ···193

好玩，可以是一种教学追求吗？ /彭 钢 ···201

9. 从一分为二到一分为三 —— 以"找次品"为例 ···206

[名家点评]

行走于平衡与不平衡之间

—— 听华应龙执教"找次品"有感 /丁国忠 ···223

10. 让规律多飞一会儿 —— 以"规律的规律"为例 ···233

[名家点评]

"规律"远行，"思想"放飞

—— 观华应龙"规律的规律"教学有感 /曹一鸣 ···252

在探索中求知，在复习中创新

—— 华应龙六年级数学复习课教学赏析 /陈玉梅 陈今晨 ···256

11. 心中有数，无限美好 —— 以"阅兵中的数学故事"为例 ···260

[名家点评]

小学数学教学贵在激发学生的兴趣与潜能 /王光明 ···272

阅兵教学铸就数学梦想
　　—— 观华应龙"阅兵中的数学故事"之感想　　/ 范文贵　　…273
引导学生用数学的思维看待问题　　/ 孔凡哲　　…279
引导学生发现数学与现实世界的联系　　/ 孙晓天　　…280

附　录 "我不只是数学"何以可能？——对优秀教师专业成长的再解读　/ 刘加霞　…286

后　记 每一个字，都是盛开的花　　…291

推荐序一
华应龙的"悖论"

前不久,在华应龙张罗的一个聚会上,他宣布自己的一本名为"我不只是数学"的新书即将出版,希望我能够为这本书写一个序言。我快乐地应承下来。我说,我要写一个别人不知道的华应龙,要写一个"情种"华应龙。

华应龙有浓厚的家乡情结。他是从江苏省南通市海安县走出来的,他对那片土地的哺育之恩一直难以忘怀。虽然来到北京工作后,他的天空更大了,但是他就像一只风筝,线一直拴在海安的那个小学的校园里。我一直感觉他就是海安教育界在北京的办事处,他曾不止一次为家乡的教育找我帮忙。

华应龙十分重视与朋友的感情。在课堂上,我们看到的是一个温文尔雅、循循善诱的华应龙;在饭桌上,我们看到的是一个"能喝八两喝一斤"的华应龙。干工作不马虎,处朋友真性情。我参加过许多次华应龙张罗的饭局,大部分都是为了他的朋友。对提携、帮助过他的李烈校长,他更是充满感激之情。

当然,最重要的是华应龙对数学的一往情深。他曾经写过一本书,书名很霸气,叫"我就是数学——华应龙教育随笔"。是的,他是为数学而来的,是为数学而生的。他十分热爱数学,数学一直是他生活的中心,所以,我说,他是数学学科虔诚的传教士。

那么,华应龙为什么又要写一本《我不只是数学》呢?我曾经听他讲过数学历史上的三个悖论。这三个悖论,也是数学发展历史上的三次危机。

第一个是毕达哥拉斯悖论。毕达哥拉斯学派的哲学基础是"万物皆数",而"一切数均可表示成整数或整数之比"则是这一学派的数学信仰。但$\sqrt{2}$这样的数是无法用两个整数的比表示出来的,因此产生了"无理数"这个概念。

第二个是芝诺悖论。这个悖论提出，若慢跑者在快跑者前一段，则快跑者永远赶不上慢跑者，因为快跑者必须首先跑到慢跑者的出发点，而当他到达慢跑者的出发点时，慢跑者又向前跑了一段，又有新的出发点在等着他，有无数个这样的出发点。这个悖论直接导致了微积分的出现。

第三个是罗素悖论，又称理发师悖论。即理发师只为不给自己理发的人理发，那他是否给自己理发？对此人们不能做出一个准确的判断，这促成了集合论的诞生。

华应龙讲这三个数学悖论是想告诉学生，规律的王国是有国界的，往前跨越一步，可能就是谬误。

其实，从《我就是数学——华应龙教育随笔》到《我不只是数学》，也是华应龙的悖论。而这个悖论，也可以视为华应龙对自己的又一次超越。

《我就是数学——华应龙教育随笔》不仅透露出他对数学的挚爱和自信，也透露出他以数学为中心的人生趣味；而《我不只是数学》则透露出他超越数学学科的局限，用大教育的理念来关照数学，透露出他从关注学科到关注人、关注人的成长的转变。

华应龙喜欢博览群书，光是《老子》，就已经读过不下20个版本。他经常用哲学的方法来讲述数学。他喜欢诗歌，他的数学课也总是充满了诗情画意。他曾经说，他一直在思考："数学课怎么才能上出文化的味道？"他要做一个有文化自觉的数学教师。

华应龙有一节堪称经典的数学课"规律的规律"。这是一堂复习课。他打破了教材原有的教学目标，不是带领孩子们回顾和巩固规律，而是鼓励他们主动怀疑和打破规律。在许多老师和学生看来，数学就是真理，是就是，不是就不是，是确定的。但是，华应龙在课堂上明确地告诉学生："世界上的一切事物都是变化的，都是有范围的，可能在这个范围里是对的，超出了这个范围就是不对的。所以，我们看问题不可以绝对化，要随时修正。"最后，他以"规律的王国也是有国界的"作为这堂课的结束语，不仅孩子们意犹未尽，听课的老师们也感到非常震撼。

华应龙在讨论自己的这节课时说过一句话："优秀的数学教师一定要有很高的视野，要跳出小学数学看数学，要跳出数学看数学，要用哲学的眼光看数学。数学教师要想上出具有文化味道的课，要有一定的数学专业基础，要有一定的文化素养。"

"我就是数学"的心态，能让一位数学教师与所教学科合二为一，成为一位优秀的老师。华应龙比许多优秀的数学教师更优秀的原因，也许就在于他"不只是数学"。跳出数学看数学，跳出学科看学科，这样才能站得更高，看得更远。这就是华应龙的"悖论"给我们的启示。

朱永新

2018年1月30日写于北京滴石斋

推荐序二

从"我就是数学"到"我不只是数学"

看到"我不只是数学"这个书名，相信有不少读者会立即联想到华应龙老师之前的一本著作——《我就是数学——华应龙教育随笔》。

不知道大多数读者对"我就是数学"这个书名有怎样的感觉，是欣赏，困惑，还是有一点点抵触？我是十分欣赏这个书名的，因为，在我看来，"我就是数学"也是所有数学教师应当具有的一种心态、立场和追求。

事实上，我在前些年撰写的《立足专业成长，关注基本问题》一文中也曾转引过另一位优秀小学数学教师张齐华老师的一段论述："教师与数学，二者理应相互交融、合二为一。一个优秀的数学教师站在讲台上，他就是数学！他的身上应该自然而然地散发出一种独特的数学光华与气息，一种源自于理性、智慧、思辨的内在气质。"因为，数学教育的主要目标显然不只是帮助学生较好地掌握数学基础知识和基本技能，还应逐步培养他们的数学思维（更恰当地说，是通过数学学会思维），包括逐渐养成相应的情感、态度与价值观。后一个目标的实现有一个过程，数学教师应该在这方面发挥言传身教的重要作用，即应通过自己的教学以及平时的一言一行，让学生真切地感受到数学（包括数学思维与数学精神）的魅力和力量。

当然，能够自信地说出"我就是数学"，恰恰体现出华老师作为一名数学教师的专业自信，这是他为自己设定的一个更高的追求目标。以下是笔者在《立足专业成长，关注基本问题》一文中的另外一段论述："如果你只满足于帮助学生学会一定的数学知识，只能说你是一个教书匠；如果你能通过自己的教学帮助学生学会数学的思维，你就是一个智者，因为你能启发学生的智慧；如果你能通过自己的言行、通过数学教学使学生受到无形的文化熏陶，使学生初步感受到数学文化的魅力,那么,即使你是一个小学教师,即使你身处偏僻的农村地区,你也是一个真正的大师!"

毋庸置疑,具有较高的数学素养并不是成为优秀数学教师的唯一条件。事实上,努力在课堂上展现出"我就是数学"这样一种姿态,其意义已经超出了单纯展现自身的数学水平,这体现了数学教师应当具有的专业形象。从后一个角度分析,相信读者就能很好地理解华应龙老师在采用"我不只是数学"这样一个书名时想要表达的东西,即对数学教师的专业成长、对数学教育目标更为全面、更加自觉的追求,努力由"专业自信"走向"专业责任""专业自觉"。

我认为,数学教育中存在两个最基本的道理。第一,数学课应当有"数学味"。正如张奠宙所说,如果任凭"去数学化"的倾向泛滥,数学教育无异于自杀。第二,教师心中一定要有学生,应将促进学生健康成长作为一切教学工作的主要目标。

同时,我们还应牢固树立这样一种认识:优秀数学教师的特色绝不应局限于具体的教学方法或模式,还应体现其对教学内容的深刻理解,反映他对数学学习和数学教学活动本质的深入思考,以及对理想课堂与教师自身价值的执着追求与深切理解。

在笔者看来,这也正是本书给予我们的主要启示,尽管其主体内容是11个具体的课例,但我们仍然可以明确地得出这样一个结论:正如华应龙老师自己所强调的,"我不只是数学"!

我特别推荐每个课例前的"课前慎思",这部分内容清楚地表明:教师设计教学时不应以与众不同作为主要目标,而应通过自己的积极思考,包括必要的课前调查以及对同一内容的现成课例进行综合分析,发现相关内容的数学本质,发现学生在学习这一内容时容易出现的普遍性困难与错误,从而更有针对性地进行教学。

我们在阅读本书时,可以努力将自己由纯粹的"旁观者"转变成"参与者"和"当事者"。在阅读了"课前慎思"以后,我们不妨暂时停止阅读,以此为背景独立思考:华应龙老师的思考是否真有道理?是否准确地抓住了相关教学活动的关键与难点?这是否适用于我的学生与教学环境?等等。我们甚至还可以以此为基础做出自己的教学设计。在经历了这样的"读者慎思"以后,我们再进一步阅读后面的具体课例（"课中笃行"）、华老师本人的"课后明辨"以及各位名家的点评。通过这样的对照比较，我们可以更好地领会相关教学设计的高明之处，收获也会更大。

当然，我们还可以采取这样一种方法，即在明确了相关的教学内容之后，首先做出自己的"课前慎思"。借助这种方法，我们可以更清楚地认识到：为了成为优秀教师，我们必须勤于思考，乐于思考，善于思考！

在笔者看来，只有坚持这一立场，我们才能更好地解决下面几个问题：在日常的教学活动中，我们究竟应当如何处理课程内容的"常规性"与"非常规性"之间的关系？如何处理教学活动的"规范性"（普适性）与"随意性"（情境性）之间的关系？正如华应龙老师所说的："保持一颗开放的心，向学生敞开，向课堂敞开，那么，我们就会走向自由和自在。"

就教师的专业成长而言，我们永远在路上。笔者由衷地希望能与华应龙老师以及广大的小学数学教师一起奋力前行，在专业成长的道路上走得更远，走得更好！

郑毓信

2018 年 1 月

自 序

我不只是数学

一

2009 年，我出版了《我就是数学 —— 华应龙教育随笔》。多位好友问我："应龙，平时你挺谦虚的，这次怎么取了个这么狂的书名？"

为什么说"我就是数学"呢？

如果有朋友问我："华应龙，你喜欢什么？"我会回答："我就是数学。"

如果有朋友问我："华应龙，你能做什么？"我会回答："我就是数学。"

如果有朋友问我："华应龙，在学校里你是什么？"我会回答："我就是数学。"

如果有朋友问我："华应龙，如果一生只能做一件事，你的这一件事是什么？"我会回答："我就是数学。"

马克斯·范梅南在《教学机智 —— 教育智慧的意蕴》中说："一位科学课教师不只是一个碰巧讲授科学课的人而已。一位真正的科学教师是一个反思着科学、探索着科学的人，是一个自身即体现了科学并身体力行的人，从某种意义上说，他就是科学。"诚哉斯言，教师就是他所教学科的形象大使。

"我就是数学"乃是自我安顿、自我期许和自我鞭策。既用数学修身，也用数学育人，还用数学立命。

二

我说"我不只是数学",这又是为什么呢?

请让我用故事来回答——

在汶川大地震两周年前夕,四川省什邡市邀请我去讲学,教学内容是人教版小学数学三年级下学期的"解决(连乘)问题",讲座的内容是"如何提高'解决(连乘)问题'教学的有效性"。

接到任务后,我思考了下面几个问题:

现在的"解决(连乘)问题"教学与传统的应用题教学有什么不同?我们应该如何扬弃传统的应用题教学经验?

问题情境是一节课的眼睛,是情意绵绵深似桃花潭的,是可以顾盼生辉的。当然,最好是真的、自然的。教材中"3个方阵一共有多少人"的问题情境该如何呈现?为什么要解决这样一个问题呢?针对这一情境,学生可能会提出什么问题?有没有更适合的例题情境呢?

学生列式解答连乘问题有困难吗?如果学生能在正确理解题意的基础上正确解答,那教学的意义和提升作用体现在哪里?为什么要上这节课呢?

…………

一个星期后,北京市中小学各学科教师代表一行12人一同前往什邡市。到达什邡,我们欣喜地看到了一派新气象:宽阔的公路,崭新的民房,绿油油的庄稼,幸福的笑脸……学校的建筑在当地都是最靓的。而在地震遗址公园,我们被倾斜的楼房、下陷的地基、扭曲的管道、废墟中的书包深深地震撼:在大自然的面前,人和蚂蚁没有什么不同,都非常脆弱和渺小。

怀着非常特别的心情,我站上了什邡市朝阳小学的讲台。

故事讲到这里,我说我不只是数学,我的课堂上不只有数学知识,您同意吗?

为什么要说"我不只是数学"呢?

第一,无教学不教育。

教育的核心目标无疑是育人。雅斯贝尔斯曾说过,教育是人的灵魂的教育，而非理智知识和认识的堆积。他认为，对学生来说，仅仅获得知识是不够的，他们还应成为完整的人，因此需要接受全人教育。雅斯贝尔斯认为"全人"应具有基本的科学态度，具有民族精神，具有整全的知识，具有适宜的个性特征，具有责任意识。

我们认为，在随时随地都可以通过网络查询新知识的时代，在不少人满足于"这个，我知道"的时代，教育的价值重在立德树人，培养学生的优秀品格，包括倾听别人的观点，从他人的角度思考问题，追求真理，言行一致，正直、善良，等等。我们要帮助学生成为一个富有文化的"全人"。

第二，情绪不是干扰。

当今世界公认的神经科学研究领域的领袖、美国南加州大学脑和创造力研究中心主任安东尼奥·R.达马西奥在《笛卡尔的错误：情绪、推理和人脑》一书中指出："情绪是推理的一个组成部分，情绪可以协助推理过程，而不是干扰。"我们认为，课堂上那些"不是数学的部分"不仅不会干扰数学学习，反而会滋润、滋养数学学习。

什么是教育？怀海特的回答是"把所学的东西都忘了，剩下的就是教育"。那么，我们在设计教学和实施教学时是否就该想一想：自己的教学除了教给学生知识，还能给学生留下些什么？由此想来，我们的教学要取得成功，是否也需要有一个"明确的目标"？我们不但要传授知识，启迪智慧，更要滋润生命。

第三，教师不是书橱。

我们不必死守着"学科边界"，而遮蔽了自身的人文情怀，扼杀了课堂的生命活力。因为教师不是机器，而是人。只要不是叠床架屋，只要不是焚琴煮鹤，而是"随风潜入夜，润物细无声"，那就很美妙。

2014年，《教育部关于实施卓越教师培养计划的意见》明确指出："针对小学教育的实际需求，重点探索小学全科教师培养模式，培养一批热爱小学教育事业、知识广博、能力全面，能够胜任小学多学科教育教学需要的卓越小学教师。"这从政策层面确定了我国小学教师的培养方向。

除了数学，我还能给学生带来些什么？

第一，中华优秀传统文化。

在一节课上，董诚介绍自己："我叫董诚，今年 11 岁，生日是 8 月 9 日，星座是狮子座。虽然成绩不算太好，但天天都过得很快乐。"同学们先是大笑，后来报以热烈的掌声。

我笑着问："董诚，大家为什么给你这么热烈的掌声？"

一个学生抢着说："因为他诚实。"我说："还有吗？"另一个学生笑着说："不怕丢脸。"全场都笑了，我接过话头："董诚，听了你的介绍，我想到爱迪生上小学时成绩就不好。"

一个女生憋不住了，不高兴地说："您这不是打击我们成绩好的人吗？"

同学们再次大笑并报以热烈的掌声。

我笑着问那个女孩儿："你怎么就说我打击你了呢？"

"您说爱迪生上学时成绩不好，是否意味着成绩好的人将来就没有前途呢？"

同学们笑得更欢了，掌声更响……

课到尾声，在解决怎么不用圆规在操场上画一个大圆的问题时，"成绩不算太好"的董诚说："我觉得可以先确定圆心，画一个很小的圆，然后一米一米地扩大，一直扩大到比较合适的地方，然后用油漆把它画下来就好了。"

我情不自禁地夸奖道："创造！创造！我想你将来会像爱迪生那样去创造！大家看，他多棒！华老师教了 20 多年书，还没见过哪个孩子像他这样想到先画个小圆，然后一点儿一点儿往外扩大的，真是佩服！来，给他掌声！"

全班同学开心地笑了，课堂上响起了热烈的掌声。

"古人说'人皆可以为尧舜'，意思是每个人都可以做得很棒。当然，原来成绩好的人，一样可以做得很棒！"

大家会心地笑了。不少学生明白了我的意思，回头看那个女生。

《道德经》中的"天下难事必作于易，天下大事必作于细""千里之行，始于足下"，《论语》中的"己所不欲，勿施于人""己欲达而达人"，《孟子》中的"不以规矩，不能成方圆""尽信书，则不如无书"，王阳明的"知而不行，只是未知""人生大病，只是一傲字"……都是我喜欢和学生分享的。

第二，人生的规则。

教学"分数的再认识"（参见本书《单位，让分数更好玩》一文），我设计了一个小练习，如下图。学生独立完成练习后，全班交流分别要圈几个。大家回答前两道题时异口同声，没有异议。第三道题，第一个学生报"圈9个苹果"，立马有一个学生大声说："错了，圈12个。"第一个学生"哦"了一声，放弃了。我追问："到底圈几个？"有一半学生肯定地说"12个"，有学生虽然疑惑，但声音很低地说："9个。"我再问："到底圈几个？"有说"12个"的，有说"9个"的。有学生回头一看，笑了："老师，苹果的总数不一样啊！"学生们惊呼"上当"，看着我脸上的表情，说："老师，您真坏！"我微笑着说："笑过之后，有什么收获？"

有学生说："我明白了，虽然分数相同，但整体不同，所以圈出来的结果不同。"这是讲分数的相对性。有学生说："虽然整体不同，圈出的结果也不同，但因为都是平均分成4份，取了3份，所以都是用 $\frac{3}{4}$ 来表示。"这是讲分数的意义。有学生说："做事要有自己的原则，不能跟着别人跑。"有学生说："只要自己认真思考过了，就要敢于坚持。"我说："大家说得真好！华老师还想和大家分享一句话：与自己不同的声音不一定是错的，要学会站到对方的角度看一看、想一想。"我认为这是讲人生的规则。

在教学"三角形两边之和大于第三边"时，我从头到尾都在讲"失败和成功只相差一点点儿"；在学生纠结于"若两边之和等于第三边，能不能围成三角形"时，我对学生们说："学习数学时请不要相信你的眼睛。"

在教学"游戏公平"时，我不动声色地渗透"孝敬父母"，旗帜鲜明地揭示"一切皆有可能"。

在教学"抢数游戏"时，我一语道破："我们没法改变别人，只有改变自己。"

在教学"正方体表面涂色问题"时，我"顺手一投枪"："位置不同，角色就不一样。"

第三，哲学故事。

《义务教育数学课程标准（2011年版）》很重视对学生发现问题和提出问题能力的培养，因此，我会在数学课上给学生讲大哲学家维特根斯坦的故事，讲他因为总能发现问题，所以才会超越罗素。

《义务教育数学课程标准（2011年版）》很重视培养学生的猜想能力，因此，我给学生上了一节"我有一个猜想"的数学课。课上，我和学生分享亚里士多德的猜想——"女人牙齿的数量比男人的少"。

第四，科学文化。

科学文化是在科学创造的过程中形成的文化，是人们在开展科学研究时所秉承的共同信念和思维方式。我讲"圆的认识"一课时，借助认识圆的过程，和学生分享认识新事物时需要回答的五个问题："是什么""为什么""怎么做""为何这么做""一定要这样做吗"。这五个问题让学生体验到了研究的乐趣。我告诉学生"问号是开启任何一门科学的钥匙"，接着又出示了爱因斯坦的图片和话语——"我没有什么特别的才能，不过喜欢寻根刨底地追究问题罢了。"

讲"指尖上的数学"一课，在让学生创造性地记录下数手指的过程后，我组织学生们交流欣赏各不相同的记录方法，引导学生发现规律。当学生不得要领时，我说："有一个成语叫'管中窥豹，可见一斑'，意思是从竹管的小孔里看豹，虽然只能看到豹身上的一块斑纹，但可以从观察到的部分推测到全貌。现在你们就看着'一指'上的数，你们能总结出什么规律？"……

我的数学课堂上，还有电影片段、成语故事、神话传说、民间俗语、神奇魔术……

三

2012年，我的教学思想研讨会在北京召开，叶澜教授说可以用五个"化"字概括我的教学追求和教学风格。

第一个"化"是努力将自己对人生、对数学的领悟化到数学教学中，华应龙把数学和他的人生化为一体，所以他喊出了"我就是数学"。

第二个"化"就是在数学教学过程中，华应龙从"趣"入手，唤起"思"，又以"思"升华"趣"。前面的"趣"是有趣，后面一个"趣"则是对数学、对科学这种研究的"趣"，那是一种升华的"趣"。从"有趣"开始，到体会发现那种创造的"乐趣"。

第三个"化"是华应龙把人文生活、中国传统文化中有意义、有价值的东西，以及他自己领悟了的东西，化到他的学科教学中，使他的数学教学呈现出一种人文的关怀。

第四个"化"就是华应龙将学生在学习过程中产生的各种各样的资源化成教的资源，把学的资源化成教的资源，通过教把学生的思考、领悟引入新的层次，再化为学生真实的学。

第五个"化"是华应龙把难化为易，把易化为深入，把点化为面，把每一节课都化到学生的精神生命成长中。他承担起了一个教师应尽的责任，这就是对学生成长的点化。

感谢叶澜教授的肯定！虽不能至，心向往之。我愿意继续追求！

2014年，一节课后，一个男生问我："华老师，如果您的头脑容量是100%，请问数学占多大比例？"

多好的问题呀！我们成年人是问不出这样的好问题的。

我微笑着回答："我头脑中的东西分为两部分，一部分是'数学'，另一部分是'为了数学'。"

本文首发于2015年第10期《中小学教材教学》"名师开讲"

2017年6月16日修改于北京圆方斋

1. 真空妙有，面上生花
—— 以"认识面积"为例

教学内容

北师大版三年级下册"什么是面积"。

课前慎思

一、怎么理解面积？

什么是面积？什么是面？什么是积？学生最难理解的是"面"还是"积"？"面"和"积"又是怎么联系起来的？面积具有可加性（一个物体分为几个部分后，这几个部分的面积之和与这个物体的面积相同），那么面积为什么不叫"面和"？

一张扑克牌有正反两面，撕去一面还有两面，再撕去一面还有两面，可否理解为面是只有长、宽而没有厚度的？

不同版本的教材都有类似"物体的表面或平面图形的大小就是它们的面积"这样的论述。我不禁要问："物体的表面"和"平面图形"是什么关系？为什么论述面积时要这样正式？北师大版三年级上册教材在论述周长时没有这样正式，没有这样的学究味，是借小蚂蚁的嘴说："我爬过一周的长度就是树叶的周长"，借铅笔的嘴说："图形一周的长度就是图形的周长"。

开展哪些活动才能帮助学生更好地理解面积？有老师认为，与长度相比，面积更为抽象。我则认为面积并不抽象。台湾吕玉英老师说过，面积是可以通过感官掌握的，可以用手比画或目视大小。我认为面积也是具象的，线段只有长短，也就是只有一个向度，而面积不仅有长短，还有宽窄，也就是有两个向度。只要我们能设计出有针对性的活动，就可以降低认识面积的难度。

以"积"开头的成语有：积少成多，积沙成塔，积水成渊……那么，从数学上来说，是积点成线、积线成面吗？可以这么说吗？

牛顿在其名著《流数法与无穷级数》的前言中说，可以把数学中的量看作由连续的运动产生出来的。这句话是不是告诉我们，几何形体不仅在形状上可以看成是由运动生成的，其求积问题也可以用运动的方式加以研究？

这样教学的前提是现实地认为线是有宽度的，这就与人们常说的"点没有大小、线没有粗细、面没有厚薄"相冲突了。怎么办？怎么解释？现实中的线有没有宽度呢？为什么要说"线没有粗细"？

我请教了四位研究数学教育的教授。第一位教授说："欧几里得的《几何原本》中规定，点没有大小，线没有粗细，面没有厚薄，它们是教学中的原始概念，没有理由。"第二位教授说："线是一维的，只有长短，没有粗细；点是零维的，如果有大小，就是二维的圆了。"第三位教授告诉我："因为点和线是对现实世界的抽象，因此，与具象有关的大小、粗细，对抽象的点和线没有实际意义，大点儿小点儿、粗些细些都不影响我们讨论问题。"与我在同一个工作室的刘海玲老师说："我认为，我们可以把这句话理解为：点的大小、线的粗细、面的厚薄是无所谓的。"那是否可以这样理解，"线没有粗细"是说在讨论问题时，线的粗细被忽视了？无论你说有还是没有，它都在那里。在这节课上，线的粗细被我重视了。

二、怎么比较面积的大小？

"比一比，看谁围的图形面积大？"是老师们经常组织的教学活动。但怎么比较大小？比较什么样图形的面积大小？不规则的图形在生活中比较常见，学生掌握得不好的也是不规则图形的面积，但一开始就比较不规则图形的面积大小，是否太难了？如果学生看不出来又怎么办？可不可以用将图形涂满的方法来比较？画线来比较呢？好像也有些荒唐，不过可以很好地突出面积的意义。

比较两个长方形的面积，可以重叠，这样就不用画线了；重叠不行，可以用印泥，先用大拇指来盖，再用小拇指来盖……剪下来称？用天平称？《义务教育数学课程标准（2011年版）》及修订版的教材，为什么去掉了"能用自选单位估计和测量图形的面积"的要求？

三、应追求什么样的课堂愿景？

以前的教学设计常常移步换景，一节课中要出现大约15个情景素材，是不是太多、太碎、太杂？能否简单些？能否抓住一个素材让学生好好品味？

有关马航MH370的报道，学生一定听到了不少。原本感觉地球是个很小很小的地球村的人们一下子醒悟过来，认识到原来地球是很大很大的。"搜寻面积的大小"可否用于教学？这样做是否人道？

数学是讲道理的。在数学课上是不是可以借着对数学知识的学习，让学生初步学会怎样讲道理？小学生能够接受的讲道理的方式是怎样的？举正例，想反例？这对三年级的学生来说，是否要求太高了？

保罗·拉克哈特在《一个数学家的叹息 —— 如何让孩子好奇、想学习，走进数学的美丽世界》中说："数学是一门'艺术'。"我们的小学数学是否也应该更加艺术？可以试一试！

基于以上的思考，我为本节课制定的教学目标是：

①理解面积的含义，会比较面积的大小，进一步建立空间观念。
②初步学会"举例子，讲道理"。
③感受思考数学问题的乐趣。

课中笃行

一、编词语，解读"面"

1. 讲故事，编词语

师：同学们，你们知道凤凰城吗？暑假，我去闻名遐迩的凤凰城旅游，看到了那里的美景，有一处场景让我记忆犹新。（播放手工织布视频）看到这个过程，我想到一个成语。（板书：积____成____）

师：你能说出类似"积____成____"的词语吗？

生 1：积少成多。

生 2：积土成山。

生 3：积劳成疾。

生 4：积非成是。

生 5：积善成德。

师：是啊，类似的成语还真不少。（幻灯片出示：积土成山，积水成渊，积善成德）你们发现这些词语有什么共同点了吗？

生 1：都是形容一点儿一点儿积累的。

生 2：最后都积累得比较多。

师：是啊，都是"积小成大"。（补充板书）

师：回过头来再看看织布的过程，我们能不能创编一个关于"积____成____"的词语呢？

生：积线成布。

师：布就是一个面，是不是可以说"积线成面"呢？（板书：积线成面）

2. 举例子

师：生活中还有积线成面的现象吗？

（生有些茫然）

（师微笑，出示凉席上睡一个小孩儿的图片及吊帘的图片等）

生 1：（着急）凉席中有"积线成面"。

生2：帘子。

生3：衣服。

师：（笑）你是我的托儿！今天我有意穿了这件衣服。（指着自己衣服上的竖条）积线成面，有的是平面，有的是曲面。

生：我的裤子上破了个洞，妈妈用线帮我补上了一朵花！

师：你的妈妈有一双积线成面的巧手！

师：（举起一本厚书）这本书有几个面？

生：（齐）6个。

师：它的前面是怎么形成的？

生：积线成面。

师：（课件播放书本的前面积线成面的过程，再举起两本薄厚不同的书）这两本书的前面都是积线成面，哪个面更大？

生1：左边这本大。

生2：右边这本大。

生3：不对不对，我们的右边是老师的左边。

师：（大笑）我以为我们班的孩子是左右不分的呢。开个玩笑。这样呢？（师将其中一本书举高，一本放低）

生：（齐）高的那本面大。

师：如果有一个人站在很远很远的地方，看不清哪本书面大，他可以问我一个什么样的问题？

生：两本书的页数分别是多少？

师：哦，我们来看一下，高的这本是478页，低的这本是325页。

生：（齐）页码多的面大。

师：看来同学们都明白一个道理：同样粗细的线，积得越多，面就越大。

3. 总结

师：今天我们一起创造了一个词语——

生：（齐）积线成面。

师：我们以后再看到面的时候，就会和别人有不同的感受。

二、听故事，比较"面"

1. 看动画，比大小

师：面的里面除了线，还有什么呢？来，我们一起看动画片《白雪公主要来了》，边看、边想、边交流。

（播放动画片，抛出第一个问题：白雪公主要在两张床中选择一张，哪张床更大呢？）

师：有个词语可以形容床面的大小，你们知道吗？

生1：周长。

生2：面积吧？

师：面积，听说过这个词吗？（一大半学生举手）在哪儿听说的？

生：平时我们会说，一个新房子的面积有多大多大。

师：一般来说，新房子的面积比旧房子的面积——

生：（齐）大。

生：平时我们会说，工地或者公园的面积很大。

师：是啊，它们都有面积。（课件出示两个长方形床面）哪个床面的面积更大呢？

（学生的意见不统一）

师：怎样才能得出正确的结论？

生：把那张长的割一下，补过来。

师：好！还有不同的办法吗？

生：用下面的垫子摆一下。

师：心有灵犀！（课件播放往床上摆一模一样垫子的过程）

师：现在有办法比较大小了吗？

生：可以数一下。

师：快数一数。

生：左边的床摆了12个垫子，右边的床摆了14个垫子，右边的床大。

师：还有不同意见吗？

生：（齐）没有。

师：左边床面的面积是 12 个垫子，右边床面的面积是 14 个垫子。谁大谁小，不需要再争论了，这就是数据的力量。借助一个标准，一个参照，就能比较出面积的大小了。

（继续播放动画片，抛出第二个问题：三块镜子哪块镜面大？学生自己想办法比较大小，如图 1.1）

▶ 图 1.1

师：是不是感觉不好比较？我们看一下课件。

（师播放在镜面上铺手帕的过程，前两块镜面上铺的手帕一样大，第三个镜面上铺的手帕比较小）

师：现在可以比出来了吗？为什么？同桌间说一说。

生：不能，放在最后那块镜面上的手帕和放在前面两块镜面上的手帕不一样大。

师：怎样才好比较？

生：手帕大小要一样。

（师播放课件，将同样大小的手帕铺在镜面上，如图 1.2）

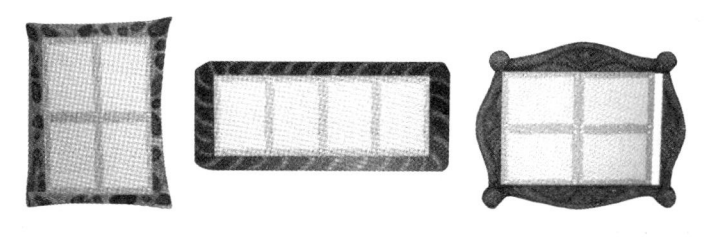

▶ 图 1.2

师：现在能比出大小了吗？

（开始时有的学生说能，有的说不能。最后，所有学生都认为能比较出

大小）

生：3块镜面上铺的都是4块同样大小的手帕，但第三块镜面上还有一小块没有铺满，所以第三块镜面的面积大。

师：比较面积大小时，选取的标准要一样。

（继续播放动画片，抛出第三个问题：两张餐桌，哪张餐桌的桌面大？）

师：有办法比吗？前后四人一个小组讨论讨论，拿出一个方案。

生：我们可以用摆盘子的方式比较。

师：（微笑）是啊，我们可以在餐桌上摆餐具。

（课件演示在长方形桌面上摆盘子的过程：在第一个桌面上，每列摆五个盘子，摆三列，前两列摆满，第三列只摆了两个盘子；在第二个桌面上，每列摆七个盘子，摆两列，第一列摆满，第二列只摆了一个盘子，如图1.3。看完后，有的学生不解地"啊"了一声）

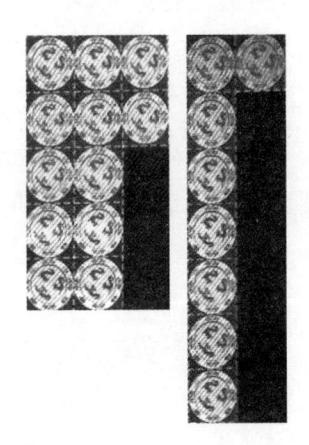

▶ 图1.3

师：对啊，没铺满，这也能比出来吗？（四人小组交流后——）

生：左边的餐桌可以摆15个盘子，右边的餐桌可以摆14个盘子。所以，左边的餐桌面积更大。

师：（疑惑的样子）左边可以摆15个盘子？为什么加"可以"两个字？

生：左边现在摆了12个盘子，有3个空位，一共可以摆15个盘子。

师：哦，没摆的3个盘子我们可以用想象给摆上！"可以"这个词用得好，严谨。（竖大拇指夸奖）

师：现在你们没意见了吧？是不是左边餐桌的面积更大？

生：（齐）对。

师：有没有质疑？

（生沉默）

师：（意味深长地）这个可以有。

生：盘子的个数能比，但是盘子中间还有空隙呀！

师：你看，这个问题提得多好，真是个好问题，掌声！空隙要不要算？

（有的学生说："要算，空隙是餐桌面积的一部分"；有的学生说："不要算，两张餐桌都有空隙，可以抵消"）

师：中间的空隙到底要不要算呢？实际上，我们可以想象，盘子的外面是套着一个正方形的。（课件演示盘子上套正方形的过程，学生看后恍然大悟）这样，这些空隙都可以用想象铺满。

2. 归纳共同点

师：（播放动画片的结尾）故事讲完了，我们似乎还没看够。我们一起回忆一下，（课件展示比较床面的面积、镜面的面积、餐桌面的面积图案）我们今天有收获吗？归纳一下，上面几个例子有什么共同点？

生：我们都摆了东西，从而比较出了大小。

师：同学们很会总结！今天我们知道了在比较面积大小的时候，第一，要选一个小面做标准，做参照，做单位；第二，在比较的时候，选的标准要相同；第三，尽量铺满，铺不满的时候可以用想象来铺满。

3. 做出创意

师：刚才比的是床面、镜面和桌面的大小。你打算怎么比较房间地面的大小呢？好学生不但能动脑，还能动手。我们动动手，画一画，比一比。

（课件出示：比一比，谁更会创造！① 看一看：是正方形的面积大，还是长方形的面积大？② 想一想：面的里面有什么时就好比较它们的大小了？③ 画一画：画出你想到的东西，并借助它比出两个房间的大小。）

请同学们拿出课前老师发给你们的练习纸。（练习纸上有一个正方形和一

1. 真空妙有，面上生花　023

个长方形，且课前交流时学生已在练习纸上写好了名字）不着急，优秀的人三思而后行，想好了再动笔。想一想，怎么画，既能比出大小，又可以节省时间，还好玩。

（倒计时 3 分钟，学生独立创作。教师察看学生的作品，并用纸笔记录学生的比较方法）

师：我们来交流一下吧。（展示生 1 的作品：两个图形上各画了一个白雪公主，如图 1.4）

生 1：我是让白雪公主直接躺在床上。

生 2：你的两位白雪公主画得不一样大。

生 1：那是我没画好。

师：看上去确实不一样大，不过你心里知道是一样大的，真好玩！（微笑着、善意提醒）我们是要比较房间地面的大小，不是比床面的大小。用掌声感谢他提醒了我们，能动手画出心中所想的东西也是一种能力！

▶ 图 1.4

我们再看下一位同学的作品。（展示生 2 的作品，如图 1.5）

生 2：我将这个正方形分成了 4 个小正方形，将长方形分出 2 个小正方形，还留下一些空间。

师：你知道画一样大小的正方形来做比较，非常棒！留下的部分怎样处理更好比较？看看这个作品。（出示老师的画法，如图 1.6）

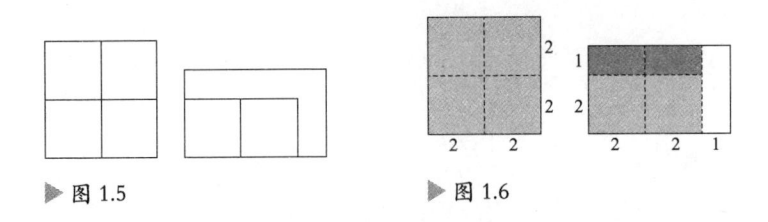

▶ 图 1.5

▶ 图 1.6

师：（笑）你看，你是不是我的托儿？这样能比较出来了吗？

生 1：左边有 4 个小正方形，右边先有 2 个，上面又可以组成 1 个，右边……

生 2：右边剩下的部分不够一个正方形，所以左边正方形的面积大。

（全班学生频频点头）

师：（微笑）我们再来看刘熔同学的作品（如图 1.7）。正方形可以放下 20

个盘子，长方形可以放下 28 个盘子。

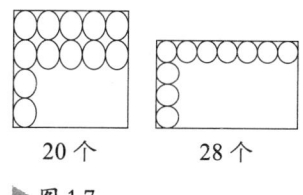

▶ 图 1.7

师：可是刚才不是说正方形的面积大吗，怎么现在成了长方形的面积大？

生：盘子的大小不一样。

师：（微笑）看来是盘子大小不一样造成的，不过这位同学的画法有没有值得我们学习的地方？我们看别人的作品时要看到好的地方。

生：画圆圈的方法很好。

师：刚才有同学拿笔帽去圈，那样圈出的圆是不是就一样大了？还有什么好的地方？

生：她在图形的下面写出了盘子的个数。

师：我觉得刘熔是一个了不起的同学，她写出了盘子的个数，告诉我们她知道了一个图形的面积与面的里面小面的个数有关。而且她只画出了一部分，留了空白，可以节省时间。真了不起！

我们看看这位同学又是怎么创作的。（展示学生的作品，如图 1.8）

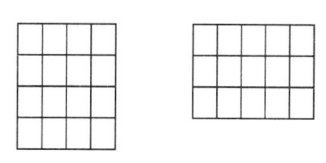

▶ 图 1.8

师：谁来评价一下他的作品？

（学生争相举手）

师：这节课谁还没有发言？

生1：这位同学是用尺子画的小方格。

生2：他将两个图形都画满了。

生3：他得出了结果。

师：这会儿大家都能看到别人的长处了，给自己鼓掌！

4. 小结

师：有没有谁能总结一下，我们是怎么比较两个面的大小的？（将师生的作品全部用课件展示出来）

生1：我们都在图形里画了东西。

生2：我们都在图形里画了一样的东西。

生3：不管画满还是没画满，都可以数出图形里面可以摆多少个。

师：（欣赏的目光，直竖大拇指）那就是数小面。回到一开始的成语上来，"积小成大"，在这节课上，其实是"积小面成大面"。（板书补充完整"积小面成大面"）

三、总结全课

师：千金难买回头看。现在谁能说一说，什么是面积？

生1：面积就是图形里面东西的个数。

生2：面积就是指面的大小。

师：同学们说得非常好！有一天，我突然发现——面积，面积，就是说面是积出来的。（在课题位置板书：面是积出来的）面的形状是小面积出来的，面的大小是数出来的，累积起来的。

师：面的里面有什么呢？

生1：面的里面有线。

生2：面的里面有面。

师：面的里面有什么，这是一个很有意思的问题。面的里面长着许多东西，丰富多彩。

（课件出示：一个空白的长方形，一条一条黄线依次累积，最后铺满；再空白，再一块一块铺满垫子；再空白，再铺满餐盘；再空白，再飘进"下课啦！"）

有的东西已经长出来了，有的还没有；没有长出来的，那是留给我们想象的。

同学们，下课啦！

（学生们久久不愿离去）

（课堂实录由陕西省榆林市靖边县第十五小学闫彩燕老师整理）

课后明辨

开始研究这节课的时候，为了直观展现"积线成面"，我请朋友帮我做动画"积水成渊"。水滴一滴一滴滴下来，积成一条线；然后，积线成面；最后，积面成体。那个动画不真实，不美丽。水滴没有那么听话的。

哪知道暑假游凤凰城时，手工织布的场景让我眼前一亮：这不就是我想要的"积线成面"吗？

改进后的教学设计，我觉得舒服多了。

心中要有一个追求，但也不能一意孤行，有可能在不经意间发现最好的"那一个"。这也是一种"真空妙有"，总之，不要太执着就很美好。

上完这节课，有老师问我："华老师，您这样讲面积，有没有科学性上的问题？我们都知道线是没有粗细的。"

谢谢同行的提问，他让我开始思考一个问题：小学阶段的教学是不是可以浪漫一些？我认为，教学太严谨、太科学，反而不利于学生的发展。

怀特海把人的智力发展分为了三个阶段：浪漫期、精确期和综合期，分别对应的是小学、中学和大学阶段。如果我们在小学阶段就追求百分之百的精确，那是不是拔苗助长？请问读者朋友，您是什么时候知道"线没有粗细"的？我大概是初三的时候才知道的。再者，在孩子的生活中有没有"没有粗细的线"？积线成面的线无疑是有粗细的，将来他们再知道数学上研究的线是没有粗细的，这会有什么害处吗？这不就像开始识数时，知道最小的数是1，后来，知道最小的数是0，再后来，知道还有比0小的负数，再再后来，知道没有最小的数？这不就像开始学乘法时，知道越乘越大，学了小数乘法后，知道还可能越乘越小？这不就像开始研究三角形时知道内角和是180度，等到了大学，知道三角形的内角和还可能大于180度或小于180度……

而"认识面积"这节课最要紧的是帮助学生深化认识。在学生已有的经验中，线是一维的。他们只知道线有长短，不知道线没有粗细。上完这节课，他们知道了线有粗细，也就有了面积，不是很好吗？

我能说服我自己就好！

化错教学不是为了化错而去教学，当然，教学中肯定会遭遇差错。教师怎么化解差错，怎么将其为我所用，进而促进学生的发展？这需要我们去探索。本课中，特别是学生创作阶段的"化错"，我是满意的。

/ 名家点评 /

为学生而问，为学生而思
——读"认识面积"一课的前前后后

刘晓玫（首都师范大学）

2017 年 3 月曾有机会听过华应龙老师的一节课"找次品"，当时就留下了较为深刻的印象。华老师对课题的深刻理解、独具匠心的设计、上课过程中的机智以及与学生行云流水般的交流，尤其是学生在整节课上思维、行为上的积极参与，都让听者有较大的震动。

阅读《真空妙有，面上生花——以"认识面积"一课为例》一文时，脑中常常有华老师的身影浮现，这是三月份那节课留下的影子。"找次品"一课虽是动态的，但我不了解它的课前课后；这篇文章虽是静态的，但我却了解了更多的课前课后，又有了一番不一样的感受。

一、"问题先生"——充满了思考的课前慎思

华老师从"理解面积""度量面积""课堂呈现"等角度，向自己提出了一系列的问题。这些问题涉及对学科内容的理解、对课程内容的定位、对学生的认知能力和经验获得途径的判断等各个方面，华老师可谓"问题先生"啊！其中有一些很好的问题，如："物体的表面"和"平面图形"是什么关系？开展哪

些活动才能帮助学生更好地理解面积？小学生能够接受的讲道理的方式是怎样的？……这反映了华老师善于思考、不断提出问题的特点。

从"课前慎思"中我们可以看出华老师对学生学习过程的关注和思考。在"怎么比较面积的大小"的课前思考中，华老师从学生的角度出发，设想了学生在学习时可能出现的各种问题，充分体现了他为学生的学习而思考、为学生的学习而提问的意识。"研究学生"是我们在教学中十分重要的意识，而这在现实中却经常被忽视。

二、思考、想象 —— 关注学生素养的培养

华老师制定的教学目标包括了"空间观念""讲道理""思考数学问题的乐趣"。这些目标的设定，主要是基于对本节课课程内容本质的分析，直接指向学生素养的培养。在教学实施的过程中，华老师借助与学生的互动交流，营造了思考、交流和想象的氛围。

师：对啊，没铺满，这也能比出来吗？（四人小组交流后 ——）

生1：左边的餐桌可以摆15个盘子，右边的餐桌可以摆14个盘子。所以，左边的餐桌面积更大。

师：（疑惑的样子）左边可以摆15个盘子？为什么加"可以"两个字？

生2：左边现在摆了12个盘子，有3个空位，一共可以摆15个盘子。

师：哦，没摆的3个盘子我们可以用想象给摆上！"可以"这个词用得好，严谨。（竖大拇指夸奖）

师：现在你们没意见了吧？是不是左边餐桌的面积更大？

生：（齐）对。

师：有没有质疑？

（生沉默）

师：（意味深长地）这个可以有。

生3：盘子的个数能比，但是盘子中间还有空隙呀！

师：你看，这个问题提得多好，真是个好问题，掌声！空隙要不要算？

（有的学生说"要算"，空隙是餐桌面积的一部分；有的学生说"不要算"，两张餐桌都有空隙，可以抵消）

师：中间的空隙到底要不要算呢？实际上，我们可以想象，盘子的外面是套着一个正方形的。（课件演示盘子上套正方形的过程，学生看后恍然大悟）这样，这些空隙都可以用想象铺满。

从这段对话中可以看出，华老师给学生留出了质疑、提问、想象的空间。教师的语言中充满了对学生的鼓励、引导和期待，学生的思维被点燃，想象得以放飞。

三、动手、动脑 —— 积累基本活动经验

这节课还有一个环节给我留下了深刻的印象，那就是"做出创意"环节。尤其是有个学生用画白雪公主的方式来比较面积的大小，这为我们了解学生的学习过程提供了很好的素材。

其实，在这之前，华老师已经利用白雪公主的故事与学生一起探究了如何比较一些实物的大小，学生更多的是结合自身的生活经验进行思考。而让学生通过动手操作来比较长方形和正方形面积的活动，将研究对象从实物转换到了几何图形，同时给学生提供了动手操作的机会和空间。因此，这项活动实现了学生在思维和实践两个方面的经验积累。

用画白雪公主的方式比较长方形和正方形面积的大小，这个想法很有意思。从这个例子可以看出，学生的学习是可以迁移的，学生把之前的比较方式迁移至此，把几何图形想象为实际物品，借助之前的讨论解决现在的问题。同时，学生个性化的表达方式反映了一定年龄的学生的认知特点。学生把长方形和正方形看成了白雪公主的床，又让白雪公主躺在上面，去看看哪个长、哪个短，这是充满想象力的，但他又忽略了另一个维度，而这恰恰是学生从一维到二维认知发展的一个过程。如果华老师能够在教学中指出用画白雪公主的方式去比较面积的局限，也许能帮学生更好地理解一维与二维的不同、面积与长度的不同。

如果说"课前慎思"让我们感受到华老师勤于思考的特点,"课后明辨"则是体现华老师善思的另一个例证。反思自己的行为,并从理论上审视自己的思考和行为,这是优秀教师的优秀品质。

本节课中还有一些可圈可点的地方,当然也有可以进一步讨论的地方。儿童的数学应该"浪漫"一些,教师在教学时应给学生们营造一个生长智慧的数学世界。在这方面华老师是我们学习的榜样!

2. 教是为了学的开始
—— 以"分数的初步认识"为例

教学内容

北师大版三年级下册"认识分数"。

课前慎思

小学三年级学习分数常常是从分苹果、分月饼、分纸片等活动开始的。五年级再次学习分数时，教材中说"人们在测量和分东西的时候，往往得不到整数，这样就产生了分数"，那么，测量是怎样产生分数的？可以让学生经历这个过程吗？和由分苹果引入相比，由测量引入分数有什么特别的价值吗？以前教学"分数的初步认识"时要反复强调"平均分"，这是为什么？学生明白为什么要平均分了吗？由测量引入是否可以比较好地解决这个问题？

以前，我们带领学生认识分数，都是从二分之一开始，再到四分之一，再到八分之一……在学生冒出"几分之几"的分数后，我们往往会不太高兴地说："这节课就认识几分之一"。为什么要这样教？几分之一是分数单位，是单位分数，这样集中精力认识几分之一，就能突出几分之一的重要地位吗？是否认识几分之几里有几个几分之一，才是真正突出了分数单位，真正让学生初步认识到单位的价值？

初步认识分数时，教师一般都要组织学生画一画、涂一涂，或折一折、剪一剪。当学生表示几分之一的意思时，是不是只看分母，不问分子？而要完整地理解分数，既要考虑分母，还要考虑分子的意义。是不是应先认识更具普遍意义的几分之几？几分之一是一种特殊情况，没必要再花费时间与精力。

大家都知道认识分数挺难的，学生的语言表达能力也许会跟不上，那我们是不是不要强求一步到位，不要希望一蹴而就，可以允许学生模糊表达？一个很珍贵的玩具，若一下子就让学生怕了，不想玩了，那是不是教育最大的失败？但是，容忍度有多大？哪些是不能含糊的？

在美国考察时，我惊讶地发现路标上竟然标着分数。在生活中，我们经常看到的数量都不是用分数表示的，那么，我们能帮助学生在生活中看到分数吗？我们如何在教学中让学生觉得分数真好玩？

基于以上的思考，我为本节课制定的教学目标是：

①初步认识分数，会正确地读、写分数，知道分数各部分的名称。

②通过操作、观察、比较、概括等活动，提高动手操作能力，发展初步的逻辑思维能力。

③经历认识分数的过程，体验创造的快乐，进一步激发学习数学的兴趣。

课中笃行

一、设疑导入，激发创造

1．看动画，生疑问

（PPT出示大头儿子和小头爸爸的卡通图片）

师：（微笑）认识他们吗？

生：（七嘴八舌地）认识，是大头儿子和小头爸爸！

师：大头儿子碰到难题了，我们能帮他解决吗？（播放动画）

天热了，小头爸爸去商店买凉席。到了卖凉席的柜台，他遇到了麻烦，于是给他的大头儿子打电话。

"儿子，我忘了量床的长了。你找把尺子量一量，看床有多长。"

"嗯。"

大头儿子在家里找来找去，都没找到一把尺子。怎么办呢？突然，大头儿子想到了一个好主意。

"爸爸，您今天打领带了吗？"

"打领带？哦，真是个聪明的大头！快量吧。"

大头儿子拿了爸爸的一根领带，他用领带一量，嘿，巧了！

"爸爸，床是两个领带长。"

"儿子真有办法！我知道了。儿子，再量一下沙发的长吧！"

大头儿子再用这根领带去量沙发。"沙发没有一个领带长，该怎么办呢？"

师：(疑惑地)床正好是两个领带长，但沙发不到一个领带长，你们说该怎么办呢？

(学生们开始思考。少顷，教师用PPT继续播放动画)

大头儿子把领带对折起来量，沙发又比对折后的领带长了一些。大头儿子再想办法，他将领带再对折，这样一量，"巧了，沙发正好有三个这么长"。大头儿子真高兴啊！可是，他却遇到了难题。

"床是两个领带长，现在我该怎么和爸爸说，沙发是多少个领带长呢？"

师：(微笑着)刚刚解决了一个问题，现在又碰到了一个问题！沙发是多少个领带长呢？

(无人应答，学生们开始思考)

师：能不能把你的想法写出来？

(学生们在白纸上写写画画，教师巡视)

师：(疑惑地)把领带对折之后再对折，就是把这条领带的长平均分成了几份啊？

生：(齐)3份。

师：都认为是3份吗？

生：(点了点头)是！

师：有没有人认为不是3份的？

生：（犹豫地）一共是4份吧。

2. 动手一折解疑难

师：到底是平均分成了三份还是四份呢？我们现在搞不清楚这个问题，该怎么办？

生：老师，您能不能把领带借给我们试一试？

师：（开心地撩起自己佩戴的领带）哈哈，这个办法怎么样？

（学生们不约而同地鼓起了掌，这时教师把领带解了下来）

师：要解决问题，有的时候需要我们动脑想一想，有的时候需要我们动手试一试。来，领带给你。

生：（拿着领带，走到讲台前）我先把领带对折，然后再对折。这是一段、两段、三段、四段，所以是四份。

师：用掌声感谢我们的小老师，这么一折，我们就很清晰地看到了领带的长被平均分成了几份？

生：（齐）4份。

（课堂上响起了热烈的掌声，小老师自豪地回到了座位上）

3. 众说纷纭再生疑

师：大头儿子用这个长度去量沙发，量了几次？

生：（齐）3次。

师：那沙发是多少个领带长呢？

生1：3个$\frac{1}{4}$。

生2：我觉得是$\frac{3}{4}$。

师：还有不一样的想法吗？

生1：$\frac{4}{3}$。

生2：我觉得是$\frac{1}{3}$。

（四名学生分别走上讲台，在黑板上写下3个$\frac{1}{4}$、$\frac{3}{4}$、$\frac{4}{3}$、$\frac{1}{3}$）

师：（惊讶地）我从同学们的回答中发现，大家已经知道，在这里要用上一个新的数，这个数叫什么？

生：（齐）分数。

师：（赞赏地）真厉害！真厉害！

（教师随即板书：分数。在"分数"的正下方，重新写了一个$\frac{3}{4}$）

二、实践操作，探究新知

1. 介绍分数的读法

师：（手指黑板上的$\frac{3}{4}$）这个分数该怎么读呢？

生：（抢着说）四分之三。

（教师板书：四份之三）

师：（微笑着）怎么读？

生：（齐）四份之三。

生：哦，我明白了，就是4份中的3份。

师：哈哈哈，心有灵犀！

2. 动手做出分数

师：上课前老师给你们发了两张纸，一张正方形，一张圆形。现在请你任选一张，折一折、画一画、涂一涂，表示出你头脑中所想的$\frac{3}{4}$的意思，好吗？

（学生开始动手操作，教师巡视并收集学生的作品）

师：（投影学生作品，如图2.1）我们先来看看第一位同学的作品。他是这样表示$\frac{3}{4}$的，你们觉得怎么样？同意的请举手。

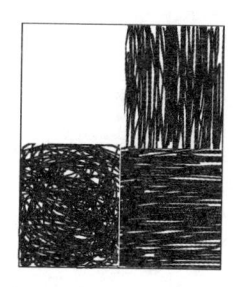

▶ 图 2.1

（大部分学生举起了手）

师：看来有的同学同意，有的同学不同意啊。这个作品是哪位同学画的？

（一名男生举起了手）

师：请你解说一下你的作品，好吗？

生：（走到投影仪旁，边操作边解说）我先把纸片对折，然后打开，再对折一下，用彩笔给三份涂上颜色，留一份不涂色，就行了。

师：（微笑）这样表示 $\frac{3}{4}$，行不行？

（同学们频频点头表示赞同）

师：后面两位女同学刚才没有举手，现在听了这位男生的解说，你们同意他的观点了吗？

（两位女生摇了摇头，表示不同意）

师：为什么不同意？和我们说说你们的想法，好吗？

（两位女生又相继点了点头，表示同意了他的观点）

师：（微笑着）那刚开始的时候怎么没举手表示同意呢？开始的时候是觉得他哪里还不太好吗？

（两位女生互相推让着，教师微笑着看着她们，耐心地等待着）

生：（声音越来越小）我觉得他应该先画 4 个……

师：（鼓励地）嗯——要先画——

生：4 个。

师：（肯定地点了点头）然后呢？

生：然后再把其中 3 个涂上颜色。

2. 教是为了学的开始　　037

师：（微笑着）我明白你的意思了，真好！真好！

（教师拿起一张新的纸片，在投影仪上边操作边解说）

师：刚刚这位男同学说了，把纸片对折两次以后打开，打开之后，女同学建议我们先画4份，是这个意思吗？

（女生微笑着点了点头）

师：先把4份画清楚了，然后再涂上……

生：（抢着说）3份。

师：（微笑着）是，不过涂3份的时候别这样涂，太费时间了，也不太好看。要是这样涂呢？

（教师边说边在投影仪上示范，先把一份涂上阴影）

师：现在，我涂了这张纸片的多少？

生：（七嘴八舌）$\frac{1}{4}$。

师：（微笑着）没错！要是再涂一份呢？

生：（七嘴八舌）$\frac{2}{4}$。

师：再涂一份呢？

生：（七嘴八舌）$\frac{3}{4}$。

师：（出示图2.2）现在这样表示，行不行？

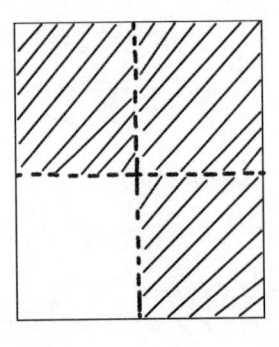

▶ 图2.2

生：（点点头）行！

师：（把图2.1、图2.2放在一起）刚刚这位男同学画的对不对？

生：(齐)对。

师：不过没有这个表示得……

生：(抢着说)清楚。

师：是啊，下次同学们知道怎样画了吗？

(学生们点了点头)

师：用掌声感谢我们这位同学，他的作品给我们带来了启发，让我们知道怎么画图更清楚，感谢！

(课堂上响起了热烈的掌声，男生开心地回到了座位上)

师：(出示图 2.3，疑惑地)大家看这位同学的作品，他说他表示的也是 $\frac{3}{4}$。

▶ 图 2.3

生：(抢着说)白色的部分表示了 $\frac{3}{4}$。

师：(吃惊地)啊？这是 $\frac{3}{4}$ 还是 $\frac{1}{4}$？

生：老师，我刚才还没涂完呢，您就给我拿走了。

师：(开心地)哈哈哈，在你没涂完的时候，我就拿走了。

生：本来我是要把它涂完的，不过这样表示也行。

师：(疑惑地)怎么没涂完也行？

生：您看白色的，白色的部分就是大正方形的 $\frac{3}{4}$。

师：不再涂了，行不行？

生：(点点头)行！

师：不过得特别说明一下，哪一部分是大正方形的$\frac{3}{4}$？

生：（七嘴八舌）白色的部分占大正方形的$\frac{3}{4}$。

师：（出示图2.4）它表示出$\frac{3}{4}$的意思了吗？

▶ 图2.4

生：（七嘴八舌）表示出来了。

生：不过我觉得他的作品还可以画得再清楚一些，把分的四份画出来。

师：对，是可以再改进一下，不过这样表示对不对？

生：是对的。

师：（赞许地点了点头，出示图2.5）这个作品怎么样？

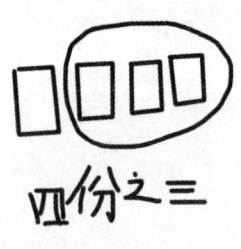

▶ 图2.5

生：（七嘴八舌）表示的也是$\frac{3}{4}$。

师：画的就是4份中的3份，是不是？

生：（齐）是！

（教师带头鼓掌，学生们也跟着鼓起掌来，把掌声送给画出图2.5作品的同学）

师：（出示图2.6）看出$\frac{3}{4}$了吗？

▶ 图 2.6

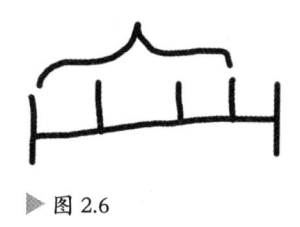

生：（七嘴八舌）看出来了。

师：（疑惑地）怎么看出来的？

生：（边说边指着投影仪上的图）他先把线段分成了四段，然后用括号括了三段，就是 $\frac{3}{4}$ 了。

（教师赞许地向刚刚发言的同学竖起了大拇指，然后出示图2.7）

▶ 图 2.7

生：（惊讶地）哦？

师：（疑惑地）哦？这是谁的作品，来帮我们解说一下？

生：我画了4个苹果，别人拿走了3个，就是拿走了 $\frac{3}{4}$。

（课堂上响起了赞同的掌声）

3. 照应大头儿子的难题

（PPT出示大头儿子的图片及疑问："床是2个领带长，沙发是多少个领带长呢？"）

师：我们现在回过头来想一想大头儿子遇到的难题：沙发是多少个领带长呢？

生：（齐）$\frac{3}{4}$。

师：（边指着黑板上的线段边说）把一根领带的长平均分成 4 份，这段占总长度的 $\frac{1}{4}$，这段也是 $\frac{1}{4}$，这段也是 $\frac{1}{4}$，合起来是 3 个 $\frac{1}{4}$，就是……

生：（齐）$\frac{3}{4}$。

师：（指着板书）所以，一开始就想到沙发的长度是 3 个 $\frac{1}{4}$ 和 $\frac{3}{4}$ 的同学很厉害呀！

（课堂上响起了热烈的掌声）

师：（看着当时写 $\frac{4}{3}$ 的学生）你这是——

生：我以为四分之三是从上往下写的。

师：错得真可爱！

师：（看着当时写 $\frac{1}{3}$ 的女生）当时你是怎么想的呢？为什么觉得是 $\frac{1}{3}$ 呢？

生：我刚才错了。以为图上括号里有 3 份，外面还有 1 份，就是 $\frac{1}{3}$。

师：（恍然大悟）哦，原来人家是这么想的啊！$\frac{1}{3}$ 表示的是——

生：（齐）3 份里的 1 份。

师：对，不是 3 份以外的 1 份。

4. 概括做分数的过程，理解为什么要平均分

师：（把学生的作品都展示在投影仪上）刚刚我们用手中的纸片表示出了 $\frac{3}{4}$，现在再来看看这些作品，你觉得它们有什么共同的地方吗？

生：都画了三份。

师：对，都选出了三份。不过，有的同学将选的三份涂了颜色，有的同学选的三份没涂色。

（教师随即板书：选三份）

生：我觉得他们画的图里，都有三个一样的和一个不一样的。

师：（微笑着）那一共是几份呢？

生：四份。

（教师随即板书：分四份）

师：每幅图都要分成四份。还有吗？

（无人应答，学生们开始思考。少顷，师用PPT出示图片）

师：沙发是多少个领带长呢？

生：（七嘴八舌）$\frac{3}{4}$。

师：咱们这么一说，大头儿子马上就知道了，他告诉小头爸爸："爸爸，沙发是$\frac{3}{4}$个领带长。"小头爸爸听完之后，说："哦，明白了。"$\frac{3}{4}$个领带长应该就是这么长了。（出示图2.8）

生：（争先恐后）不对！不对！

师：（疑惑着）怎么不对了呀？

生：这几段都不一样长，所以不对。

师：不一样长就不行啊？

生：（齐）嗯！

师：（出示图2.9）那这样呢？

生：（开心地笑着）哈哈，也不行。

师：（边指边说）咦？你看这不是1份、2份、3份、4份，然后4份中选了3份吗？怎么又不行呢？

（学生积极踊跃地举手，想发表自己的意见）

师：（微笑着出示图2.10）那这个呢？

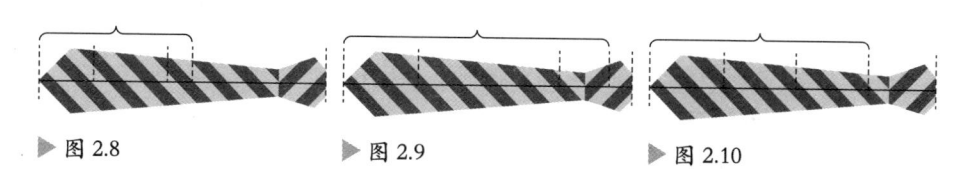

▶ 图2.8　　　　▶ 图2.9　　　　▶ 图2.10

生：（齐）可以！

师：为什么这个就行了？

生：（七嘴八舌）因为它们都是一样长的。

师：回顾一下，第一个不行，第二个也不行，怎么第三个就行了呢？

生1：因为最后一个每段都是一样长的。

生2：而且它们都是平均分的。

师：（微笑着）是，最后一个是平均分的。平均分了之后，四份中三份的长度就确定了；如果不是平均分的，那四份中三份的长度就可长可短了。

（学生边听边点头）

师：所以，一定要注意怎么分？

生：（齐）平均分！

师：（出示图2.3和图2.6）知道了平均分的重要性，我们再回头看看我们同学的作品，你觉得他们表示的 $\frac{3}{4}$ 合适吗？

生：（指着图2.6）前面的部分画得太长了，后面好像没地方画了，所以最后这一段太短了。

师：我们是大体上表示出了 $\frac{3}{4}$ 的意思，但没有注意到要平均分，每一份都要一样。

（学生们赞同地点了点头，有些学生悄悄地拿起笔，小心地涂改着）

师：（指着图2.3）那这个呢？

生1：这幅图中的小正方形有的大了一些，有的小了一些。

生2：我觉得他中间的那条线画歪了，他应该先对折一下，然后再画。

师：对折是为了保证什么？

生：平均分。

师：对，对折是为了保证平均分。

（教师随即板书：平均分）

师：不管是画对的作品还是画得不对的作品，都在提醒我们要特别注意什么？

生：（齐）平均分。

师：（指着板书的"分四份""平均分""选三份"）我们在表示 $\frac{3}{4}$ 的时候，是不是有这样三个共同点："分四份""平均分""选三份"？

生：（欲罢不能）大家在这个过程中都开动脑筋，表示出了自己的四分之三。

师：（摸着孩子的头）确实都是大家动脑筋思考的成果！孩子，你太棒了，我没想到这一点，你是我的老师！

5. 介绍分数各部分的名称

师：看来分数和我们以前学习过的整数长得很不一样，它分为三个部分，你们知道这三个部分的名称吗？

生：我知道线下面的数叫分母，线上面的数叫分子，中间的线是分数线。

师：（竖起大拇指）你们知道的还真多啊！

（教师随即贴出分数各部分的名称，"分子""分母"分别写在圆内，"分数线"写在长方形内，三张卡片组成了"除号"）

生：（好奇地）嘿，除号！

师：（微笑着）分数和除法是亲戚！你们知道为什么4叫分母，3叫分子吗？

生：因为3是从4里面分出来的，就跟妈妈生孩子一样，从里面取出来的。

（师生笑作一团）

师：哈哈哈，没错！孩子就是妈妈身上掉下来的肉。

（该生微笑着有些不好意思地点了点头）

师：这么一说，有没有让你觉得，分数不仅表示了大小，还表示了一种关系，就像母子之间的关系一样？

生：（点了点头）嗯。

师：这个分数线表示什么？

生：表示切一刀，平均地切一刀。

师：（微笑着）平均地切一刀，就是要干什么？

生：（齐）平均分。

6. 试写分数并解释其意思

师：我们认识了分数各部分的名称和它们之间的关系，还知道分数该怎么读，那你会写分数吗？

生：（齐）会！

师：真的？请你在纸上写一个分数。如果你写完了，你就看看黑板前的同学是怎么写分数的。

（学生动笔在纸上写分数，教师巡视，请学生到黑板上写）

师：有没有发现同学们写分数的顺序各不相同？

生：（微笑着）发现了。

师：（手指黑板上的分数）比如我们同学写的这个分数，该怎么读？

生：（齐）六份之三。

师：（神秘地）你们知道大人们怎么读分数吗？（擦去"份"的单人旁）请一起读。如果我写$\frac{3}{6}$，我一般喜欢这么写——

（教师在黑板上示范分数的写法：先画分数线，然后写分母6，最后写分子3）

师：分数不是从上往下写的，因为要先读分母，所以一般先写分母。你们知道，这位同学写的$\frac{3}{6}$表示什么意思吗？同一个小组的同学互相说说。

（学生小组交流，一分钟后，教师请学生在全班汇报）

生1：$\frac{3}{6}$就是从6份里面取出3份来。

生2：我觉得$\frac{3}{6}$也可以表示把6个苹果拿走了3个。

师：（疑惑）那要是现在我就只有一个苹果，$\frac{3}{6}$表示什么意思？

生：那就表示从苹果上切下来3块。

师：哈哈哈，切下3块，是不是挖一小口，再挖一小口，再挖一小口呢？

生：不是，应该是平均切成的3块。

师：然后呢？

生：然后拿走3块。

师：哦，平均切成3块，然后再拿走3块，就是$\frac{3}{6}$？

生：不对，不对，是平均切成6块，再拿走3块，是$\frac{3}{6}$。

师：你们的意见呢？

生：（齐）同意。

师：那要是像刚刚这位同学说的，把一个苹果平均切成3块，然后再拿走

3 块，应该用什么分数表示？

生：$\frac{3}{3}$。

师：也就是把整个苹果怎么样？

生：（七嘴八舌）切 3 块拿 3 块，都拿走了。

师：看来，要想弄清楚一个分数表示的意思，我们得先看看分母表示什么意思。分母表示什么意思呢？

生：分母表示把一个东西一共分了多少份。

师：真好！所以分数 $\frac{3}{6}$ 的 6，表示平均分成了几份？

生：（齐）6 份。

师：然后分子 3 表示什么意思呢？

生：（争着说）拿走 3 份。

师：没错！同一个小组的同学再互相说一说，你刚刚写的分数表示什么意思。

（学生讨论 2 分钟后）

师：现在，谁能和我们大家说一说，你写了什么分数，这个分数表示的意思是什么？

生：我写的分数是 $\frac{1}{2}$，可以看成是 2 个苹果拿走了 1 个。

师：这样就拿走了？

生：拿走了 1 个。

师：（微笑着）对，拿走的这 1 个，就是……

生：（抢着说）就是吃掉了。

师：哈哈，拿走的就是吃掉了啊！我想说的是，拿走的这个苹果，是 2 个苹果的多少？

生：$\frac{1}{2}$。

师：没错。这节课还没有发过言的同学，谁想和大家分享一下你写的分数？

生：我写的是 $\frac{4}{6}$，就是将一个蛋糕分成 6 份，有 4 个人每人拿走 1 份，还剩下 2 份。

2. 教是为了学的开始 047

师：（微笑着）所以，$\frac{4}{6}$ 表示什么意思？

生：拿走的 4 份是整个蛋糕的 $\frac{4}{6}$。

师：这样表示 $\frac{4}{6}$ 行不行？

生：（齐）行。

师：有没有人耳朵特别厉害，听出问题的？刚刚前面的这位同学在说的时候丢掉了两个字，不过没人提醒。

（无人应声，学生都在静静地回忆刚刚同学的发言）

师：丢掉了两个字，谁注意到了呢？

生：（幡然醒悟）哦，是平均分！

（该生的回答使更多的学生幡然醒悟，课堂上响起了掌声）

师：把一个蛋糕分成 6 份，这 6 份是大大小小不一样的 6 份，行吗？

生：（微笑着）不行。

师：所以，得特别强调要怎么分成这 6 份？

生：（齐）平均分！

三、巩固练习，趣解难题

1. 你能看见分数吗

师：分数是非常有趣、非常好玩的数，不过分数特别认真，需要我们十分严谨，丢了"平均"二字，就成不了分数。我们在生活中是很少能看见分数的，需要你有一双数学的眼睛。

（PPT 出示大头儿子的图片，如图 2.11。学生们看见图片，开心地笑了，交头接耳，讨论自己发现的分数）

师：（微笑着）你看见什么分数了？

生：（七嘴八舌）$\frac{1}{2}$。

师：这个 $\frac{1}{2}$ 表示什么意思呀？

生：（开心地边笑边说）$\frac{1}{2}$ 表示大头儿子的头占整个身高的 $\frac{1}{2}$。

师：不愧是大头儿子呀，头可真大！

（师生乐作一团，师随即出示了小头爸爸的图片，如图 2.12）

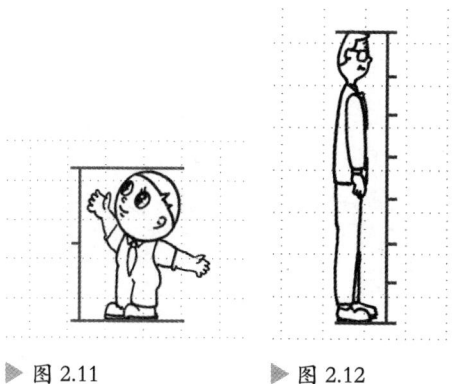

▶ 图 2.11　　▶ 图 2.12

生：（七嘴八舌）哇，头真小，哈哈。

生：小头爸爸的头是整个身高的 $\frac{1}{7}$。

师：还看到别的分数了吗？

生：还能看到 $\frac{6}{7}$。

师：$\frac{6}{7}$ 是什么意思？

生：身体是整个身高的 $\frac{6}{7}$。

师：（微笑着）小头爸爸的身子好长，头好小啊！

（课堂上，师生开心地笑着）

师：（随便选择了一个男生，请他走上讲台）请同学们看看，估计一下，这位同学的头占整个身高的几分之几呢？

（学生们在座位上用手比画着，商量着，过了一会儿，学生们争先抢后地回答）

生1：$\frac{1}{3}$。

生 2：$\frac{1}{4}$。

生 3：$\frac{1}{5}$。

生 4：$\frac{1}{6}$。

师：好了，好了，不要再猜了。我们请一位同学上来帮我们量一量、比画比画，好吗？

（一位同学被请上了讲台，边比画边说）

生：这是 4 条线，将他分成了 5 段，每一段差不多都是一个头长，所以我觉得他的头占整个身高的 $\frac{1}{5}$。

师：怎么样？

（课堂上响起了学生们赞同的掌声，站在讲台上的男生不好意思地笑了）

师：（低下头，微笑）怎么了，男孩儿？

生：（边笑边说）哎呀，刚刚他分的时候，摸得我太痒了。

（师生开心地笑作一团）

师：哈哈，哦，这样啊，对不起，对不起！

2．巧用分数解难题

师：一节课的时间很快就过去了，我真的是太喜欢同学们了，从刚开始没有几位同学发言，到后来勇敢地表达出自己的想法，真的很棒！不过说到喜欢，我突然想到我小时候遇到过的一个难题，你们能帮帮我吗？

生 1：（信心满满地）能！

生 2：是什么问题呢？

师：我小时候常常会有大人问我："华应龙，你是喜欢爸爸还是喜欢妈妈？"该怎么回答呢？

生：都喜欢！

师：对！对！我也是这么回答的。可是大人就会说："不行，不行，只能喜欢一个。"你能帮我吗？

生：您可以不回答他。

师：（微笑着）哈哈，好，不回答也是一种很好的回答。

生：您可以说每个人各喜欢$\frac{1}{2}$。

师：哦，也就是说把这个喜欢平均分成——

生：（抢着说）平均分成 2 份。

师：$\frac{1}{2}$ 喜欢——

生：（抢着说）$\frac{1}{2}$ 喜欢爸爸，$\frac{1}{2}$ 喜欢妈妈。

师：哦，以后再碰见这样的问题，我就知道可以用分数回答了。好了，再见了，我百分之百喜欢的孩子们！

（课堂实录由北京第二实验小学刘伟男老师整理）

课后明辨

这节课上得很写意。

治大"课"若烹小鲜。这节课没有移步换景，讨论的话题始终围绕着大头儿子和小头爸爸的故事；这节课没有精雕细琢，学生思考的素材都是素朴的、自然的、绿色的，都是在课堂上生成的，来自学生自己的创造。而以往关于"分数的初步认识"的经典问题一个都不少，随机融入，且行且思。

这节课上得很享受。

那是痛苦思索后的享受。

"大头儿子的难题"，量床的长和量沙发的长两个画面，可谓"两画三年得，一提双泪流"。设计之初，我思考：测量长度为什么要用分数来表示？如何创设情景才能彰显出用分数表示的必要性？若测量长度时有尺子，则不需要分数；没有尺子，也可以像郑人买履那样带根草绳。要设计用不上草绳的情景，就需要大头儿子和小头爸爸分别出现在不同的地方。大头儿子和小头爸爸不在同一个地方，就需要有一个固定长度的物品。同一品牌的电话线可能是一样长的，但它的长度是有弹性的……我躺在床上，看到领带，喜出望外。家里有领带，小头爸爸打着领带，领带的长度是有统一规格的。用领带量桌面玻璃太过粗放，可能不合适。给家里买凉席，测量床的长度是可以将就一些的。要用分数表示，就该有先用整数表示的，这样同时渗透了"领带的长度"可以作为一个单位。因此，有了先量床的长，再量沙发的长。

领带对折再对折，究竟是把领带的长度平均分成了几份？对三年级的学生来说，这确实有难度。不过，让学生自己动手折一折呢？问题迎刃而解。这和问"从3点到5点，时针和分针重合多少次"十分类似。如果您把它当作追及问题来解，一定叫苦不迭；如果您拿块手表转动一下指针，解决起来就会很容易。

这节课我还介绍了分数的新读法，这源于我上一次的教学故事。

一个看上去很胆小的男孩儿用一张长方形的纸片表示出 $\frac{3}{5}$ 的意义，我问："$\frac{3}{5}$ 表示什么意思？"他说："表示 5 份中的 3 份。"我夸他后，说："这 5 份是怎么分的？"他说："平均分。""对了！"

在交流阶段我有意让他锻炼一下，请他来说说。他的声音有些发颤："$\frac{3}{5}$ 表示 5 份中的 3 份，平均分。""他说得对吗？"我问。同学们齐答："对！""是，他的回答非常特别，特别强调了'平均分'。（我眼看着他）你能把这两句话合成一句吗？"那个男孩儿有些激动，声音明显高了许多："把 5 平均分成 3 份。"同学们笑了，我也惊讶地张开了嘴。

学生"把 5 平均分成 3 份"的说法是否是由分数"五分之三"的读法导致，我们不得而知。但我以为，"五份之三"的"之"更合乎古文中"其中"的意思。我多方求证，认同者众多。但是，教学是天大的事，我不能轻易改动。因此，有了下课前擦去"份"字单人旁的一幕。

这节课上得很遗憾。

课上有几处学生回答得很精彩，我简短评价后便继续教学，那本是可以让学生来评价的，我怎么成了主角？那也是很好的教学契机。电视剧《潜伏》中有一句台词：有一种失败是占领，有一种胜利叫撤退。李烈校长提出的"勇敢地退，适时地进"，我做得还远远不够。

此"景"可待成追忆，只是当时已"骇"然。骇然，惊叹学生的了得。

看来，在课堂上，教师不但要有大江东去的豪放，也要有小桥流水的婉约。在课堂上，教师要有清晰的角色定位，做好导游。

这节课上得很有价值。

回味课堂上学生明眸里的阳光，回味课堂上学生会心的微笑，回味自己指引后学生的精彩，我强烈地感受到，在课堂上，我们一定要向着目标努力前进。正如苏霍姆林斯基所说："教育和教学的技巧和艺术在于，要使每一个儿童的力量和可能性发挥出来，使他享受到脑力劳动的乐趣。"

兴趣是最好的老师。如果"分数的初步认识"的教学，让学生感觉分数真可怕、真烦琐、真讨厌，那么他们的学习还未开始便已结束。北京师范大学董奇校长创立的"攀登英语"实验，拒绝英语老师进入，就是因为英语老师听到小学生不规范的发音就会本能地纠正，从而使小学生们不敢再开口。我包容学生的差错，不急于纠正，反而有利于学生反思意识的养成。

今天，我们始于足下，让我们的学生带着兴趣出发；明天，我们的学生就有可能远行千里。

以往，我们的教学就为了结果，掐头去尾，精讲多练，重在知识；后来，我们的教学还为了过程，从头到尾，自主探究，重在体验；实际上，我们的教学是为了开始，见头思尾，混沌初开，重在兴趣。1976年，联合国教科文组织在《国际教育标准分类》中定义"教育是有组织、有目的地传授知识的工作"，1997年将其修改为"教育是能够导致学习的交流活动"。

我幸福着我的思想，教是为了学的开始……

/ 名家点评 /

教学内容的价值分析与判断决定教学行为
—— 兼评华应龙执教的"分数的初步认识"一课

刘加霞（北京教育学院）

德国人常用"如坠分数中"来描述一个人陷入困境，由此可见分数是一个让人"迷茫"的数,想让小学生真正理解分数困难就更多。因此,"分数的初步认识"和"分数的意义"是很多研究者十分喜爱的内容,一线教师也都有各自的理解和教学活动设计。分析不同教师的教学行为后我们会发现,教师对所要教授内容的价值分析与判断决定了教师的教学行为。例如,华应龙老师为什么从"测量"而不是"分物"的角度引入分数?他为什么写"四份之三"?他为什么要让学生在初步认识分数概念时就感知"平均分"的作用?等等。通过对本课的分析我们可以看出,如果教师能够对所教内容的本质与其长远教育价值做深入细致的分析,那么他所设计的学习活动会有更长远的意义和价值。

一、经由"测量"展现分数的教育价值

由"测量"引入分数和由"分物"引入分数相比,有什么特别的价值?若要回答此问题,则有必要简要回顾"分数"的意义。分数概念的意义有很多。例如,基伦提出分数概念有五种建构:部分/全体关系、比、商、测量及运算元等。中国台湾学者吕玉琴认为,分数概念的意义主要有 6 种:部分/全部的意义[既表示量的大小(带单位),又刻画部分与整体的倍比关系];子集/集合的意义[表示量的大小(带单位),例如,一盒饼干有 10 块,2 块饼干就是 $\frac{1}{5}$ 盒,"盒"是单位;同时刻画了子集与集合的倍比关系,例如,2 块饼干占一盒(10 块)饼干的 $\frac{1}{5}$];商的意义(表示两个数相除的结果,例如,将 2 张饼分给 5 个人吃,请问每人吃几张饼?);数的意义(数线上一个点所代表的数值);运算子的意义(可将分数视为一种操作或函数,例如,12 颗糖果的 $\frac{2}{3}$ 是多少颗糖果?[1])。国内学者王永认为,分数的产生有三种现实背景:分物、度量、比较中的"倍比"关系[2]。张奠宙则持有"分数的真正来源在于自然数除法

---

[1] 吕玉琴,等."国小"分数与小数的教学、学习与评量[M].台北:五南图书出版股份有限公司,2009:45.
[2] 王永.从分数产生的现实背景认识分数的本质[J].黑龙江教育(小学文选),2008(9):4.

的推广""由'份数'定义到'商'的定义是数系的扩充"[1]等内涵稍微有所不同的观点。

上述各种意义中,分物是分数产生的最原始背景。当所分配物品少于分配对象时,就有可能产生分数的概念。[2]中国从西周开始,就已经出现了具有分数意义的专用量名,如后来在战国时期的铜器铭文上所见到的"半""料""䉒""㐺""罙"等。前三个字表示二分之一;"㐺"意为三分,指三分之一;"罙"意为四分,指四分之一。这些可以作为原始分数概念形成的佐证,但这些都是用汉字表示,而不是用数学符号表示的。英文中的分数意为"分割、断裂",法文的分数表示"折断的数",俄文的分数意为"破碎的数"。虽然各个国家的语言文化背景不尽相同,但对"分数"一词的解释大体一致,就是"被分割的数"[3]。

因此,分数的原始意义"等分割以及再合成其份数的活动"是分数概念发展的基石。儿童只有能实际操作或在心里操作等分割及再合成其份数的活动,才能理解分数。这也是不同版本教材在设计"分数的初步认识"内容时都设计了分物活动的依据。

测量的需要也是产生分数的重要现实背景。当度量单位太大而不能顺利进行测量时,就需要将度量单位平均分为 n 份,以其中的 1 份 $\frac{1}{n}$ 作为单位,数出有 m 个更小单位,则这个量的大小就是 $\frac{m}{n}$。当 n 分别是 10、100、1000 等时,这个量的大小就可以用十进小数表示。现实中更常用自然数或有限小数表示量的大小,而很少用普通分数,但在小学阶段由分物或测量引入分数都可以[4]。

从测量的角度来认识分数有哪些意义呢?概括说来有以下几点。

1. 更好地凸显分数的计数单位与分数的构成

先有测量单位(分数单位),再数出单位的个数,个数累加起来的结果就

---

[1] 张奠宙. 话说分数(上)[J]. 小学教学(数学版),2007(12):46-47.
[2] 刘钝. 大哉言数[M]. 沈阳:辽宁教育出版社,1993:15.
[3] 林永伟,叶立军. 数学史与数学教育[M]. 杭州:浙江大学出版社,2004:19.
[4] 刘加霞. 通过"分"与"数(shǔ)",分数是个"数(shù)"?[J]. 人民教育,2011(6):39.

是度量值，其大小可以用分数表示，这沿袭了用自然数表示个数多少的传统。从测量的角度认识分数，有助于向学生强调分数的单位，强调分数与自然数类似，是数单位的个数"数"出来的，这样，分数与自然数的构成与结构就都一致了，更有助于学生认可分数是个"数"[①]。

2. 有助于学生理解分数概念中"平均分"的价值

"平均分"意味着公平，而认可公平是人的天性，因此，认识平均分不是学生学习的难点，让学生理解学习分数时"为什么要平均分"倒是个难点。教师在"分数的初步认识"的教学中一般不强调"为什么要平均分"这个问题，很多教师只是在学生表述分数的含义"把某某分成多少份……"时追问一句"怎么分"。但这样强调"平均分"意义不大，学生还是没有感知"平均分"的作用，即学习分数时"为什么要平均分"。而由测量引入分数则让学生直观地看到了平均分的价值：若不平均分，用哪一份作为测量的单位呢？若不平均分，$\frac{3}{4}$ 根领带的长度就不唯一、不确定了，而要量的沙发的长度是确定的。由此，学生能够初步直观感知"平均分"对分数概念的价值。

二、对"份"的教育价值的追问

华老师的教学中有一个细节让人记忆犹新。

沙发的长度不够一根领带的长度，如何用领带的长度来描述沙发的长度呢？将领带"对折，再对折"之后作为"标准（单位）"来量沙发，沙发是三个"标准单位"那么长，因此是 $\frac{3}{4}$ 根领带长，从而引出一个"新数" $\frac{3}{4}$。教师范读这个数并在黑板上写下"四份之三"。当时，很多听课老师感到十分吃惊：是教师的笔误，还是有意为之？

后来再思考这个"四份之三"，则深感教师的良苦用心："份"是数学学习中的一个重要概念，它不仅是学习分数的重要基础，也是理解乘法、除法运

[①] 刘加霞. 通过"分"与"数（shǔ）"，分数是个"数（shù）"? [J]. 人民教育, 2011（6）: 39.

算，研究数量关系（尤其是倍比关系、成比例关系）的重要基础。

1."份"在理解基本数学概念中的价值

"分"产生了"份"，没有"平均分"，就没有相等的每一"份"，没有"份"也就没有整体—部分、部分—部分等各种关系，没有这些关系世界就混沌一片。为了刻画这些关系，数学上就"创造"（从这个角度上看，数学确实应该是"发明"而不是"发现"）了除法、分数、比等概念，因此，这几个概念与"份"都有着不解之缘，"份"是学生理解这些概念的重要基础。

"份"是串联乘法、除法、分数、比等重要数学概念的一条主线。用好了"份"这个概念，小学数学的主要概念基本上就建立了网状结构。

（1）除法运算中的"份"

除法：把整体平均分几份，求其中的一份是多少，或者一个整体中包含了多少个这样的"份"。

（2）分数中的"份"

把单位"1"平均分成若干份，表示其中一份或者几份（大小）的数，叫作分数；取其中一份的数是分数单位，也叫单位分数。

（3）"比"中的"份"

"比"有两种基本的现实意义。

其一，两个或两个以上的量（是同类量，计量单位相同），若其中一部分 A 含有 a 份，另一部分 B 含有 b 份，则 A 与 B 的数量比就是 a∶b，它刻画了这两个量之间的比例关系。比值的大小不同，表明各个数量之间的倍比关系不同。此时，"比"可以换一个名称，比如，说成谁是谁的几倍（可以是整数倍也可以是分数倍）。当然，"比"还可以刻画三个及以上个数的量之间的倍比关系，例如，在一种果汁中，苹果、梨与水的比例关系是 1∶1∶100。

其二，刻画两个不同类量的比率关系，也就是将这两个不同类量进行除法运算，求一份所对应的"量"是多少（这个"量"是产生的新量，也称为"导出的量"）。例如，一辆汽车 5 个小时跑了 100 千米，可以求该汽车 1 个小时跑了多少千米，即汽车的速度是多少。可以说路程除以时间等于速度，也可以说路程与时间的比是速度。当然，这时候我们说的都是匀速直线运动，事实上，真正匀速直线运动的物体太少了，我们只能以更小的时间段内所行的位移与这个时间段做"比"，这时得到的结果更能反映真实的速度。当时间段越来越"小"趋近于 0 时，这时候的比值就是每一时刻的真正速度即瞬时速度，这就是高等数学中重要的"导数"概念，其核心是"比"的结构。

因此，"份"对学生理解上述概念能起到直观模型作用，学生可借助可操作的"份"来理解更为抽象的分数、比等概念。

2. "份"在问题解决中的作用

"份"不仅可以帮助学生理解基本的数学概念，还可以帮助学生解决问题，尤其是分数应用题、比的应用题等，小学低年级学生甚至可以借助"份"解决比较复杂的问题。例如，二年级的数学思维课上有这样一道题："森林中正在开运动会，教练准备给队员买汽水，小猴代表队有 8 人，2 个人喝 3 瓶汽水，请你帮助教练算一算要买多少瓶汽水。"解决这个问题有许多种方法，所有这些方法的背后，"份"的概念都起着重要的作用。

方法 1：归一法

由"2 个人喝 3 瓶汽水"可知，平均 1 人喝 1.5 瓶汽水，现在有 8 个人，所以要买 8 × 1.5=12（瓶）。可以画图表示，然后数出需要多少瓶。

方法 2：对应法

将 2 人看作一份，对应着 3 瓶汽水，8 个人中有这样的 4 份，所以要买 3 × 4=12（瓶）。

方法 3：比例法（二年级不要求）

在该问题中，所有人均按照"2 个人喝 3 瓶"的比例喝汽水，比例不变，所以，2∶3=8∶?

"?"处就是要买的汽水数，根据"比"的性质，可以知道"?"处应该是 12。

三、学生初步认识分数的过程与水平

华老师在"课前慎思"中谈道："学生的语言表达能力也许会跟不上，那我们是不是不要强求一步到位，不要希望一蹴而就，可以允许学生模糊表达？"

那么，在教学中为什么要求学生用语言表述"什么是分数"？学生理解分数的已有经验基础、学习过程与理解水平分别是怎样的？教师在教学中应该关注哪些学习活动，才能更好地促进学生对分数内涵的理解？

小学生在正式学习分数之前，已有数数、将物体平均分的操作经验和认识。掌握分数的意义及如何进行加减乘除，往往需要实际操作或在心里操作"等分割以及再合成其份数的活动"。因此，教师在组织三年级学生学习"分数的初步认识"时，应该恰当合理地确定分割的对象以及份数。初步认识分数时（尤其第一课时），分割的对象一般是一个物体或一个图形，还不涉及分割对象是一个"集合"（离散的量构成的集合）的情况，而且分割的份数都比较少，尽量将分割份数限制在十以内。

借鉴布鲁纳的"多元表征"理论，我们认为，三年级学生学习"分数的初步认识"这一内容时，学习的过程应该如图 2.13 所示：

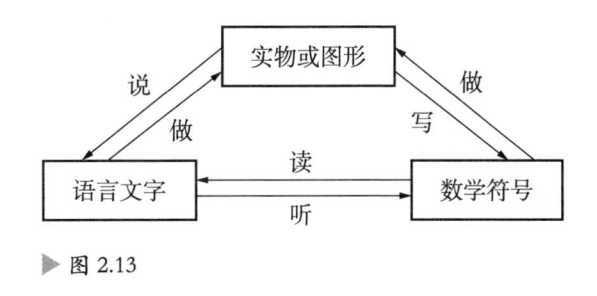

▶ 图 2.13

基于上述分析框架，华应龙老师执教了"分数的初步认识"一课（分数的初步认识单元的第一课时）。这节课重点突出了以下环节。

1. 从实物操作到用语言文字与数学符号表示

教师在引出"沙发有多长"的问题后，先让学生观看视频：大头儿子将领带对折再对折，然后再去量沙发。此时，产生了新问题：沙发有多少条领带长？学生此时产生了创造一个新数的需求，然后再操作实物（领带）理解"对折再对折"的含义以及"单位"是 $\frac{1}{4}$、领带的长度是 $\frac{3}{4}$。

学生经历了从实物操作到用语言文字和数学符号表示的学习过程，其主要活动有平均分实物（领带）、语言表达以及观看教师书写分数的数学符号等。

教师由此引入新课的内容：分数 $\frac{3}{4}$ 表示什么含义？

2. 由数学符号、语言表达到图形表征

$\frac{3}{4}$ 应该怎么读？是"四分之三"还是"四份之三"？这两种读法引发了学生的思考：$\frac{3}{4}$ 应读作什么？"分"与"份"的区别是什么？学生的思考过程就是由数学符号（写出来的）到汉语语言表达（读出来的），然后再到"图形表征"（即怎么画图表示 $\frac{3}{4}$）。学生的作品各不相同（单位"1"是一个常见的几何图形、线段、"集合"），但其表达的意思是相同的，都是 $\frac{3}{4}$。学生在读懂同伴的作品的过程中能感知、理解分数的基本意义。在这个过程中，教师要向学生强调"平均分 4 份"，把想要表示的份数用"阴影"画出来。

高水平理解分数的学生能够在三种表征之间灵活转换，即通过操作实物或者图形表示，能用语言表达出所表示分数的意义，或者能够写出分数；或者给定一个分数，能够通过画图或操作来表示，同时也能用语言清晰地表述其含义。显然，第一课时很难达到上述要求，尤其是用语言清晰、准确地表述分数的含义。例如，$\frac{2}{8}$ 表示"把一张纸平均分成 8 份，涂阴影的 2 份是（占）这张纸的 $\frac{2}{8}$"，这样的语言描述对很多学生来说非常困难。

实现在三种表征之间灵活转换（即高水平理解分数）需要时间，这不是一节课能够完成的。教师在一个单元的教学中要有意识地设计恰当的学习活动，从而促使学生在三种表征之间灵活转换。

3. 子集／集合意义上的"作品"不利于三种表征之间的转换

在华老师的教学中，有一个学生的作品值得我们进一步思考：在分数的初步认识阶段，这样的作品是否有助于学生理解分数？（如图 2.14）

▶ 图 2.14

在理解"$\frac{3}{4}$"时，由于单位"1"是一个集合（4个苹果），因此学生没有"平均分"的过程（数出个数是4）。正如选取一条绳子作为基准量（连续量）与选取一个装有6颗糖果的盒子作为基准量（离散量），当要求对这两个"基准量"进行六等分时，初次接触分数的儿童会觉得这是不同的分割活动：前者必须切割，而后者只要点出个数即可。因此，该作品没有突出分数产生的本源（均分与合成份数），学生就容易把$\frac{3}{4}$说成"4个中的3个"。

如果教师此时强调"4个苹果是一个整体，也可以看作平均分成了4份"，三年级的学生不太好理解这句话的意思，学生仍然会认为这是数数而没有分割的过程。因此，在分数的初步认识阶段，最好还是让学生经历实际的平均分的操作过程，这样更有助于学生理解分数的含义。图2.14所示的"作品"在第一课时应该淡化处理，等到后面继续学习时再来解释说明其意义，即这个作品也有"平均分"和"合成份数"的活动，只不过"平均分"没有实际的操作过程而已。

3. 当阳光亲吻乌云
——以"解决（连乘）问题"为例

教学内容

人教版三年级下册"解决（连乘）问题"。

课前慎思

在汶川大地震两周年前夕，四川省什邡市邀请我去讲学，教学内容是人教版小学数学三年级下学期的"解决（连乘）问题"，讲座的内容是"如何提高'解决（连乘）问题'教学的有效性"。

接到任务后，我思考了下面几个问题：

现在的"解决（连乘）问题"教学与传统的应用题教学有什么不同？我们应该如何扬弃传统的应用题教学经验？

问题情境是一节课的眼睛，是情意绵绵深似桃花潭的，是可以顾盼生辉的。当然，最好是真的、自然的。教材中"3个方阵一共有多少人"的问题情境该如何呈现？为什么要解决这样一个问题呢？针对这一情境，学生可能会提出什么问题？有没有更适合的例题情境呢？

学生列式解答连乘问题有困难吗？如果学生能在正确理解题意的基础上正确解答，那教学的意义和提升作用体现在哪里？为什么要上这节课呢？

理想的课堂不只传授知识，还启迪智慧，点化生命。那么，这节课教学的智慧点在哪里？又如何点化生命？……

经过认真的思考，我确定了本节课的教学目标、教学重点和教学难点。

教学目标：

①让学生经历解决问题的过程，学会用乘法两步计算解决问题。

②让学生通过解决具体问题，获得一些用乘法计算解决问题的活动经验，感受数学在日常生活中的作用。

③渗透爱的教育，让爱在师生的心间传递。

教学重点：进一步熟悉解决问题的步骤，学会寻找解题条件。

教学难点：会叙述解题思路。

课前了解：在灾后重建的过程中，班上有哪些典型故事？班上有没有孤儿？有没有单亲家庭的孩子？有没有孩子收到过千纸鹤？孩子们会不会折？孩子们有没有为玉树的小朋友做些什么？

一个星期后，北京市中小学各学科教师代表一行12人一同前往什邡市。到达什邡市，我们欣喜地看到了一派新气象：宽阔的公路，崭新的民房，绿油油的庄稼，幸福的笑脸……学校的建筑在当地都是最靓的。而在地震遗址公园，我们被倾斜的楼房、下陷的地基、扭曲的管道、废墟中的书包深深地震撼：在大自然的面前，人和蚂蚁没有什么不同，都非常脆弱和渺小。

怀着非常特别的心情，我站上了什邡市朝阳小学的讲台。

课中笃行

一、交谈引入，现问现答，铺垫问题

师：孩子们，我知道你们是三年级（3）班的同学，那我们班一共有多少人呢？

生：（齐）52人。

师：假如不直接告诉我人数，该怎么办呢？

（学生不明白老师何意）

师：你们可以告诉我一些信息，让我来计算。那能告诉我哪些信息呢？

生：（怯怯地，不敢肯定）一组有12人，二组有12人，三组有14人，四组有14人。

师：对！知道四个组的人数，我就可以计算出我们班一共有多少人了。怎么列式呢？

生：12+12+14+14=52（人）。

师：还可以告诉我哪些信息呢？

生：我可以告诉您女生的人数和男生的人数。

师：这样也可以，怎么计算呢？

生：只要加起来就可以了。

师：也可以只告诉我男生的人数，再告诉我女生比男生多多少人或少多少人，这样好不好算呢？

生：（齐）好算。

师：谁会做？你能说一说怎么做吗？

生：女生比男生少4人。

师：想计算全班有多少人，要先算什么？

生：是先计算女生有多少人吗？

师：对，要先算出女生的人数，再把男生的人数和女生的人数加起来，就是全班的人数。现在我知道了，我们全班有52人。我还有一个新问题，我们全校大概有多少学生，你们知道吗？

（有的学生睁大眼睛惊讶地扫视别人，有的学生疑惑不解地看着老师）

师：你们帮老师出出主意，我怎么才能知道全校有多少学生呢？

生：（一口气说出）一年级人数＋二年级人数＋三年级人数＋四年级人数＋五年级人数＋六年级人数。

师：行不行？

生：（齐）行。

（学生们露出笑容，自觉地鼓起了掌）

师：我很佩服这个小伙子！还可以怎么算？请动脑筋想一想。

（师板书：全校有？名学生）

生：还可以问。

师：问谁？

生：（羞涩地回答）问校长。

师：直接问校长全校有多少个学生多没意思。我只想知道全校大约有多少个学生，可以怎么问？

（学生面面相觑，不知如何是好。过了一会儿，一个孩子举起了手）

生：每个班大约有 50 人，用 50 人乘以班级数，就是全校学生的总数。

师：真是好样的！所以，我们只要问校长我们全校有多少个班就可以了。

（转头问校长）请问校长先生，咱们学校有多少个班？

校长：有 26 个班。

师：全校有 26 个班，你们能不能算一算全校大约有多少个学生？

（待学生们在练习本上计算出结果后，老师将一个学生列的算式放在投影仪上）

$$\begin{array}{r} 26 \\ \times\,50 \\ \hline 3000 \end{array}$$

（有学生边举手边说"错了"）

师：算错了没关系，我们看看哪儿错了。

（学生们边看投影边议论）

师：还是让他自己说说错在哪儿吧！

生：少算了，应该是 1300。

师：（带头鼓掌，由衷地感叹）真好！真好！这个小伙子真不错。开始说 3000，面对大家不同的声音，他仔细思考之后说少算了。反应真快！哪儿少算了，你们发现了吗？

（学生中发出一个声音："没有。"其他同学议论："不是少了，是多了吧？"）

师：（微笑）多算有多算的道理，少算有少算的理由。说多算的同学，是说结果多了；说少算的同学，是说步骤少了。哈哈哈！我们看看少了哪个步骤？

生:"2"还没有乘呢。

师:(指着投影上的错题)对,5×6=30,2×5=10,再加上——

生:进位的 3,就是 1300。

师:自己又算对了,多好呀!我们应该给他掌声。他能发现错误,并且能改正错误,这是华老师最欣赏的!(众学生鼓掌)

师:现在我们算出来了,全校大约有 1300 名学生。(扭头面向校长)我们全校有多少名学生?

校长:1280 人。

(学生们惊讶地"啊"了一声,一脸灿烂)

师:全校大约有 1300 人,真准!

二、顺水推舟,找准条件,贯通思路

师:从刚才简短的交流中,我发现我们三年级(3)班的同学都很会动脑筋。假如一所学校每个年级有 4 个班,每个班有 50 人,你能算一算全校有多少人吗?

(师边说边板书:每个年级有 4 个班,每个班有 50 人)

(学生计算,老师巡视后,将一位同学的练习册放到投影仪上)

$$4 \times 6 = 24$$

$$\begin{array}{r} 24 \\ \times 50 \\ \hline 1200 \end{array}$$

(学生看后,有人说错了,有人说对了)

师:认为错了的同学请举手。(大部分学生举起了手)认为对了的同学请举手。(5 位学生举手)哪位同学愿意做小老师给大家讲一讲,为什么说他这道题做错了?

生:那个 50 是从哪里来的?

练习册的主人:每个班有 50 人。

生：24是从哪里来的？

练习册的主人：每个年级有4个班，全校共有6个年级，所以4×6=24。

师：（转向提问的学生）我觉得你的问题很厉害。我也问问，4×6求的是什么？

练习册的主人：全校一共有多少个班。

师：那24×50求的是什么？

练习册的主人：求的是全校有多少人。

师：刚才说他做错了的同学，他哪儿错了？

生：他写竖式时数位没有对齐，24×50，"0"不应该和"4"对齐。

师：我没有想到同学们对自己的要求这么严格。这个"0"既可以和"4"对齐，也可以不对齐，放在后边，两种写法都正确，结果是不是一样的？

生：是一样的。

师：如果把"0"放到后面该怎么计算，哪位同学做小老师给大家讲一讲？

生：如果把"0"放到后面，就先算24×5，然后再把"0"添上去。

师：很正确！把"0"放在"4"的下面也可以，就是在计算时麻烦了点儿。

（孩子们纷纷点头，不再认为刚才那位同学的计算是错误的了）

师：现在我们知道了，全校有1200名学生。做错的同学想一想，刚才自己错在哪儿了。谁能勇敢地说一说？

（没有学生敢举手发言）

师：学习就是这样，正因为自己有不会的知识，才需要学习；要是都会了，我们也就不需要学习了。

（慢慢地，有几个学生举起了手）

生：我刚才把我们学校的学前班也算进去了，所以乘了7，得出全校有28个班。

师：大家说说，他的算式有没有道理？对，问的是全校，我们学校有学前班，就得算。哈哈哈，他的解答也是对的。

生：4×6这一步我没有列出式子，直接用24×50了。

师：（微笑）同学们对自己的要求很严格。一会儿用横式，一会儿用竖式。这个怪我，我没有讲清楚要求。（指着一个学生）你能都写成横式吗？你说我写。

生：4×6=24，24×50=1200。

师：要不要写单位名称？（开玩笑地）不写要扣分的哟。

（学生们大笑，气氛越来越活跃）

师：24后面应该写什么单位？

（有的学生说写"班"，有的学生说写"个"）

师：哪个最好？

（学生们还是各说各的）

师：好的。让我说，我认为写"班"更好，因为那样可以突出有24个班。1200后面写什么？

生：（齐）人。

师：你们知道上海的小朋友做这道题时，会怎么列式吗？

（学生们安静下来，认真地看着老师板书）

$$4 \times 50 \times 5$$
$$=200 \times 5$$
$$=1000（人）$$

师：这个式子你们看得明白吗？你们说是对还是错？

（学生们议论纷纷，有的学生说对，有的学生说错）

师：为什么你认为是错的？请说明理由。

生：他没有写括号。

师：哪里要写括号？请你过来添上。

（学生快步上前，把"4×50"括了起来）

师：为什么要加括号？

生1：如果不加括号，别人就会看成50×5。

（一些学生开始反驳："不一定。"）

生2：如果不加括号，就应该在第一步的后面写等号，算出结果。

师：我很佩服我们三年级（3）班的同学，大家都很爱动脑筋，也能认真观察，大胆地猜想。是猜想就有可能是错误的。我们来看看这道题。我们计算时为什么要加小括号呢？加了小括号，就要先算小括号里的算式。现在这个连乘的算式没有小括号，我们就要从左往右一步一步地去计算，就是先算4×50，所以，不用加小括号。好了，孩子们，你们知道为什么上海的同学会写出这样一个式子吗？

生：（理直气壮地）我觉得这个算式是错的。因为学校里有 6 个年级，不是 5 个。

师：你的判断完全正确。

（学生们自己鼓起掌来）

师：不过，他们这么做还是有道理的，因为上海有很多小学就是 5 个年级。（学生很惊讶）看来，与我们不同的回答，不一定就是错的。（学生们似有所悟）我们总结一下，要想知道全校有多少人，（指着板书）我们该怎么想呢？（学生没有反应）

师：先去想 —— 每个年级有多少人？（板书：每个年级有？人）

再去想 —— 学校有几个年级？（板书：有？个年级）

要求每个年级有多少人，该怎么计算呢？

生：用全校的人数除以年级数。

师：真好，可现在我们就是要算全校的人数呀，它是不知道的。

生：用 4×50，4 是每个年级有 4 个班，50 是每个班有 50 人。

师：所以，要求年级人数，就要知道每个班有多少人，（板书：每个班有？人）这个年级有几个班。（板书：有？个班）

要求全校有多少人，我们应该怎么想呢？谁能看着板书说一说？

（学生们坐在座位上自己试着说）

生：（在老师的帮助下）要求全校有多少人，就要用每个年级的人数乘以年级数；要求每个年级的人数，就要用每个班的人数乘以班级数。

师：我发现同学们都会做，但不怎么会说，所以我们要把这个思路再说一下。

（老师指着板书示范着说，学生们跟着说）

师：我们还可以从下往上想：根据每个班有多少人和每个年级有几个班，我们可以算出每个年级有多少人；再根据每个年级有多少人和学校有几个年级，我们就可以求出全校有多少人。（老师让同桌间陈述解题思路）

三、巩固练习，自述例题思路

师：（投影教材例1中的图片，图略）你们看到了什么？

生：我看到有同学在做早操。

师：你还看到了什么？

生：每行有10个人，一共有8行。

师：你还想知道什么？

生：一共有几个方阵？

（老师把图片的遮挡物挪开）

生：（齐）3个方阵。

师：如果让你算3个方阵一共有多少人，你会算吗？

生：（跃跃欲试）会。

师：既然你们都会，我就下岗了，不教了，你们自己算。

（教师行间巡视）

师：（展示一个学生的作业）华老师看了一遍，非常佩服你们，同学们基本上都是这么做的：80×3=240人。但你们是怎么想的呢？列式解答，大家没问题；说思路呢，有些难。谁能勇敢地说一说自己的解题思路？

生：每个方阵有8行，每行有10个人，8×10=80人，就求出了1个方阵有多少人。一共有3个方阵，80×3=240人。所以，三个方阵一共240人。

师：说得特别清楚、流利，给她掌声！

（该女生得意地坐下，其他学生投来羡慕的目光）

师：现在你会说了吗？

生：（孩子们都点点头）会——

（有不少学生举手，想试着再说一说）

生：每排有10人，一共有8排，每个方阵共80人，3个方阵就是3×80=240人。

师：我们可不可以换一种说法？要想求3个方阵一共有多少人，我们就要先算出什么？

生：每个方阵有多少人。

师：对。怎么计算每个方阵有多少人呢？

（学生都把小手举得高高的，喊道："8×10=80 人。"）

师：计算每个方阵有多少人，要看每行有多少人，一共有几行。还有与这个算式不一样的算法吗？

生：我的做法是 3×8=24 人，24×10=240 人。

师：他是怎么想的？你能做小老师给大家讲明白吗？

生：先求 3 个方阵的横排数，再乘有多少个这样的横排。

师：我发现你真是他的知音，他怎么想的你完全明白，但你说得有些问题。孩子们，我们一起看，3×8 算的是什么？你们自己说一说。

生：一共有 3 个方阵，每个方阵有 8 排，3×8=24。

师：24 表示的是什么？

生：一共有 24 排。

师：对，应该是"24 排"，而不是"24 人"。

生：一排有 10 人，所以再乘以 10。

师：他的思路和我们的不一样，但也是对的。

四、创设情境，传播大爱的种子

师：（神秘地取出红、黄、绿、蓝、粉五种颜色的纸，每种颜色一沓）这是老师从北京带来的。

众生：（惊呼）太漂亮了！

师：（拿起一张）我们把一张纸对折，再对折，我们把它平均分成了几块？

生：4 块。

师：每块纸都可以折成一个像这样的千纸鹤。（展示自己折的千纸鹤）

众生：（感叹）太棒了！

师：我想问问，这么多的纸可以折多少只这样的千纸鹤？

生：每张纸可以折 4 只纸鹤，有多少张纸就乘多少。

师：真好！但是这些纸一共有多少张呢？我告诉你，一共有 5 种颜色的纸，每种颜色的纸是一样多，你们想问我什么？

生：每种颜色的纸有多少张？

师：每种颜色的纸有 50 张。你还想问什么吗？（没有学生问）你能算出一共可以折多少只纸鹤吗？

生1：50×5 算的是一共有多少张纸，再乘4，就是可以折出多少只纸鹤。

生2：1000 只。

师：大家都会做了，下课后把这些彩纸拿回去自己折。想一想，折出的纸鹤准备送给谁？

众生：（纷纷地）华老师、现场的老师、爸爸、妈妈、小伙伴……

师：真好，送出一只纸鹤就是送出一个心愿，一份祝福。有没有谁想到送给其他人？

生：我想送给玉树的小朋友。

师：为什么？

生：因为他们受灾了。

师：她要把纸鹤送给玉树的小朋友，我十分佩服她！这让我想起上周在报纸上看到的一篇文章——

在一个风雪交加的夜晚，推销员克雷斯的汽车坏在了冰天雪地的山区。野地里四处无人，克雷斯焦急万分。因为如果不能离开这里，他就会被活活冻死。这时，一个骑马的中年男子路过，他二话没说，就用马将克雷斯拉出了雪地，拉到一个小镇上。当克雷斯拿出钱要感谢这个陌生人时，中年男子说："我不求回报，但我要你给我一个承诺。当别人有困难时，你也要尽力去帮助他！"在后来的日子里，克雷斯帮助了许多人，并且将那位中年男子对他的要求同样告诉了他帮助过的每一个人。

多年后，克雷斯被一场洪水围困在一个小岛上，一个少年帮助了他。当他要感谢少年时，少年竟然说出了那句克雷斯永远也忘不了的话："我不求回报，但我要你给我一个承诺……"克雷斯的心里顿时涌起了一股暖流。

（聚精会神听故事的孩子们发出了会心的微笑）

师：是呀，爱心是无价的，是不求回报的，但它可以在心和心之间传递，这就像一个连乘的式子。

（板书：一个人的爱心 × 你 × 我 × 他 ×……＝美好的人间）

师：只要人人都献出一点儿爱，世界将变成美好的人间。这次来到汶川，让我感受到另一个连乘的式子。

（板书：一个人的爱心 ×13 亿 ×365＝ 爱的海洋）

（师生一起轻声朗读这个式子）

师：有了爱的海洋就可以解决任何问题。（板书课题：解决问题）

五、回马一枪，点出解决问题的关键所在

师：（看表）孩子们，我们已经上了 42 分钟了，该下课啦！

生：（全都不停地摇头）不好，不好。

师：按照老师的设计，确实没有讲完，但已经到时间了。大家的表现都非常好，今天就上到这里。

众生：（依依不舍地）不好，不好。

师：（迫不得已）那我们就再上一会儿？

生：（齐）好。

师：我们看看谁最会动脑筋。打开数学书，看下面这道题（如图 3.1）。咱们进行一项比赛，看谁想到的算式多。

▶ 图 3.1

（学生们写完后进行小组讨论，老师巡视）

师：我看到好多同学的脸上都洋溢着微笑，也看到有的同学还忙着动笔写。这说明什么？

生：有的对，有的错。

师：哈哈哈！其实，不管是对了还是错了，你都会有收获。做对的同学，

3. 当阳光亲吻乌云　073

可以说说你的经验；做错的同学，可以分析分析你是怎么错的。

生：我数错了，我数成 29 个鸡蛋了。

师：真细致！他想一层一层地数出来，这个教训很深刻。不应该一个一个数，而应该数有几行，再数一行有几个。这样"算"出一层的鸡蛋数，而不是"数"出一层的鸡蛋数。解决问题，需要智慧地选用合适的策略，找准条件。谢谢他提醒了我们。给他掌声！

生：我算错了，算成了 30×80=2300 个。（学生们哄堂大笑）

师：（微笑）孩子们，具备基本的计算能力是解决问题的基础。大人们喜欢说"不管三七二十一"，（面向大家，指着该生）你可要记住"不管三八二十四"哦。（全场都笑了）现在我们可以下课了，孩子们！

众生：（仍不依不饶）不可以。

师：天下没有不散的宴席，一堂课解决不了所有的问题。你们的心情我理解，我也觉得跟同学们一起学习很享受。但是老师们后面还有其他活动，我们不能为了满足自己的愿望，而妨碍老师们的活动。大家说呢？

众生：（点点头，又很不情愿地）嗯。

板书设计

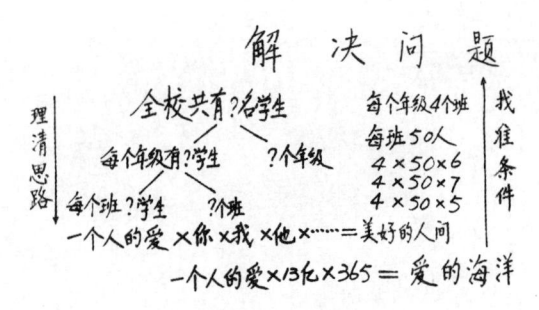

（板书内容：解决问题；理清思路；全校共有?名学生；每个年级有?学生；每个班?学生；?个年级；?个班；每个年级4个班；每班50人；4×50×6；4×50×7；4×50×5；找准条件；一个人的爱×你×我×他×……=美好的人间；一个人的爱×13亿×365=爱的海洋）

（课堂实录由北京第二实验小学王红老师整理）

课后明辨

下课了，在热烈的掌声中，听课的老师们纷纷向我投来钦佩的目光。

我接受着。

一位老师走到讲台前，眼睛有些湿润，声音有点儿颤抖："华老师，您好！我十分佩服您，特别是学生出错后您的处理方式让人耳目一新。太感谢您了！"听得出她是一位不善言辞的老师，但我感受到她是一位真诚的朋友！

我猜想这位老师可能不知道我的研究方向就是如何对待学生的差错，如何"化错"。她的直觉太妙了。

我享受着。

这些学生太可爱了，非常灵巧，虽然基础知识和基本技能掌握得不是十分扎实，一会儿这里出点儿错，一会儿那里出点儿错，但他们心有灵犀，一点就通。

泰戈尔曾说过："当乌云被阳光亲吻时，它们就变成了天空中的花朵。"以前，学生的差错是片片乌云，但当我们直面现实，以阳光的心态来观照差错所蕴含的发展价值时，那些差错就幻化成了课堂上的朵朵奇葩。

我要讲"解决问题"，讲寻找条件，讲解题思路，学生却出现了计算的问题，书写格式的问题，小括号作用不明的问题，得数后面写不写单位的问题。这有什么办法呢？课堂就是这样，就像医生不能要求病人只能生什么毛病、不能生什么毛病一样。

继而，我想，我们教师是否也可以像医生那样专业和大气，当自己实在无能为力、回天乏术的时候，不妨邀请大家会诊，不妨指点病人另请高明。是不是因为我们总想包治百病，反而妨碍了我们教师的专业发展，阻滞了有效课堂的进程？

从课的结构来看，开始的环节组织得不好，引导得不妙，经历了班组求和、男女求和、差比求和、年级求和的漫长过程，耗时过多。

预设的时候，我想帮助学生回顾一下两步计算问题的解决过程。因此，在学生试探性地回答"一组有12人，二组有12人，三组有14人，四组有14人"后，我问"还可以告诉我哪些信息呢"，应该说，后面的发散环节是我主导的。如果在出现意料之外的小组求和之后，我马上就引导"假如4组都是12人，求全班人数，该怎么办呢"，那样就能一下子实现一步乘法的过渡，同时又巩固了乘法的意义。

不蔓不枝，可能更美。

我反思着。

不过，有时候教学可能就是歪打正着，我们教师也许并不清楚哪一句动情的话语唤醒了学生的天耳，也许并不知晓哪一抹热情的目光点燃了学生的心灯。

有心栽花花不开，无心插柳柳成荫。那么，我们教师的专业追求又是什么呢？又为什么要追求呢？

孔子说："七十而从心所欲，不逾矩。"这应当是我们不断修炼自己以求达到的境界。佛祖说："应无所住，而生其心。"这是我们修炼自身的方法。不执着于自己的课前预设，保持一颗开放的心，向学生敞开，向课堂敞开，那么，我们就会走向自由和自在。

/ 名家点评 /

真善美的境界，人文化的课堂
—— 华应龙执教"解决（连乘）问题"教学评论

陈今晨（南京东方数学教育科学研究所）

在汶川大地震两周年前夕，著名特级教师华应龙老师应四川省什邡市的邀请，极其精彩地执教了人教版三年级下学期"解决（连乘）问题"的公开课，奉献了十分丰盛的精神大餐。

大气统整，系统审视

华应龙老师在组织课堂教学时，在举手投足间表露出了一种纵观全局、善于统整的大气。本课的教学构思综合了天时、地利、人和诸方面要素，教师将一课的教学置于社会发展中，诠释了马克思"人的本质是一切社会关系的总和"的论断。华老师的课堂教学注重知识、技能、过程、思考方法、情意、态度、价值观，挥洒自如，千变万化。教者的大气概、大手笔，决定了教学设计的大格局、课堂施教的大境界。

情意交融，欲罢不能

　　课堂教学的主要目标是传承知识，点燃智慧的火花，然而数学认知的建构过程，从来都是与人的情感和意气的抒发结伴而行的。华应龙老师在数学的理性中杂糅人文的感性，在计算和推理的演绎中讲述故事，弘扬善良、互助、关爱的美好情感，把连乘与爱心传递结为表里。这就不难理解学生为何悦纳、感佩、享受而数度不肯下课。

对话互动，真实生成

　　根据真实的生活，利用即时生成的对话激活学生内心的问题意识，让其形成真切的学习需求，是本课的特色之一。华应龙老师因势利导，自然地生成课堂教学中的问题，这有赖于教者长期的修炼。课堂上，师生共同聚焦于学习内容，造就了一段美好的生命体验。课堂问题生成得越是真而准，学生的学习效果越好。课堂教学需要预设，但更重要的是教者的谋划、盘算。教学不能搞铸铁加工，不是烩烧"回锅肉"，作秀的课堂往往缺乏灵气，毫无生命力。华老师的课堂朴实自然，给观课者极大启发。

睿智包容，融错化错

　　古人说"海纳百川，有容乃大；壁立千仞，无欲则刚。"华应龙老师一直坚持将学生在数学学习中的差错作为宝贵的教学资源进行开发。他提出了"融错的要义"：①尊重学生的劳动；②鼓励学生积极地探索；③深化学生对数学知识的理解；④增强学生对错误的免疫力；⑤发展学生的反思力；⑥培育学生直面错误、超越错误的创新人格。他还极富个性地提出"化错"的三个阶段：容错—融错—荣错。本课的教学实践正是他这些教学思想的生动体现。华应龙老师在学生提出问题、理解列式、计算书写、单位名称标注等多个环节中，都能引导学生大胆表达个性化思维，发现并纠正差错。

思路贯通，继承创新

　　解决问题的教学有别于以往的应用题教学，二者在数学问题的选择、分类、目标、信息表达、条件与问题的对应性等方面存在很大的区别，但是如今的解决问题或"问题解决"与应用题教学实质上并无根本性分野。二者都是运用已有的知识和经验领会数量间的关系,探究问题的结果并做出回答。其中,引导学生如何思考、贯通思路是应用题教学的精华。新课程倡导不规则问题和开放型问题,强调通过图示、对话、表格等多种灵活的方式提供信息。贯通思路,提出解决问题的策略,这是一大进步,然而很多老师对以往有效的教学方法继承得不够自觉。华应龙老师积极扬弃应用题教学中有用的成分,引导学生领会问题实质,选准条件,理清思路,多次让学生讲述思路,并做出板书,总结思考要点。这种教学方式,既是对传统应用题教学经验的积极继承,也是对解决问题教学的大胆创新。

总之,华老师的数学课堂是教人求真的课堂、向善的课堂、审美的课堂,达到了真善美的境界;华老师尊重人、关爱人,教学极富情趣,透出诗意,给学生带来了艺术享受。

体验问题解决过程,实现"三维目标"的有机整合
——评华应龙执教的"解决(连乘)问题"

刘加霞(北京教育学院)

大气睿智的数学课堂是什么样的?简单地说,就是将三维目标有机整合的课堂。但说起来容易,在教学实践中落实则非常难:应创设哪些问题情境?问题情境何时呈现?以什么方式呈现?学生是否有真思考、真体验?如何将学生的差错作为教学资源?教师如何围绕教学重点和难点调控课堂?这些都需要教师智慧地设计、实施。

华应龙老师执教的"解决(连乘)问题"一课可以说是智慧课堂的又一典范。这主要体现在,学生在问题解决的过程中思维、情感的真实流露与体验,教师与学生对话交流的和谐展开。这一切都源于教师"(容)融(荣)错"的教育思想,在"容错"的前提下,将学生的"错误"融于教学全过程,最终又以"错误"为荣。

数学家G.波利亚曾说过:"掌握数学意味着什么?这就是说善于解题,不

仅善于解一些标准的题,而且善于解一些要求独立思考、思路合理、见解独到和有发现创造的题。"连乘问题虽然都是一些比较标准的问题,但华老师在创设问题情境、呈现问题、耐心包容孩子"出错"方面又超越了常规与标准,师生共同演绎出一堂大气与智慧并存的数学课。

一、把握乘法的矩形模型是创设有效问题情境的根本

好的问题与问题情境是问题解决教学的关键,因此华老师在"课前慎思"中说:"问题情境是一节课的眼睛,是情意绵绵深似桃花潭的,是可以顾盼生辉的。当然,最好是真的、自然的。教材中'3个方阵一共有多少人'的问题情境该如何呈现?为什么要解决这样一个问题呢?针对这一情境,学生可能会提出什么问题?有没有更适合的例题情境呢?"

好的问题情境要基于数学概念的本质,而具体事件的情节要真实自然、学生熟悉,能激发学生的认知冲突、学习兴趣。乘法能够解决大量的现实问题,概括说来,乘法主要有以下几种现实情境模型:等量组的聚集模型、矩形模型、映射模型、配对模型、倍数模型以及其他现实数量关系模型,例如,速度—时间模型、单价—数量模型、工时—工效模型、密度—体积(面积)模型,等等。其中,等量组的聚集模型是乘法的基本模型,即我们经常说的"几个几的和",其他模型都是以此为基础不断发展而来的。

由此可以看出,运用乘法解决问题可以创设的问题情境较多,选择的关键是正确把握乘法的基本结构模型。其中,矩形模型是所有乘法问题的基本结构。矩形模型在小学乘法学习中具有重要作用,它将乘法与图形紧密结合起来,为学生理解抽象的数量关系提供了直观形象的支撑材料,为学生理解乘法的算理提供了可视化、可操作的工具,也为解决有关乘法的问题提供了一种问题解决策略。

在小学阶段,矩形模型按照抽象程度可以再细化为:①按照"行列"有规律排列的实物图;②将"实物"抽象为"点"的点子图;③方格图;④长方形的面积或立体的体积。

连乘问题所涉及的结构模型是乘法矩形模型的进一步拓展,其基本结构如

下图所示。

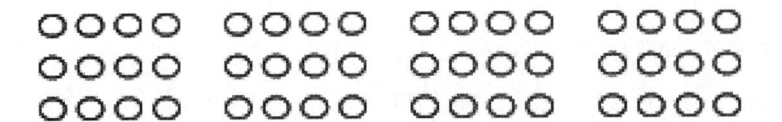

```
○○○○    ○○○○    ○○○○    ○○○○
○○○○    ○○○○    ○○○○    ○○○○
○○○○    ○○○○    ○○○○    ○○○○
```

所有连乘问题的结构都是上述拓展了的乘法矩形的直观模型。无论是创设"方阵"问题、求"全校有多少学生"问题、"折千纸鹤"问题，还是"计算有多少个鸡蛋"的问题，对学习"连乘"的价值都是一样的。因此，选择什么样的问题情境取决于学生的生活经验、教学的现实场景以及教师的教学风格。

华老师在四川省什邡市教学本课时所选择的问题情境非常恰当合适，尤其是"折千纸鹤"问题，既让学生学会了解决问题，又让全体师生体验到爱心的无限传递。只要把握了乘法的基本结构，创设的情境就简单不烦琐，问题明晰不冗杂，学具自然不造作。

二、在"融错"中清晰表述解题思路，学会解决问题

G. 波利亚曾指出："解题的价值不是答案本身，而在于弄清是怎样想到这个解法的，是什么促使你这样想、这样做的。"也就是说，解题过程是一个思维过程，是一个把知识与问题联系起来进行思考、分析、探索的过程。G. 波利亚认为，向自己提出问题是解决问题的开始，当你有目的地向自己提出问题时，它就变成你自己的问题了。

因此，华老师在课前不断追问："学生列式解答连乘问题有困难吗？如果学生能在正确理解题意的基础上正确解答，那教学的意义和提升作用体现在哪里？为什么要上这节课呢？"

基于对教学内容的分析以及对学生的了解，华老师这样定位本节课的重点和难点：进一步熟悉解决问题的步骤，学会寻找解题条件；会叙述解题思路。教学中所有活动设计都是围绕解决教学重难点展开的。但在教学实施的过程中，学生"频频"出错（计算结果、竖式书写格式、对小括号的理解、单位名称等），好在华老师在教学中一直秉持"容错观""课堂因差错而精彩"等先进

理念，巧妙地将学生的差错作为数学资源，使其为突破教学的重难点服务。

1."你在求什么？"

G.波利亚在《怎样解题——数学思维的新方法》中指出，解题的第一步就是弄清问题：未知数是什么？已知数据（指已知数、已知图形和已知事项等）是什么？条件是什么？满足条件是否可能？要确定未知数，条件是否充分？

问题解决教学的核心就是弄清"你在求什么"，避免一见到"数"就进行四则运算，却不知道每一步运算的目的。因此，在华老师的课堂上有大量与下面对话类似的质疑和对话：

生：那个50是从哪里来的？

练习册的主人：每个班有50人。

生：24是从哪里来的？

练习册的主人：每个年级有4个班，全校共有6个年级，所以4×6=24。

师：（转向提问的学生）我觉得你的问题很厉害。我也问问，4×6求的是什么？

练习册的主人：全校一共有多少个班。

师：那24×50求的是什么？

……

生：我刚才把我们学校的学前班也算进去了，所以乘了7，得出全校有28个班。

师：大家说说，他的算式有没有道理？对，问的是全校，我们学校就有学前班，就得算。哈哈哈，他的解答也是对的。

这些对话为学生下一步叙述解题思路奠定了基础。在质疑与对话中，学生更加明确了解题的目标是什么，如何建立"条件"与"问题"之间的关系，从而减少了解决问题的盲目性。

2．弄清算式的意义，强化解题思路

教学如果只是单一的质疑与对话（师生、生生之间），就容易出现审美疲劳。华老师在课堂上，巧妙地设计了下面的环节。

师：你们知道上海的小朋友做这道题时，会怎么列式吗？

（学生们安静下来，认真地看着老师板书）

$$4 \times 50 \times 5$$
$$=200 \times 5$$
$$=1000（人）$$

教师的目的是让学生结合日常生活经验（一般每个学校有6个年级，而本算式却是乘5），学会分析条件与问题之间的关系，明确算式解决的问题及隐含的条件分别是什么，即强化解题思路。没想到却引发出学生对小括号的误解，认为该算式错在"没有添加小括号"。后面才有学生回答"我觉得这个算式是错的。因为学校里有6个年级，不是5个。"

学生出现的错误多么可爱，但却不是本节课所需要的，教师应如何对待这样的错误？如何使其成为教学资源？正确处理学生的错误需要教师有坚定的教学观。正如G.波利亚所说："学习知识的最佳途径是由学生自己去发现，因为这种发现理解最深，也最容易掌握其中的规律、性质和联系。直接从老师或书本那儿被动地不假思索地接受过来的知识，可能很快忘掉，难以成为自己的东西。"

3．引导学生清晰地表述解题思路

引导学生清晰地表述自己的解题过程与思路也很重要，华应龙老师很好地做到了这一点。

师：不过，他们这么做还是有道理的，因为上海有很多小学就是5个年级。（学生惊讶）看来，与我们不同的回答，不一定就是错的。（学生们似有所悟）我们总结一下，要想知道全校有多少人，（指着板书）我们该怎么想呢？（学生没有反应）

师：先去想——每个年级有多少人？（板书：每个年级有?人）

再去想——学校有几个年级？（板书：有?个年级）

……

师：所以，要求年级人数，就要知道每个班有多少人，（板书：每个班有?人）这个年级有几个班。（板书：有?个班）

要求全校有多少人，我们应该怎么想呢？谁能看着板书说一说？

（学生们坐在座位上自己试着说）

……

为了突破教学的重难点，华老师可谓煞费苦心，所有教学活动都为此目标服务，可见，确定恰当的教学重难点是多么重要！

三、借助千纸鹤连乘问题实现爱心的高速度传递

华老师的课紧密围绕教学目标与教学的重难点展开，活动设计得跌宕起伏，让学生（甚至听课的教师）不知不觉中"掉进陷阱"，再"爬出陷阱领略美丽的风光"，这就是教学的艺术。

在本课中，"可以折多少只这样的千纸鹤"是一个好问题，不仅好在情境的创设上，更妙在该问题呈现的时机上。很多教师可能会把千纸鹤问题放在教学的伊始，以引发学生解决问题的兴趣，但华老师却把这个问题放在教学的后面，可谓独具匠心。

若放在教学的开始，学生对基本数量关系、基本解题思路都不太清楚，对如何解决问题也没有深刻的体验，学生没有"能力"体验"爱心"的传递，"爱心"教育似乎就是说教。

把千纸鹤问题放在教学的后面，既是对连乘问题解题思路的深化与巩固，也为生发出爱心做了物质上的铺垫。这个问题情境创设得多么巧妙，放置的位置多么恰当！

学生在理解了 4×50×5=1000 只后，再去感受克雷斯的"承诺传递"、灾区的"爱心传递"（一个人的爱心×你×我×他×……=美好的人间，一个人的爱心×13亿×365=爱的海洋）。此题、此景与此情实现了完美的整合。

经历了上述学习过程，全体师生一定会发出和 G.波利亚一样的感叹："学数学是一种乐趣！"更进一步说，跟着华应龙老师学习数学是一种精神上的享受。

4. 比喻的力量
—— 以"平均数的再认识"为例

教学内容

自编教材五年级"平均数的再认识"。

课前慎思

众所周知，现在教学平均数，应该是重点让学生理解其统计意义，而不是仅仅会计算。那么，什么是平均数的统计意义？如果不经历统计过程，统计意义如何彰显？

无论是新课导入还是巩固练习，都要摒弃那种似是而非、人为编造的平均数问题，要尽量为学生提供熟悉的、现实的、真实的统计题材，让学生利用平均数解释现象，解决问题。并且最好是学生亲自收集数据，再求平均数，而不是教师事先给出数据。这可能与所谓的高效课堂有所不同。

要让学生经历统计过程，教师就需要创设问题情境。什么样的问题情境才是适合的？现在大部分教材是用平均数来比较个数不等的两组数据，那么，一组数据是否也有需要数据代表的时候？教师是否可以回避学生求总和以比较数据的习惯性思维，而逼着学生另找一个数据代表？提出合适的"问题"似乎十分必要。

平均数是那几个被平均的数的代表。平均数具有几个独特的性质，这些性质是否是通过与中位数、众数相比较而概括出来的？例如，平均数具有敏感性，一组数据的平均数易受这组数据中每一个数据的影响。在没有讲中位数、众数的情况下，如何凸显其敏感性？在没有比较的情况下，教师自说自话，是不是戴着有色眼镜看平均数？而学生是否只能人云亦云？以前学习过的几个数的和、差、积、商，都是受每一个数据影响的，为什么以前都不讲敏感性，现在学平均数就要大讲特讲呢？孩子们的手很小，不该要求他们一次抓住一大把东西。对小学三年级的孩子来说，教师是否应该一本正经地系统讲授平均数的性质？

1984年我刚参加工作时，讲平均数侧重在"总数量÷总份数＝平均数"数量关系的建立。2001年课改后，我讲平均数侧重在"移多补少"方法的巩固。2011年我在思考：求平均数的两种方法——移多补少和先合后分，究竟哪一种是更为基础的方法？

我们以前讲"平均数"时常常说这样一句话："平均数不是真实的数。"这个"真实"是什么意思？平均数是虚假的数，还是虚拟的数？大概说平均数不是原始数据而是统计数据比较准确。可是对小学生来说，那样说似乎太专业了。那适合学生的话应该怎么说？

平均数的计算不难，难在理解其意义。在哪个年级教学平均数比较合适？现行教材大多是在三年级学习平均数，这大概是考虑到平均数与平均分的联系。在学生尚未学习小数除法的情况下，学习平均数自然会遭遇事件和数据不真实的尴尬，因为平均数是小数，更能揭示平均数的本质。让人感到高兴的是，《义务教育数学课程标准（2011年版）》已经把平均数移至第二学段。由此看来，让三年级学生研究平均数，有些勉为其难。既然是勉为其难，为什么还要做呢？为什么不让五年级的学生来试试？

我针对五年级的学生制定的教学目标是——

① 进一步理解平均数的统计意义。

② 熟练掌握求平均数的方法。

③ 经历问题探究的过程，达到喜欢数学、喜欢思考的目标。

课中笃行

一、看一眼，记几个？

师：孩子们，请看大屏幕。

（师逐个出示车牌号码及 QQ 号。学生们看到 QQ 号，有学生说："快记下来。"）

师：这不是我的，别记。

（学生们都笑了，停下笔，继续看屏幕。师再出示电话号码、身份证号码、银行卡号，最后出示问题："看一眼，你能记住几个数字？"）

师：我们的世界里到处都是数字。要想知道看一眼能记住几个数字，你说该怎么办？

生：试试吧。

师：试试吧，真好！试一次还是试许多次？

（有学生说试一次，有学生说试许多次）

师：认为试一次的举手。（少数学生举手）认为试许多次的举手。（大多数学生举手）为什么要试许多次？小伙子，你说。

生：因为您出示的数字很多，应该要多记两次才行。

师：嗯，多试两次才能得到比较准确的结果。当我们试了许多次之后，会得到一组数据。（师板书：一组数据）这组数据有可能是一样多的，也有可能有多有少。在有多有少的情况下，你会用哪个数来代表你看一眼能记住几个数字呢？（师板书：代表）

生：把所有数加起来，然后有几个数就除以几，就等于它们的平均数，用平均数可以表示看一眼记住的个数。（学生没有做出评价）

师：同意吗？

（有的学生点头，有的学生摇头）

师：同学说完你们要评价，同意点头，不同意摇头，如果同学的回答特别精彩要给掌声，好不好？

（学生自发地给刚才回答问题的同学鼓掌）

师：刚才那位同学的回答特别精彩。我们得到一组数据后，找哪个数来代表呢?

生:(齐)平均数。

(师板书:平均数)

师:怎么求平均数?对,先求出总数,也就是先求出和,然后再平均分,有几个数据就除以几。(师板书:求和、平均)

师:除了这种方法,还可以怎么求?(学生面露难色,教师很理解地)不知道?不知道咱们就先不说了,咱们试一下,看一眼能记住几个数字。在玩之前,一定要知道游戏的规则。

(师出示游戏规则)

①看一眼,只有3秒钟。(读出声是来不及的)
②数字消失后,才可以动笔写。
③数字再出现时,请在记对的数字右上角打"√"。)

师:明白了吗?(学生纷纷点头,教师出示下表)

第一次	
第二次	
第三次	
第四次	
平 均	

师:记完之后数一数打了几个对钩,填在这个统计表里,明白了吗?友情提醒:仔细看大屏幕,错过了就不可以再回头了啊!

(师在屏幕上展示第一组数字:1326891545,数字3秒后消失)

师:(巡视,看到有部分学生拿笔在记)数字消失了再开始记,不是一边看一边记,一边看一边记那就不是记而是抄了,哈哈……(学生会意地微笑)

师:好,校对。

(生核对,有学生记住的较多,很兴奋地轻呼"耶")

师:第一次你记了几个?(看到有学生在擦改)错的不用擦,留在这儿。

生：我记了 8 个。

师：跟他一样多的举手。（部分学生举手）记 9 个的举手。（部分学生兴奋地举手）记 10 个的举手。（有几个学生很自豪地举起了手）记 7 个的举手。（部分学生举手）6 个。（几个学生举手）5 个。（举手的学生比较少）4 个。（没有学生举手）3 个。（无人举手）2 个。（无人举手）

师：两个以下就没有了，看来最少的是 5 个。（赞许地）大家很诚实，对，我们要试试看一眼能记住几个数字，因此要尊重事实。

第二组准备。（师站在学生中间，有一个学生在左右探着身子看屏幕。老师发现后急忙让开）哦，挡住你了，对不起！

（师在屏幕上出示第二组数字：9280773268，数字 3 秒后消失）

师：好，校对。（生校对）第二次你记住了几个？不交流了，直接填在表格里。继续。

（师在屏幕上出示第三组数字：5128703947，第四组数字：8426351693）

师：好了，试了四次了，现在算一算平均数是多少？

（生计算，师巡视）

师：前后四人一组交流一下。

[学生分小组交流，师将两名学生的数据板书在黑板上：(6+7+6+8)÷4=6.75，(4+7+7+8)÷4=6.5]

师：好了，孩子们，现在知道你看一眼能记几个数字了吗？

（生欲言又止的样子）

师：声音不大说明有疑问了，是吗？你有什么问题？（生露出胆怯的眼神）

师：（鼓励地）没有吗？肯定有问题。（有一个学生大胆地举起了手，教师十分赞赏）你说吧，孩子。

生：（自信地）为什么会有不是整数的平均数？

师：对啊，为什么平均数不是整数，而是小数了？

（学生面面相觑）

师：你告诉我，你看一眼能记几个数字？

生：我看一眼能记 8 个数字。

师：8 个数字，你算出来是多少？哦，就是 8 个。

生：我看一眼能记 9 个数字。

师：你算出的平均数是……

（师没说完，该生抢着说"平均数是 7.5"）

师：哈哈……那你怎么说记 9 个数字呢？

生：最多记 9 个。

师：哦，最多记 9 个。（面向全体学生）算出来是 7.5，那他怎么不说是 7.5 呢？这 7.5 代表什么？

生：（齐）平均数。

（师转向刚才提出问题的学生）

师：小伙子，你叫什么名字？

生：（自豪地）叶成浩。

师：叶成浩，你真厉害，其实刚才算完平均数，有的人通过目光告诉我他有疑问："哎，怎么会是 6.75 呢？"而叶成浩把问题说了出来。（师带头鼓掌）应该向他学习，孩子们，就是要自己提出问题。想一想，平均数会不会是小数呢？

生：（齐）会。

师：会，为什么？

生 1：因为有时候也会除不尽。

生 2：（反驳说）除不尽，小数为什么不循环呢？

师：哈哈……（不做评价，笑着面对学生）你说呢？

生：因为除到那一位的时候正好除完了。

师：哦……来，一起算一下吧。

[师生共同计算（6+7+6+8）÷4]

师：余下的 3 怎么办？

生：也要除以 4。

师：3 除以 4 等于 0.75，所以结果是 6.75，对不对？

生：（齐）对！

师：计算是对的。刚才同学问：为什么会出现小数呢？是不是因为余下的 3 个也要平均分到 4 份中间去，（生点头）这样才能让本来不相等的这一组数据变得——

4. 比喻的力量

生：（齐）相等了。

师：这相等的数才叫——

生：平均数。

师：要保证相等，这3不能扔掉吧！要继续去分，所以就产生了小数。同学们，这6.75代表什么呢？

生：表示这些数的平均值。

师：对，是代表这组数据的平均值。

[师指着板书的下一道算式（4+7+7+8）÷4=6.5]下面这个，检查一下，看对不对。（师生共同检查）

师：一个是6.75，一个是6.5，这中间就有差距了，是吧？如果都用整数表示，那就没有差距了。（生纷纷点头）这么一想，其实平均数是个很小气的数，特别斤斤计较，差一点点都能反映出来。（生会意地笑了）

师：（手指板书）平均数不是代表某一次，而是代表这组数据的整体水平、平均的水平。所以我们说，平均数很多时候会是小数。刚才算出平均数是小数的同学请举手。（大多数学生举手）

师：哎哟，这么多啊，难怪刚才很多同学有疑问，交流时不怎么爽快。再看这样一道题。

（师在屏幕上出示：小明测了4次后得出的平均数是6，请不计算回答：如果第5次测试成绩是7个，那么平均数会发生什么变化呢？）

师：（等待片刻）不计算，你能回答吗？这位男同学请你说。

生：平均数会增加。

师：为什么？

生：因为第五次的成绩比平均数高，所以它会把前4次的平均数拉上来。

师：哎哟，"拉上来"这几个字用得好啊！同意吗？

生：（齐）同意！

师：但是刚才你们一点儿表示都没有啊，也没点头的，也没鼓掌的。（学生笑了，并热烈地鼓掌）

师：哈哈……我们同学上课时都喜欢这样，同学讲完以后，（师模仿学生等待老师评价时的表情）问："老师你说呢？"（生笑了）呵呵，别等老师说，

自己想，有想法赶快说出来，好不好？（生纷纷点头）

师：平均数会发生什么变化？

生：（齐）拉上来。

师：不计算，你觉得拉上来后是整数还是小数？

生：（齐）小数。

师：对，还是小数。

（师在屏幕上出示：如果第5次测试的成绩是5个呢？）

生：平均数会减少。

（师在屏幕上出示：如果第5次测试的成绩是6个呢？）

生：平均数不会发生变化。

师：为什么？

生：因为它和平均数一样。

师：对，有一个词叫……（师板书：移多，等待学生回忆，学生齐答："移多补少。"）对，平均数是通过移多补少得来的，若第5次还是这么多那就不用移了。孩子们，增加一个数据后，平均数有可能会变大，也有可能会变小，还有可能不变。这里有姚明的两组数据，你们看看哪些是平均数。

（师在屏幕上出示一段文字）

2001—2002赛季是姚明在中国男子篮球职业联赛的巅峰时期，场均32.4分，19个篮板，4.8次封盖。

从2002年起，姚明开始征战美国男子职业篮球联赛。在这9年时间里，他一共参加了486场比赛，场均18.6分，8.9个篮板，1.9次封盖。

（学生阅读，思考）

师：这些数字哪些是平均数？坐在座位上随便说。

生：32.4分，4.8次封盖，18.6分，8.9个篮板和1.9次封盖。

师：同意吗？（大多数学生同意，也有人在摇头）有没有补充？

师：没错，这位同学说的这些数字都是平均数，"场均"就是每场平均的意思，还有补充吗？

生：19个篮板也是。

4. 比喻的力量　　091

师：哈哈，刚才我们介绍了平均数很小气，很多时候是小数，别忘了也有可能是——

生：（齐）整数。

师：好了，孩子们，通过刚才这样一个活动，大家知道了平均数很多时候是小数，因为它是平均得来的；当多了1个或2个的时候，它要平均分成很多份，那就产生小数了。

二、比一比，谁上场？

师：姚明退役后做了教练。如果你是篮球教练，遇到下面这样的情况你会怎么解决呢？

（屏幕出示）

如果你是篮球教练，根据两名队员的得分情况，你会选择哪位队员上场？

场次	一	二	三	四
甲	11	12	6	11
乙	—	11	10	12

（学生看题）

师：明白题目的意思吗？

生：明白。

师：你会安排哪位队员上场呢？如果需要计算，就在练习纸的背面计算，请用数据来说话。

（师巡视全班）

师：你贵姓？

生：我姓郑。

师：郑教练，（生笑）你选谁？

生：我选乙。（师等待学生阐述自己的理由，生继续说）因为他的平均数比甲高。

师：乙的平均成绩是多少？

生：乙的平均成绩是11，甲的平均成绩是10。

师：这么一比较，确定应该是乙上场。有没有不同意见？

生：我觉得应该让甲上场。（生似乎没有信心了，师用眼神鼓励）因为乙第一场好像没有进球，所以求平均数时应该除以4，不是除以3，这样乙的平均成绩就比甲低了。

师：那乙的平均分是多少分，你算了吗？

生：我……（生吞吞吐吐，周围的学生都笑了）

师：哦，你没算，但我觉得你提出了一个很有价值的问题。谁来算一下乙的平均分是多少？

生：（生陆续算出）8.25。

师：33除以4等于8.25，这么看，应该谁上场？

生：（齐）甲。

师：还有不同意见吗？请说！

生：乙的成绩不稳定，忽高忽低，甲非常稳定，有两次得了11，除了第三场外都在11附近徘徊。

师：同意他的观点吗？他说乙的成绩不稳定，甲的成绩稳定。（生在座位上讨论，大多数人摇头，表示不同意）

师：有人摇头，有人点头。我觉得刚才我们同学提出了一个很好的问题，究竟乙第一场是没上场还是上场了没得分？

生：（齐）没有上场。

师：如果上场了没得分，那应该除以几？

生：4。

师：他的平均成绩就是——

生：8.25。

师：如果他没上场，就不能除以4。看来，现在的问题就是，"—"这个符号到底代表没上场还是上场了没得分。

生：我觉得是没上场，如果没得分应该写0。

师：是，是，（转向刚才说除以4的学生）没得分应该写0。孩子，这是因为你不知道，没关系！确实，我们约定俗成的这样的符号应该表示没上场，如果上场没得分就应该写 0。从刚才这个片段我们可以感觉到，平均数是个很本分的人，该除以 3 的时候就要除以 3，该除以 4 的时候就要除以 4，特别讲究门当户对。（生纷纷点头）不能除错了。

师：刚才这么一交流，我发现咱们班同学当年平均数都学得非常棒，奖励一下，听个故事。好不好？

生：（很有兴致地）好！

三、平均出来的牛体重

1906 年的一天，英国科学家弗朗西斯·高尔顿在散步时，看到集市上正在举行"猜牛重，赢大奖"的比赛。有好几百人在对一头肥壮公牛的体重下赌注，其中有些是屠户和农民，但更多的则是凑热闹的外行人。竞猜奖品分发完毕后，高尔顿找了张纸，记下了所有竞猜者估计的重量，然后准备计算这组数据的平均数。高尔顿想，这个平均重量与实际重量一定相差很远，因为外行人占大多数，他们对牛的体重没有把握，猜的重量会很不靠谱。结果他完全错了。事实上，牛的体重为 543 千克，而猜测的平均体重为 542 千克！

师：看完这个故事，你有什么感想？

生：那些人猜得太准了。

师：是那些人猜得太准了，还是——

生：我觉得有的人猜得太高，有的人猜得太低，平均起来就很准了。

（有几个学生带头鼓掌）

师：有人提议鼓掌了，说到你心里去了，是吗？（很多学生点头）

生：平均数是通过移多补少算出来的。

师：对啊，平均数就是通过移多补少得来的，有人猜的比牛的实际体重高，有人猜的比牛的实际体重低，那最后一算平均数呢？

生：与实际情况差不多了。

师：对，对，这就让我想到一位数学家曾说过这么一句话。

（屏幕出示：对数学的研究说明，平均数总是更加接近实际。——马希文）

师：为什么平均数更加接近实际？

生：平均数是通过移多补少算出来的。

师：对，这个故事是不是让我们感受到平均数很奇妙，很有用？（生纷纷点头，还有人忍不住要发表自己的看法）

生：平均数很公平。

师：好的，看完了故事，我们还要回到篮球场上来。

四、猜猜8个人的年龄

（师出示问题：有8个人在篮球场上打球，他们的平均年龄是12岁。你能想象一下，这8个人的年龄可能分别是多少吗？）

（学生看完题目后就开始动笔了）

师：对，对，你认为8个人的年龄分别是多少，可以在纸上写下来。（巡视）真好，真好，同学们很会动脑筋。（学生大多写好了）前后桌四个人交流一下。

（学生热烈地交流起来）

师：好，谁来交流一下？你认为这8个人的年龄分别是多少？（很多学生举起了手）请没发过言的人来。

生：我认为8个人的年龄分别是7岁、10岁、14岁、9岁、16岁、8岁、13岁、9岁。（师板书并带着生一起核对是不是8个人）

师：怎么判断对不对？

生：加起来算一算。

师：对，算一算吧！

（老师信任地扫视着全班，学生很专注地计算着，有人议论说"不对"）

师：怎么不对了？

生：8个人加起来是86岁，而平均年龄要是12岁的话，总岁数应该是96。

师：（面向全班）96是怎么来的，知道吗？（基本上所有学生都举起了手）

师：真棒，我们数学老师姓什么？

4. 比喻的力量　095

生：（齐）姓殷。

师：殷老师教得真殷实！都知道，不说了。加起来应该是 96，现在加起来呢？

生：（齐）86。

师：怎么调整？（信任地看着刚才给出答案的那位学生）你自己来，我们看他怎么改。

生：加个 10 就可以了。（生将 13 改为 23，有学生在笑，认为不行）

师：小伙子，你来调整。

生：我觉得应该把 7 岁的加 10，不然 23 岁的打他们几岁的，太不公平了。（生将 7 改为 17，23 还原为 13）

师：怎么样？平均年龄是 12 岁吗？（生点头）巡视时我发现有一位同学的表达非常特别，我们一起来欣赏一下。

生 1：$6×12+1×11+1×13$。

生 2：哦，明白了，他是说有 6 个 12 岁的，1 个 11 岁的，1 个 13 岁的。

师：符合要求吗？

生：（齐）符合。

师：能一眼看明白，说明你是知音！这种表达方式非常有数学味道，并且用上了移多补少的方法。这是个创造，了不起！（师生一起鼓掌）要达到平均年龄 12 岁，这 8 个人的岁数应该有很多种可能。（生点头）想知道实际的情况是怎样的吗？

生：（很有兴致地）想！

（师屏幕出示 8 个人的集体照：华老师 45 岁，3 个学生 7 岁，3 个学生 8 岁，1 个学生 6 岁。学生发出"啊"的惊叫声，大笑之后小声议论，有的学生说："不可能吧？"）

师：哈哈……真的，孩子们，华老师读书时是学校篮球队的队长，我真跟我的学生一起打篮球的。对不对呢，平均数是不是 12 岁？算一算。（生口算之后，齐声说："是。"）

师：刚才怎么没人这么猜呢？

生：没想到年龄相差这么大！

师：（理解地）没想到有一个年龄特别大的我，是不是？

生：我以为只有小孩子参加，那才公平。

师：他认为有我在就不公平了，是，是。如果没有我，他们7个人的平均年龄是多少？算一算。

（生认真地计算）

师：（巡视）除不尽的话保留一位小数。

生：（齐）7.3。

师：请看大屏幕。

比较两组数据，你能发现什么？

45岁，7岁，7岁，7岁，8岁，8岁，8岁，6岁。平均年龄12岁。

7岁，7岁，7岁，8岁，8岁，8岁，6岁。平均年龄7.3岁。

（学生观察完两组数据，小声议论）

师：当数据中有特别大的极端数据时，平均值只会比这个极端数据小，但会比其他数据都大，因此，它就不能很好地代表这组数据，是不是？所以我们猜不准。而第二组数据中没有特别大的数据，他们的平均年龄7.3就在6和8之间，就能很好地代表这组数据了。（学生们频频点头）这时，你可能就明白电视歌手大奖赛为什么要去掉最高分和最低分了吧？（学生们使劲点头）

师：这么看，平均数其实是很好玩的，很幽默，会开玩笑，会忽悠人。（生笑并点头）

五、回顾总结：平均数是个怎样的"人"？

师：好了，孩子们，现在你能不能回答这样一个问题呢？

（师逐字出示："平均数"是一个怎样的"人"？学生"啊"了一声之后，会心地笑了，纷纷举起了手）

生1：我觉得平均数是一个有代表性的人。（师板书：代表）

生2：我觉得平均数是一个很小气的人，连1都不放过。（师板书：小气）

师：是，是很小气，后面一句话说得好，"连1都不放过"，哈哈哈。

生1：我觉得平均数是个很精细的人。（师板书：精细）

生2：平均数是一个一丝不苟的人。

师：（欣喜地）真棒，跟孩子们上课真是享受。

师：这一大组，你们说平均数是个怎样的人？

（学生面露难色）

师：（安抚地）行，你们想，你们想！

生：我觉得平均数是个多面的人，它有时候公平，有时候小气，有时候精细。

师：是个多面的人，哈哈哈……（师板书：多面人）

生1：我觉得平均数是个幽默的人。（师板书：幽默）

生2：我觉得平均数是与实际情况很接近的数。

生3：我觉得平均数是很中庸的人。（师板书：中庸）

师：还想说，是吗？最后一个机会。

生：平均数是个很神奇的人。（师板书：神奇）

师：确实，平均数是个很特别很特别的人，就像神机妙算的诸葛亮，诸葛亮姓什么？

生：（齐）姓诸葛。

师：对，他不姓诸，姓诸葛，平均数也很特别，平均数不姓平，姓平均。（师圈出课题中"平均"两字，学生笑了）平均数是个很特别的数，它不是数出来的，而是算出来的。下课啦！

（学生们恋恋不舍地收拾学具）

（课堂实录由江苏省海安县师范附小刘海玲老师整理）

课后明辨

我通过本课的教学清晰地感受到：学生学过小数除法后再来学习平均数，对平均数意义的理解就比较到位了。

借物喻人是写文章常用的手法。我这次尝试使用"借人喻数"，效果很好，不但讲得到位而且有情趣。

下课后，有学生问我："平均出来的牛的体重与牛的实际体重十分接近是偶然的巧合，还是必然的规律？"我一愣，是啊，有这样疑问的学生可能不止一个。这是我从《读者》杂志上选取的素材,那篇文章的题目叫"群体的智慧"。那我能不能开展一项类似"猜牛重,赢大奖"的活动呢?那样学生就不只是听到、看到,而是自己做出来,就会更加信服。

我一定争取试试!

/ 名家点评 /

对"平均数的意义"的叩问与实践

张丹　李红云(北京教育学院)

在教学中,平均数似乎成为了一个难题,许多公开课都在讲平均数,但似乎总让人感觉"不给力"。对学生的调研也说明了这一点,尽管他们在课堂上听到教师不断地提到平均数非常有用,但似乎在学习中接触不多,以至于许多学生在对数据进行刻画和比较时往往想不到使用平均数。

当然,这种现象与平均数意义的丰富性有关。蔡金法指出,理解算术平均数时应该包括以下几个方面:①算法的程序性理解;②算法的概念性理解;③作为描述、理解和比较数据统计量的概念性理解(统计方面的概念性理解)。[1]他的说法正好对应了《义务教育数学课程标准(2011年版)》中的"体会平均数的作用,能计算平均数,能用自己的语言解释其实际意义"。

由此可以看出,对平均数的认识不是一蹴而就的,需要一个长期的过程。而我们往往在初步认识了平均数之后,就很少再为学生提供一个不断加深理解的机会。华老师执教的这节练习课,无疑在促进学生深入理解平均数方面做出了非常有益的尝试。

---

[1] 蔡金法. 中美学生数学学习的系列实证研究——他山之石,何以攻玉[M]. 北京:教育科学出版社,2007:149.

一、着重算法的概念性理解 —— 了解平均数的特征

作为描述数据集中趋势的统计量之一，平均数有着自己的特征，这和它的算法是分不开的，即平均数是一组数据之和除以这组数据的个数。平均数有哪些特征？鲍建生、周超指出，学生对平均数的理解一般涉及以下几个方面：①平均数介于最小值和最大值之间；②个体数据与平均数之差的累积和为零；③平均数易受到平均数以外数据的影响；④平均数未必是数据中的一个值；⑤平均数可能是非整数且无实物可以对照；⑥计算平均数时，不可删去零值的数据；⑦平均数代表被平均的所有资料；⑧平均数容易受到数据中奇异值的影响。[1] 这里提到的八个方面，除了第六点侧重于计算程序外，其他七点从不同角度说明了平均数的特征。这节课的很多处设计都在促使学生了解平均数的特征，下面不妨列举几例。

1. 为什么是小数呢？

课堂上，教师问学生们："看一眼，你能记住几个数字？"在经过简短的讨论后，学生们达成共识：多试几次，求平均数。教师组织学生收集数据，得到四次的结果，然后计算平均数。同时，教师选了两名学生的数据，然后师生展开讨论。

师：好了，孩子们，现在知道你看一眼能记住几个数字了吗？

（生欲言又止的样子）

师：声音不大说明有疑问了，是吗？你有什么问题？（生露出胆怯的眼神）

师：（鼓励地）没有吗？肯定有问题。（有一个学生大胆地举起了手，教师十分赞赏）你说吧，孩子。

生：（自信地）为什么会有不是整数的平均数？

师：对啊，为什么平均数不是整数，而是小数了？

……

生：因为有时候也会除不尽。

---

[1] 鲍建生，周超. 数学学习的心理基础与过程 [M]. 上海：上海教育出版社，2009：357.

通过这样的层层递进，教师力求使学生体会到：平均数是这组数据的代表，未必是数据中的某一个值。小数结果的出现，让学生产生了新的疑问。我们知道，制造"冲突"是教师激发学生深入思考的有效手段。我们的老师往往不敢制造，或者不知在哪儿制造，或者不知如何制造。华老师正是抓住了"结果是小数"这一点，用自己的不断追问和"装傻"，促使学生不得不思考。

下面这个片段是华老师执教的其他课堂上学生的讨论，再次验证了教师的"拙"可以激发学生的"精彩"。我们看一看可爱的学生们对"平均数为什么会是小数"的理解吧。

生1：平均数是几次平均下来的数值，不一定第一次看到8.25个（平均数），第二次看到8.25个，第三次看到8.25个，第四次还看到8.25个。

生2：平均数是平均的一个值。

生3：平均数是平均的一个值，不是一个准确的数。

生4：平均数是一个概念上的数。

生5：平均数是通过取长补短得到的，代表了总体水平。

学生的语言虽然不是那么准确，但是他们的讨论反映了其对平均数特征的认识——平均数可能会是小数，却不一定是数据中的某一个值，它是一组数据的代表。

2. 没想到年龄相差这么大

上文提到的平均数的几个特征中，最后一点是"平均数容易受到数据中奇异值的影响"，这是培养学生辩证地看待问题的良好素材，这说明平均数可以代表一组数据，但是使用平均数时要慎重。华老师问学生"有8个人在篮球场上打球，他们的平均年龄是12岁。你能想象一下，这8个人的年龄可能分别是多少吗？"学生通过计算得到了几种不同的方案，而且这些方案中8个人的年龄都比较接近，这也符合学生的经验。当华老师揭示真实情况"华老师45岁，3个学生7岁，3个学生8岁，1个学生6岁"时，让我们看看学生的反应。

生：没想到年龄相差这么大！

4. 比喻的力量　　101

生：我以为只有小孩子参加，那才公平。

师：请看大屏幕。

比较两组数据，你能发现什么？

45岁，7岁，7岁，7岁，8岁，8岁，8岁，6岁。平均年龄12岁。

7岁，7岁，7岁，8岁，8岁，8岁，6岁。平均年龄7.3岁。

（学生观察完两组数据，小声议论）

师：当数据中有特别大的极端数据时，平均值只会比这个极端数据小，但会比其他数据都大，因此，它就不能很好地代表这组数据，是不是？所以我们猜不准。而第二组数据中没有特别大的数据，他们的平均年龄7.3就在6和8之间，就能很好地代表这组数据了。（学生们频频点头）

在这里，学生虽然没有用语言来描述平均数容易受到极端值的影响，但是从学生在知道真实情况后的惊讶表情，学生在老师对两组对比数据进行解读后的频频点头，我们能够推测出学生体会了平均数的这一特征，这对培养他们辩证地看待问题也是极好的。

3. 平均数会发生什么变化？

当增加一个数据时，这组数据的平均数可能会发生变化，这也是对平均数的一个认识，对应于上面提到的第三个特征。教师问学生："小明测了4次后得出的平均数是6，请不计算回答：如果第5次测试成绩是7个，那么平均数会发生什么变化呢？"学生通过讨论，认识到平均数会受到平均数以外数据的影响。

二、注重统计方面的概念性理解 —— 体会平均数的作用

在教学中，老师们越来越意识到，平均数的教学不能仅仅停留在算法上，还要让学生理解平均数的统计意义。结合蔡金法对平均数的理解，笔者认为，对平均数在统计方面的概念性理解主要包括两个方面：为什么要学习平均数？（平均数的作用和价值）平均数是什么？（平均数是描述一组数据集中趋势的

一个统计量）也就是说，它可以作为一组数据集中趋势的代表。当然，两者是相辅相成的。

大家在体会平均数的特征上已经积累了不少做法和案例，而在这一方面还比较缺乏。这节课无疑为我们提供了不少启发。

1．"看一眼，记几个？"

华老师问学生："要想知道看一眼能记住几个数字，你说该怎么办？"通过这个问题，华老师使学生意识到要收集数据。虽然这是一个简单的问题，但是却能使学生从统计的角度思考问题，培养数据意识。

华老师又提出另一个问题："在有多有少的情况下，你会用哪个数来代表你看一眼能记住几个数字呢？"有一个学生回答："把所有数加起来，然后有几个数就除以几，就等于它们的平均数，用平均数可以表示看一眼记住的个数。"虽然华老师没有让学生继续讨论，但不难看出学生已经认识到了平均数的作用。其实，孩子对平均数的作用是有直觉的。这不由得让我想起，在一次"圆的周长"测量活动中，学生得到了对同一个圆的3次测量数据后，同样遇到了用什么来代表圆的周长的问题，学生很快想到了可以用平均数。无疑，经验是促使学生形成直觉的重要因素。经验的获得需要学生经历过程，也需要教师的适时点拨。

当然，如果时间允许的话（或者放在以后的其他课中），也可以鼓励学生多思考一下，展开讨论，也许学生会想到不同的代表数据的办法。当然，学生只要能说出自己的理解就可以，不需要出现中位数、众数等名词。

2．"平均出来的牛体重"

平均数作为一组数据集中趋势的代表，到底有什么价值呢？华老师在这节课上设计了一个有趣的小故事：猜牛的体重。为什么非专业人士猜测的平均体重会和牛的实际体重那么接近？我们来看看学生对这个问题的解读：

生：我觉得有的人猜得太高，有的人猜得太低，平均起来就很准了。

生：平均数是通过移多补少算出来的。

4．比喻的力量　　103

通过学生的回答我们可以看出，不少学生能够从平均数的角度去解释问题，初步感受了平均数能够克服随机因素的影响，更加接近真实值。

三、叩问与实践 —— 如何成为优秀教师

读华老师的课堂实录，一定要读他的课前慎思。读他的课前慎思，印象最深的莫过于他对一个个问题的叩问和思考。

教学或教育中的不少问题，有时候也许不能一下子得到完美的答案，但是不断地思考却能够使我们对问题的认识更加深入。来看华老师对平均数的思考历程："1984 年我刚参加工作时，讲平均数侧重在……2001 年课改后，我讲平均数侧重在……2011 年我在思考……"这里呈现了华老师在不同阶段对平均数教学侧重点的改变，更呈现了华老师多样化的思考角度。一是教学内容方面："什么是平均数的统计意义？""平均数具有几个独特的性质，这些性质是否是通过与中位数、众数相比较而概括出来的？"等；二是教学方式方面："什么样的情境才是适合的？""为什么以前都不讲敏感性，现在学平均数就要大讲特讲呢？"等；三是学生方面："对小学生来说，那样说似乎太专业了。那适合学生的话应该怎么说？""学生是否只能人云亦云？"……多种角度交织在一起，华老师反复权衡，不断地琢磨。我们不仅可以看出华老师的纠结、艰辛，还可以看出他的勤奋、坚持和愉悦。

难能可贵的是，华老师把这些思考付诸实践，于是孩子们也开始思考了，于是更多的老师们开始思考了。这难道不是一位优秀教师的力量吗？

5. 人人都能学好数学
—— 以"指尖上的数学"为例

学习内容

自编教材四年级"数字游戏"。

课前慎思

我们的小学数学教学内容偏多、偏难，不好玩，不少学生学着学着就怕了、烦了。该怎么改变？

苏霍姆林斯基曾说过，儿童的智慧体现在他的手指尖上。学数学就是从数手指开始的。数数，加减法，记忆乘法口诀，单位间的进率，乘法计算，植树问题等，都可以借助手指这一天然的学具。那么，手指上还有哪些数学？

1991年我在《中国教育报》上刊发的《有趣的课前数手指游戏》，还可以再加工吗？加工后，会更好玩吗？玩中有数学吗？能让全班各个水平的孩子都玩起来吗？

孩子们都是很会玩的，会用自己的10个手指玩"8打4"的游戏，会和同伴用手指"凑10"比输赢，还需要我教吗？国庆节期间，驾车陪夫人去超市，夫人购物去了，我在车上等待。看到一个四五岁的小男孩儿上了自家的车，和父母一起离开。车外五六米的地方，站着一个差不多大的小男孩儿，依依不舍地说:"点点,再见啊!点点,再见啊!"此时,我主动搭讪:"我来陪你玩,好吗?"小男孩儿警惕地看了我两眼。大约三秒钟后,他说:"和大人玩没意思。"我们这些大人怎么陪孩子们玩,会让孩子觉得有意思呢?

孩子们有自己的玩法和想法,怎么让他们接受老师"有数学味道"的想法?我们不能放弃引导的职能,但是自然的才是最美的。我们怎样做,才能更顺其自然?顺其自然是脚踩西瓜皮,滑到哪儿算哪儿吗?

把数的数记下来,可以怎么记?哪种记法更有利于学生发现规律?学生最可能怎样记?学生若是错了,我们又该怎样引导?

(一)
1 2 3 4 5
　 8 7 6
9 10 11 12 13
　 16 15 14
……

(二)
1 2 3 4 5
　 9 8 7 6
　 10 11 12 13
　 17 16 15 14
……

(三)
1 2 3 4
8 7 6 5
9 10 11 12
16 15 14 13
……

(四)
1 2 3 4 5 6 7 8 9 ……
一 二 三 四 五 四 三 二 一 ……

纪录片《舌尖上的中国》引起人们的热议,是因为它有着标准化制作的模型与影子。类型化和标准化是一个产业发展成熟的标志,追求类型化和标准化也意味着中国的纪录片创作由精英向大众转变。精英的创作凭的是经验,如同老中医,凭借的是一种口传心授却无法量化的方法;而标准化制作应该是中西医结合,也就是说,既要有中医式的个人经验,也要有西医式的量化生产框架和模板。那么,由精英数学走向大众数学是否也该标准化制作?数阵记录和上下寻找、发现规律是不是这一类问题的"框架和模板"?

《舌尖上的中国》引起人们的热议还有一个原因,是它选择了"舌尖"这个大家都能体验的角度,传播祖国的文化。那"指尖上的数学"呢?我期待着大家的批评和建议。

考虑到不同版本的小学数学教材大多在五年级让学生"找规律",因此,我想和四年级的学生一起来研究这节课,拟定下面三个教学目标。

①会用数阵等方式把游戏记录下来。

②会用"管中窥豹"法寻找规律。

③会计算有余数的除法。

课中笃行

一、准备活动:用手指表示9的乘法口诀

师:9的乘法口诀大家会背吗?

生:(齐)会。

师:一起来背。

生:(齐)一九得九……

师:真好!9的乘法口诀还可以用手指表现出来,有没有人会?

(生面面相觑)

师:我用两只手来表示"三九二十七",你们看看能不能看明白。你看3在哪儿,9在哪儿,2在哪儿,7在哪儿?(背对学生,摆手势,如图5.1)

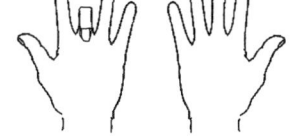

▶ 图 5.1

(生议论)

师:学着我的样子做一下。能看出来3在哪儿,9在哪儿吗?

(生讨论)

师:再看我用手指表示乘法口诀"四九三十六"(如图5.2)。

5. 人人都能学好数学　107

师：会了吗？

（生七嘴八舌，欲欲跃试）

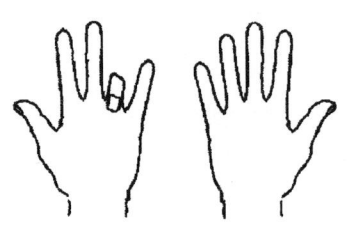

▶ 图 5.2

师：好，都会了吧，挑战一下，"七九六十三"怎么表示？谁来？小伙子来。

生：第七根手指头弯下，剩下九根手指，就是七九，然后，左边有六根手指，相当于"六十三"的六，右边有三根，就是"六十三"的三。

生：（齐）对了。

（师示意鼓掌，生热烈地鼓掌）

师：很机灵，很机灵，都会了，下课以后可以再玩。

二、试玩第一个游戏：周期明确的

师：（把左手画在黑板上，如图 5.3，接着板书课题：指尖上的数学）指尖上有什么数学呢？会数手指吗？会数的举手。看来地球人都会！请问，22 数在哪根手指上？只数左手。

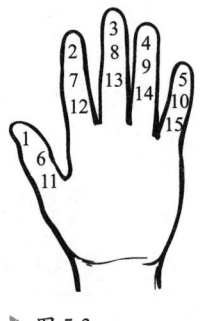

▶ 图 5.3

生：食指。

师：有没有不同的意见？食指也可以说第二指。22数在第几根手指上？

生：(齐)第二指。

师：好！请问54数在哪根手指上？

生：第四指。

师：反应真快。54为什么是数在第四指上？

生：因为两只手加起来一共是10根手指，54除以10等于5，还余4，就从左往右数到第四根手指就行了。

师：他说得对吗？

生：对。

(生热烈地鼓掌)

师：他说得非常好！不过，他刚才说两只手加起来有十根手指，而我之前说了，只数左手。因此，应该怎么说？哪位同学来改进一下？

生：因为一只手有5根手指，54除以5等于10，余4，所以就在第四根手指头上。

师：怎么样？

生：(齐)同意。

三、尝试第二个游戏：周期隐藏的

1. 引发冲突

师：既然大家都会了，我们就换个数法。看好，1、2、3、4、5、6、7、8、9、10(如图5.4，无重复地数)会数吗？

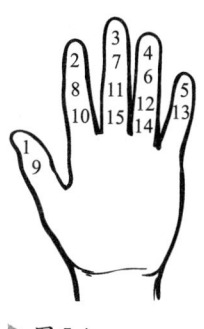

▶ 图 5.4

生：（齐）会。

师：这回，8数在哪根手指上？

生：第二指。

师：有没有不同的答案？刚才好像有人说是第三指。8为什么是数在第二指上？

生：用8除以5等于1，余3。余的3还要再减1，因为第五根手指没有重复数两次，就数了一次，所以再减一次，等于2。所以8应该数在第二根手指上。

师：没听懂？谁再来说说，这位女同学，你来。

生：我也跟他一样，先用8除以5，等于1，余3。因为第五根手指不能重复，第六次就得数在第四根手指上，就再减1，然后往后推就数在第二根手指上了。

师：我们的同学真厉害！已经往除法算式上去想了，都想到了用8除以5。真棒，来，给自己掌声！但是，他们说的是不是有一点儿问题？如果说8除以5余3，那么第五指只数了一次，没数第二次，是不是好像余3的话，应该再加一个，怎么又减一个呢？所以这中间还是有问题的，对不对？究竟8数在哪根手指上？

生：（齐）第二指。

师：为什么是第二指？谁来说理由？孩子，到前面来。

生：1、2、3、4、5，如果重复数第五指，8就数在中指上；如果不重复的话，还要再往前数一个，就是第二指。

师：用了一个假设来说明，说得真好！明白了吗？

生：（齐）明白。

师：刚才我夸奖的那两位同学，都能想到用算式来帮助思考。这位同学能在头脑中进行推理，说明他的思维水平非常高。掌声，掌声！

（生热烈地鼓掌）

师：8这个数比较小，我们用数的方法可不可以？

生1：可以。

生2：如果数比较大，该怎么办？

2. 加大难度

师：对，如果数比较大，比如18，怎么办？18数在哪儿？

生：第二指。

师：为什么？

生：数的。

师：数的？来，我们一起数一下。

（生齐声数，发现该生数对了，热烈地鼓掌）

生：我还有一个数法（如图5.5）。

▶ 图 5.5

师：他又提供了一种数法，跟我们刚才说的不一样。虽然结论一样，但是我们暂时不讨论，我们今天就讨论数法确定后，某个数数在哪根手指上。就按我们刚才的数法，谁还有别的方法能确定18数在第二指上吗？

生：先用4乘5等于20，20减2等于18，所以从左边往右数两个，1、2（数手指），就在第二指上了。

师：他的意思是我们别数了，算一算，推理一下，行不行？20减2就等于18，因此反过来再数两个。这种算法行不行啊？

生：（部分）行啊！

师：这个算法很大胆，看看后面这样算还行不行。刚才我们把数法确定下来了，那么哪个数数在第几根手指上也就确定了。我想问，108数在哪根手指上？

生：（部分）第二指。

师：有没有不同意见？都认为数在第二指上？

（生小声议论）

师：那么为什么数在第二指上？

生：我先用108除以5，等于21，余3，因为有一个多数了一次，再加1，就在第二指上。

（该生的回答激起学生热烈的讨论，有学生说加1，有学生说减1）

师：他是用推理的方法，还有不同的方法吗？

生：我是用我刚开始使用的方法，1、2（按照规定方法数手指）……数一个来回是9，用108除以9，是几个来回，就能数出在第二指上了。

师：108除以9是几个来回？

生：（齐）12个！

师：12个来回就在第二指上？

（该生有些困惑）

3. 实际数一数

师：如果13个来回呢？就在第三指上？哈哈哈……看来这个问题还挺复杂。如何说明大家才能接受呢？

生：数！

师：好！数吧。

（全班同学数了起来。稍后，部分学生说"第四指"）

师：8在第二指，18在第二指，108不在第二指，到第四指上去了。你要说什么？

生：先用这个数除以5，如果余数是奇数，就是数在第二指上；如果余数是偶数，就数在第四指上。

师：用你的方法，108除以5，余3。3是奇数，应该在第二指上，而实际却在第四指上。不能自圆其说了。不过，你能有分类讨论的想法，非常可贵！

（以欣赏的目光看着那位学生）

师：一开始同学们都说108数在第二指上，然后，我们通过实际操作来确认，发现是在第四指上。也就是说，开始我们做的那个猜想是有问题的。不过，这说明什么呢？同学们可以再想想。

生：（部分学生说）除以 4！

4．记录数的过程

师：究竟是除以几？为了更好地发现规律，我给大家提个建议，你们最好把数手指的过程记下来。1 数在哪根手指，2 数在哪根手指，依次把它记录下来，然后寻找规律。明确究竟是除以 4、除以 5，还是除以 9。现在给大家安排这样一个任务，这可能是大家从来没有做过的。华老师可以用 6 种不同的方法，但是你们现在一种都没有，试着创造一下。

（学生动手尝试）

师：先不要相互交流，自己独立完成。我在旁边观察和欣赏，会把你们好的方法记录下来。

（学生都在思考、动笔）

师：（在教室里巡视）真棒！我已经看到非常好的记录方法了。（学生中已产生多种方法）现在前后桌四人一组，相互欣赏一下，看看你的记录方法对不对。

（学生热烈讨论）

师：好，我请几位同学带着作品上台来展示一下。小宇，请上台来，我们看看小宇的记录（如图 5.6）。

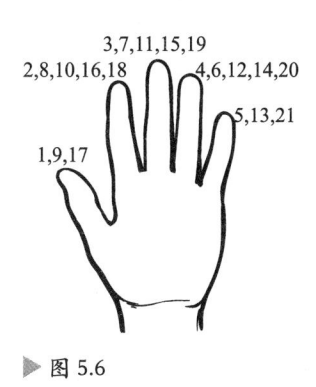

▶ 图 5.6

师：怎么评价？

生：挺好。

师：我要告诉同学们的是，小宇是在我说要记录的时候，马上就想到这

种方法 —— 先把手画下来再记录。记录的顺序对吗？我们先按照顺序检查一下。

生：（齐）对。

师：这个方法是正确的，而且形式也很好。你们对她的这个作品有没有什么建议？

生：我觉得她要是再多写一些数字的话就没地方了，就会显得特别乱。

师：怎么写才能不乱呢？看看小康的作品（如图 5.7）。

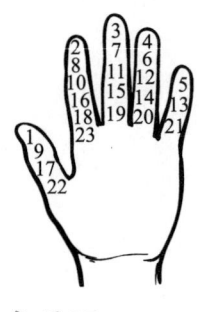

▶ 图 5.7

师：挺好的，很容易看出哪个数在哪根手指上。1、2、3、4、5，好像后面有点儿问题啊。22 和 23 记错了，但小康往手里面记录的方法是不是挺好的？给她掌声！

（生热烈地鼓掌）

师：小康把 22 和 23 记错了，这也很好。她提醒我们，一旦记错一个数字，后面再寻找规律就麻烦了。再次感谢小康，让我们明白了道理。

师：现在我们看小欣的作品（如图 5.8）。他的形式很特别。他是竖着写的，用阿拉伯数字按照次序写下来，然后在数字后面加括号。加括号是什么意思？把数字和手指区别开。如果不加括号，会怎么样？

生：（齐）就乱了。

师：接着，我们来看看小涵的作品（如图 5.9）。跟小欣的方法比较一下，他们俩的记录方法是不是有异曲同工之妙？刚才小欣采

▶ 图 5.8

用在数字后面加括号的办法区分手指,而小欣用中文数字表示手指,同样区分开了数字和手指,给小涵掌声!

师:现在请大家看看小新的作品(如图 5.10)。

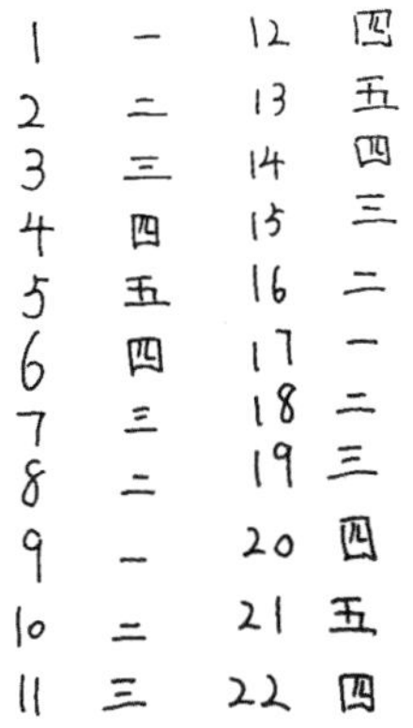

▶ 图 5.9 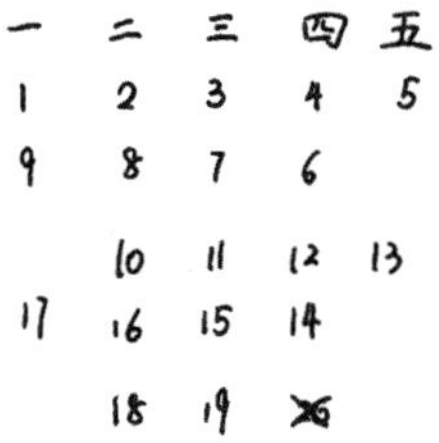   ▶ 图 5.10

师:刚才有同学一看见小新的作品就叫好,就像听京剧一样。好在哪儿?

生:好在非常清楚。

师:他没有画手指,而是用中文数字表示。这种记录方法像列了一个表,很有数学味道。我很欣赏。你欣赏吗?

生:欣赏。

师:而且,他的方法很方便检查,是不是?刚才我们已经展示了这么多作品,由于时间关系,不再展示了。现在我们有了许多种方法,每种方法都挺好的。但是,记录不是目的,我们的目的是从记录中发现规律。你们看着这个记录,能发现什么规律?

(几个学生举手)

5. 发现规律

师:(示意举手的学生把手放下)今天这堂课,全班同学都能够发现规律。有一个成语叫"管中窥豹,可见一斑",意思是从竹管的小孔里看豹,只能看到豹身上的一块斑纹,但可以从观察的部分推测到全貌。就看第一指上的数,(从上到下指示第一指上的数)你能看出什么规律?

5. 人人都能学好数学　　115

生1：都是奇数。

生2：后一个数比前一个数大8。

师：（点头欣赏）这些数除以8，怎么样？

生：9除以8余1，17是2个8余1，25是3个8余1。

师：现在我们可以猜测，第一指上都是除以8余1的数。刚才我们发现两个规律：一个是相邻两个数相差8，一个是这些数除以8都余1。你觉得这两个发现，哪个更有价值？

生：除以8余1。

师：为什么呢？因为通过这个规律可以判断某个数是不是在第一指上。在第一指上的数，它除以8一定会怎么样？

生：（齐）余1。

师：现在我们来看看第五指上的数。5，13，21，你发现了什么？

生1：都相差8。

生2：而且除以8都余5。

师：那二、三、四指上的数字各有什么特点？先猜想，再观察。

（学生七嘴八舌）

师：第二指上的数有什么特点？

生：除以8余2，或者余0。

师：第三指上的数有什么特点？

生：除以8余3或者余7。

师：第四指上的数呢？

生：除以8余4或者余6。

师：也就是说，要确定某个数数在哪根手指上，就把这个数怎么样？

生：（齐）除以8。

师：除以8，看看余几，我们就可以判断了。余1，在几指？

生：一指。

师：余2，在几指？

生：二指。

师生：（不约而同）余3在三指，余4在四指，余5在五指，余6在——

生：（大部分学生说"六指"，少部分学生说"四指"，全班开心大笑）

师生：余6在四指，余7在三指，余0在二指。

师：试一下，现在再看看108除以8余几？

生：（齐）余4。

师：余4在第四指。这是不是印证了我们刚才的结论？

（学生的脸上洋溢着成就感）

四、总结全课

师：余数真有用！再想一想，为什么是除以8呢？刚才有人说除以4、除以5、除以10、除以9，现在我们发现是除以8，为什么呢？我先借鉴小新的方法记录，大家一起来好不好？

（师生一起把数填进数阵）

1	2	3	4
	8	7	6	5
9	10	11	12
	16	15	14	13

师：我这个方法跟小新的方法有相似的地方，又有不同，不同在哪儿？

生：那个5不一样。

师：我把5放下边来了，为了保证5还是数在第五指上，现在是几个数字一组啊？

生：（恍然大悟）四个一组。

师：四个一组，四个一组，一个来回就是几个？

生：（齐）八个。

师：所以是除以8。再看小欣的图，我们刚才觉得挺乱的，但实际上也有好的地方。看后面的手指，12345432，12345432……

生：（齐声数）12345432。

师：发现什么了？

生：（齐）八个一组！

5. 人人都能学好数学　117

师：这样的方法是不是很方便我们看出几个一组？每种方法都既有优点，也有缺点。这种方法不行，就换另一种方法尝试。来，给我们自己掌声。会玩了吗？回去可以跟你爸爸妈妈再玩。

生：（满足和期盼的神情）华老师，待会儿再下课。

师：已经到 40 分钟了，孩子们。（在板书的手指尖处画光芒）智慧的光芒在指尖闪烁！下课。

生：（微笑，依依不舍）老师再见！

师：再见，同学们真棒！

（课堂实录由北京第二实验小学吴先亮老师整理）

课后明辨

课后，听课的老师们很是佩服："没有课件，没事先准备一道题，这样的课我们不敢上！"

这节课不仅很有数学味道，而且很好玩，每个学生都学得欲罢不能。我为什么敢上这样的课？一是有一种担当。我觉得应该上出每个学生都喜欢的数学课。如此美妙的教学，不应只出现在"全美最佳教师"罗恩·克拉克或雷夫·艾斯奎斯的教室里。二是有一种底气。在北京第二实验小学 12 年的教学历练，让我能对课堂上出现的意外心生欢喜，从容自在。现在，我反而对缺乏挑战、整节课都在意料之中的教学没有感觉，觉得没有意思。对教学内容有比较透彻的理解，也是底气的来源所在。三是我能接受不完美。有问题说明我还有发展的空间。我知道我不是最好，但我追求最好。"走自己的路，让别人走得更好"，是我的人生愿景。

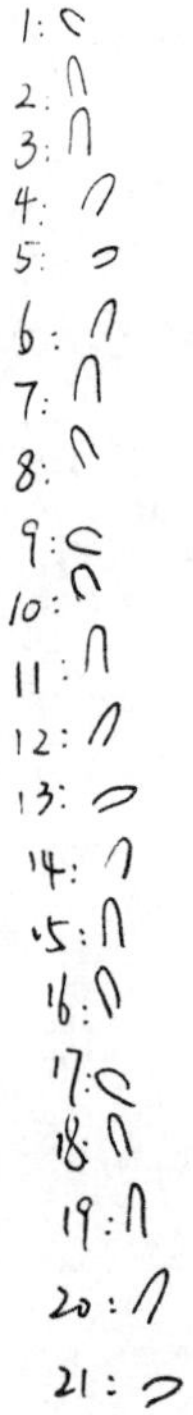

一节课上，小芸同学这样记录（如图 5.11）。我看破了她这样记录的意图，于是，控制不住自己，好为人师地自说自话。课后想想，我忘记了自己的角色，应该让学生来判断、评价的。

不该唱的时候，唱得再好，也不动听。

我现在上课追求"按时下课，但学生不让我下课"，一堂课就上

▶ 图 5.11

40分钟。我曾经上过一节课，有个男生硬要说第二指上数的规律。我明白他的意思，但他说得有些啰唆，我不想让他说，但他还是说完了才肯坐下。当我介绍了第二指上的数除以8余2或者0后，我补充道："这两个规律，你们觉得哪个好？"大家都说除以8的好。我继续说："把复杂的规律变得简单就是水平。"哪知道那位男生说："您就是说我不聪明呗！"我接着说："我不是这个意思。我是说我们努力的方向，是把复杂的变得简单。"那个男生服气地低下了头。

我十分佩服那个男生，但我也反思自己。他说出内心的想法后，我才补上了一句。如果他不说，我不就伤害一个孩子了吗？我应该怎么说才好？如果单独让那个男生回答"哪个规律好"，而不是让全班回答，或许可以减少这种伤害。

散会时，我去学校后院开车，看到那个男生和他的妈妈一起上他们家的车。男生主动与我打招呼，一脸的佩服。我跟他妈妈说："是您儿子啊？真棒！"他妈妈说："下了课他就告诉我，今天上课的老师特棒！"

哈哈哈，我怎么做会更好？

李烈校长说，教师在课堂上要"勇敢地退，适时地进"。这个"时"，如何把控？我能不能概括出一二三？我什么时候才能概括出来？

/ 名家点评 /

将学生的数学思维引向深处
—— 听华应龙"指尖上的数学"有感

曾小平（首都师范大学）

数学是思维的科学，数学教学是思维活动的教学，因此，数学教学要关注学生思维的发展。然而，由于某些原因，我们的数学课堂教学更多地关注学生计算和解题的速度和正确性。我们的数学课堂教学往往只关注记忆数学概念、简单套用公式、机械重复的计算，而忽视了对学生数学思维的培养。学生没有时间进行充分的数学思考，没有机会表达自己的数学发现，体会不到数学学习的乐趣，长此以往，学生就不会进行数学思考了，就不喜欢学习数学了。

为了"人人都能学好数学"，华应龙老师做了很多教学探索。他借助有趣的数学问题，采用生动活泼的形式，让学生进行充分的探索、交流和表达，兴趣盎然地学习数学。"指尖上的数学"正是其中的成功案例之一，儿童通过探索指尖上数字的排列规律，经历了一次愉快的数学发现之旅。这节课遵循学生数学思维的发展轨迹，沿着"动作—表象—符号—关系"的数学思维发展顺序展开，取得了很好的教学效果。

第一阶段：动作性思维

学生在面对具体的事物时，常常是通过动手操作（比如把玩、摆弄）来直接认识对象的初始形态。这是学生进行数学思维活动的起点，积累的是直接的数学活动经验。在"指尖上的数学"一课中，这个特点体现得很充分，也取得了很好的效果。比如，用双手表示9的乘法口诀，激起了学生的学习兴趣；"有重复数数"中，数手指确定22的位置，有效地导入了课题。

在"无重复数数"环节中，教师对学生动作性思维的培养更为充分。教师从简单的情形开始，让学生数手指确定8和18的位置，其中既有数的动作，又有计算推理的味道，为后续学习做好了铺垫。这里需要指出的是，有学生采用"先用4乘5等于20，20减2等于18，所以从左边往右数两个，1、2（数手指），就在第二指上了"的方法，其实是不正确的，教师应以适当的方式指出，以免造成学生的误解。

在确定108的位置时，学生出现了很多错误，教师并没有直接否定，而是给学生足够的探索思考和表达论证的空间，逐一纠正错误。学生用数手指的方法得到了正确答案，体会到动作性思维的重要性。由此，我想到著名教育家杜威的一段话："许多儿童由于缓慢，由于不能迅速作出回答而受到指责，其实，他们那时正花费时间积聚力量以便有效地处理他们面临的问题。在这种场合下，若不提供给他们时间和闲暇，从而不能作出真正的判断，那就是鼓励迅速的但却是仓促的浅薄的习惯。"[1]

第二阶段：表象性思维

学生会在头脑中想象具体事物或者动作的过程与结果，或者将具体事物或者动作操作的过程用图形表示出来，直观形象地认识和理解数学对象。学生在这个阶段，从具体感知过渡到抽象理解。华老师让学生用自己特有的方式，"把数手指的过程记下来"，并展示了小宇和小康两位同学的记录方式。这让学生对动作操作的过程有了更深刻的认识，同时为下一阶段的抽象理解奠定了基础。

小学生的思维特点是以具体的形象思维为主要形式，逐步向抽象逻辑思维过渡，但逻辑思维是初步的。可见，表象性思维对小学生学习数学是非常重要的。一线教师常常会发现，儿童在解决类似"放学了，小明和其他几个小朋友站成一排等候公交车，小明发现自己前面有6人，后面有7人，那么小明这一排一共有多少人等公交车？"的问题时，常会列出两种错误的算式：① 6+7=13；② 6+7-1=12。错误的原因在于，小学低年级学生理解题目中的抽象关系比较困难。如果借助表象性思维，画出简单的示意图，学生的错误率会大大降低。

第三阶段：符号性思维

学生会通过数学语言符号（比如概念、算式、公式、定理、法则等），比较抽象地描述和刻画数学对象。在这一阶段，学生需要进行抽象、概括、推理、归纳等数学活动。华老师展示的小欣、小涵、小新三位同学的记录方式，就是符号性思维的结果。在此基础上，华老师引导学生以"管中窥豹"的方法，集中观察第一指上的数的特点，之后再观察其余手指上的数的特点并再次确定

---

[1] 约翰·杜威. 我们怎样思维·经验与教育[M]. 姜文闵，译. 北京：人民教育出版社，2005：37-38.

108 的位置，这都是引导学生进行符号性思维。

需要指出的是，如果我们对小欣、小涵、小新三位同学的记录结果进行观察，还能发现一些隐藏的信息。比如，第一指上的数是等差数列，可以表示为 $8k+1$ 的形式；第五指上的数也是等差数列，可以表示为 $8k+5$ 的形式；第二指上的数可以表示为 $8k$ 或者 $8k+2$ 的形式；第三指上的数可以表示为 $8k+3$ 或者 $8k+7$ 的形式；第四指上的数可以表示为 $8k+4$ 或者 $8k+6$ 的形式。此外，观察小欣的记录可以发现，指尖上的数成周期性变化，周期为 8。虽然这些信息对五年级的学生来讲有些深奥，但是其中蕴含的代数思想还是比较典型的。

第四阶段：关系性思维

面对已知的概念和结论时，学生可以从数学与逻辑的角度进行联想与推理，揭示隐含的数学信息。在关系性思维的作用下，学生将相关概念和结论联系在一起，构建起数学概念、结论、公式、定理、法则等的结构网络，形成良好的知识结构。本节课的难点在于，"为什么是除以 8 呢？刚才有人说除以 4、除以 5、除以 10、除以 9，现在我们发现是除以 8，为什么呢"。华老师引导学生整理和观察小新和小欣的记录，让学生明白了原因。这样学生不仅知道了"是什么"，还明白了"为什么"，将学生的数学思维引向较高的层次。

如果时间宽裕，还可以从另一个角度来理解为什么要"除以 8"，也就是为什么周期为 8。可以这样理解：第一指和第五指数一次，相当于把左右手连在一起，左右手的第一指合并成第一指，左右手的第五指合并为第五指，共八个手指头围成一圈，顺次数数，结果以 8 为周期，循环往复。

大诗人陶渊明在《归去来兮辞》中说"木欣欣以向荣，泉涓涓而始流"。这正是华老师"指尖上的数学"这节课的真实写照。课堂教学像涓涓泉水，顺着学生数学思维的发展轨迹慢慢流淌；学生的数学思维似茂盛草木，在数学思考与探究的活动中欣欣向荣地发展。难怪很多学生不愿意下课，依依不舍地同老师道别。可见，有效的数学教学，应当立足于学生的思维发展，让思维碰撞与共振。让我们回到美好的孩童时代，和孩子一同玩数学、想数学、感悟数学。

"三会"落实数学核心素养
——评"指尖上的数学"

张春莉（北京师范大学）

如何在学科教学中落实对学生核心素养的培养是当前数学教育界急需解决的问题。东北师范大学原校长、义务教育数学课程标准修订组组长史宁中教授曾指出，数学教育的终极目标是一个人在学习了数学之后，会用数学的眼光观察世界，会用数学的思维思考世界，会用数学的语言表达世界。其中，"数学的眼光"本质是抽象，"数学的思维"本质是推理，"数学的语言"主要是数学模型。因此，数学核心素养的最终落脚点应当在对学生抽象、推理和模型思想的培育上，"指尖上的数学"一课很好地体现了以上三个要求。

一、抽象 —— 用数学的眼睛看

数学抽象是指用数学符号或者数学语言表征从具体事物中得到的一般规律和结构。"数手指"是个游戏，但在这个游戏中恰恰蕴含着数学规律。按照某种固定的数法数手指，22 数在第几根手指？数字再大一点儿呢？54 呢？108 呢？不难发现，有些数字数在同一根手指上，这样一来，看似简单的数手指活动就转化成了数学问题"找规律"，这是第一层抽象。规律又该怎么找？如何用更简洁的数学符号清晰地呈现数的过程？这是第二层抽象，其难度更大，也是本节课的教学目标。在这节课中，学生们大胆尝试并想出了至少六种记录方式，主要遵循了两种思路：一种思路是以数字为线索，在数字后面用符号表示数在第几根手指上；另一种思路是以五个手指头为线索，用"一""二""三""四""五"分别表示手指，然后将对应的数字"填"进去，这样一来就出现了类似课表的数阵图。这种用数阵图记录游戏过程的方式，"很有数学味道"，也"方便检查"。这里值得注意的是，华应龙老师更关注学生探索的过程，"哪种记录方式都是好的"，只要能发现规律即可。

二、推理 —— 用数学的思维想

《义务教育数学课程标准（2011年版）》要求第二学段的学生"在观察、实验、猜想、验证等活动中，发展合情推理能力，能进行有条理的思考，能比较清楚地表达自己的思考过程与结果"。简单地说，就是要求学生交流时有依据。在这节课上，我们可以看到学生几次进行"大胆猜测，小心论证"的数学思考活动。

第一次推理是解释 8 数在第二指上，因为用 8 除以 5 等于 1，余 3，小指没有重复数，所以要再往左数一个手指，越往左代表手指的符号越小，所以用 3-1=2。

第二次推理是用假设法。如果小指重复数，8 就数在中指上；如果不重复数，就再往前数一根手指，也就是第二根手指。

第三次是使用放大法，因为 20 比 18 大 2，所以再从左往右数两个，18 就落在第二指上。

上面三次推理和论证都是发生在数手指活动之后的，也就是说学生已经通过数的方法知道了 8 和 18 是数在第二指上，然后再运用数学知识解释它们为什么数在第二指上。前两次推理直接建立在数手指的基础上，可以对照数的次序检查推理是否正确，因此，这样的推理比较具有说服力。而第三次推理其实还存在一个假设 —— 数字是 5 个一组的，所以通过除以 5 来找余数。这个假设对不对呢？可以用更大的数 108 来验证。这个时候又出现了两种推理：一种是用 108 除以 5，等于 21，余 3，因为有一个多数了一次，再加 1，就在第二指上。但全班学生在究竟是减 1 还是加 1 的问题上未达成一致意见，这个推理有待进一步论证。另一种是把 9 个数字看成一组，108 除以 9 等于 12，12 的个位是 2，因此 108 数在第二指上。这种解释明显站不住脚，这说明之前将 5 个数字分成一组的假设还有待进一步验证。这时没有别的办法了，全班一起数手指！最终，学生发现 108 是数在第四指上！这与先前的假设与猜想太不相符，引发了学生的认知冲突，将这节课的推理引向高潮。那就再猜！

这时有学生坚持每 5 个数字一组，如果余数是奇数，就是数在第二指上；

如果余数是偶数，就数在第四指上。这种说法自相矛盾。

既然用 108 除以 5 是有问题的，那么究竟要除以几呢？华老师引导学生"管中窥豹"，用数学符号将数手指的过程记录下来，再单独分析第一指上的数。学生发现，第一指上的数都是相差 8，这些数除以 8 都余 1。接着，学生用同样的方法得到第五指上的数除以 8 都余 5，第二指上的数除以 8 余 2 或 0，第三指上的数除以 8 都余 3 或 7，第四指上的数除以 8 都余 4 或 6。规律似乎已浮出水面，要确定某个数数在哪根手指上，就把这个数除以 8，再根据余数的情况判断。这个猜想到底对不对呢？只需验证 108 即可。108 除以 8 等于 13，余 4，根据上面的规律，余数是 4 的数字应该数到第四指上，与数手指的实际经验恰好符合。这说明上面的猜想是正确的！

那为什么是除以 8 而不是除以 4 或 5 呢？华老师继续引导学生推理，找到了除以 8 的由来。

可以看出，推理贯穿这节课的始终。从学生们自主进行的"特例 —— 猜想 —— 验证"到华老师引导学生经历的"特例 —— 猜想 —— 归纳 —— 验证和证明"，学生一直在用数学的方法思考问题，在这个过程中感悟推理的数学思想方法，形成真正的数学理解，渐渐形成数学核心素养。

三、模型 —— 用数学的语言说

数学模型是对现实问题进行抽象后，用数学的知识和方法建立的模型。如果任意给你一个数字，你能不用数的方法就判断出它是数在哪根手指上吗？这就需要用到数学模型。而建模的过程则依赖抽象和推理，建模是抽象和推理的结果。学生在自主推理的过程中，已经发现了可以运用除法算式来寻找规律。

当已经建立好的模型没法验证下一个数字时，就说明模型有误，需要重新建模。最后，全班同学用"管中窥豹"的方法发现了规律，建立起模型，并进一步将这个模型推广到一般情况：要判断一个数是数在第几根手指上，就将这个数除以 8，根据余数来判断对应哪根手指。

数学核心素养的本质在于，用数学的眼光观察现实世界，用数学的思维思考现实世界，用数学的语言表达现实世界。华应龙老师的这节"指尖上的数学"很好地诠释了如何在小学数学课堂上落实数学核心素养。这节课不仅让学生经历了数学活动，习得了数学的思维方式，养成了数学发展所必需的抽象、推理和建模的能力，还帮助学生形成了严谨的数学品格以及健全的人格。

6. 真正有效的教学是打开学生的思维
—— 以"台湾长什么样子"为例

教学内容

自编教材五年级"综合与实践活动"。

课前慎思

2013年春节前夕，学校组织"国学润心田"课题组核心成员参访台湾。临行前，我去西单图书大厦买了一本清华大学出版社出版的《畅游台湾》。

一放寒假，我们就登上了飞往台湾的飞机。在飞机上，我打开了《畅游台湾》，看到介绍台湾地理位置的文字——

台湾本岛南北纵长约395千米，东西宽度最大约144千米，海岸线长约1139千米，面积约为3.6万平方千米。

我翻遍全书，没有找到台湾的地图。于是，我就想："地图上的台湾长什么样子？"

我在书的空白处写出了算式：

（400+150）×2=1100 千米

400×150=60000 平方千米

1139千米与1100千米相比差距不大，说明台湾长得近似长方形。我估计结果应该比实际的大，现在反而小了，说明了什么？说明有很多的凹凸。

3.6万平方千米与6万平方千米相比差距不小，说明台湾长得很瘦小。$6×0.6=3.6$，台湾实际面积只占那个长方形的60%。结合海岸线的长度，台湾长什么样子呢？

我心中有一个谜。

到了台湾，看到珍珠奶茶都是"第二杯半价"；台湾的水果特好吃，水果干大多是"买5包送1包，买10包送3包"。联想到2013年第2期《读者》上的《买的哪有卖的精》，我想，是不是可以上一节课，让学生明白这种推销方式的好处？

我在诚品书店看到了可爱的喜爱阅读的人们。这和在西单图书大厦的感受是不一样的。西单图书大厦环境拥挤而窘迫，是书的仓库；诚品书店环境雅致而闲逸，是书的家园。但不管是在西单图书大厦还是在诚品书店，我买书时都是来也匆匆，去也匆匆。

我买了5本杂志，每本99新台币，大概合人民币22元；买了一本《超译尼采：从尊敬一事无成的自己开始》，350新台币，大概折合人民币76元。哈哈哈，在台湾，知识比较值钱。

在去阿里山的路上，导游提醒大家吃晕车药，说盘山路的拐弯角度很大，有的要转180度。哈哈哈，车子要"转180度"，怎么转？

……

台湾之行我收集到了很多数学素材。

一节课就40分钟，载不动许多"思"。先上一节"台湾长什么样子"吧！

我思考：这节课的价值体现在哪里？

在知识的传授上，这节课可以帮助学生感悟图形的周长、面积和形状之间的关系：周长一定时，面积可以大，也可以小；面积一定时，周长可以很长，也可以较短；周长和面积都一定时，图形的形状并不唯一。这节课还可以让学生把数感画出来，练习估算，让学生体会到估算的价值。

在方法的点拨上，这节课可以让学生明白：独立思考后的合作交流，要

"求异存同",思索不同之处,完善自我,然后走向大同,最后达到"求同存异"。这节课可以让学生明白,根据书中的4个数据是不大可能准确地画出台湾的样子的。一个长3厘米、宽2厘米的长方形的周长是10厘米,但周长10厘米的长方形不一定是长3厘米、宽2厘米。

在滋润生命上,这节课可以让学生体悟:岛大人小,人大岛小;把事情看得很大,人就小了;做人要追求大格局。2001年,在国家级培训班上,我崇拜的魏书生先生送给我一句话:"处天外遥望地球很小,居体内细察心域极宽。"这句话对我的影响极大。因此,我想借这个机会向学生布道。这节课还可以让学生领悟到不要迷信他人,自己独立思考更重要!

我思考:这节课的课题是什么?

直接出示课题"台湾长什么样子",就缺少了学生自己发现问题、提出问题的过程。

提什么课题好呢?

是"面积 = 长 × 宽",还是"面积 ≠ 长 × 宽"?

是"把数感画出来",还是用老子的"反者道之动"来做课题?

并且,学生自然而然地知道了与这节课有关的知识,我尊重;学生听说我要上什么课而上网去查看资料,我不愿意。

我思考:这节课的场景是什么样的?

可以和几年级的学生分享这节课呢?虽然学生三年级时就学习了长方形的周长和面积,但可能不理解"3.6万平方千米"。并且,在学习过程中,可能涉及平行四边形、三角形、梯形的面积。在讨论过程中,还要用上"三角形两边之和大于第三边"。五年级还是六年级?

学生接触到话题后,可能会有哪些反应?他们能自己解决问题吗?下课时,学生们会欲罢不能吗?

课中笃行

一、发现一题

师：我们小时候都喜欢画画，是不是？

生：（齐）是！

师：今天，我们要上一节特别的数学课 —— 画数学。没听说过吧！就是请你把对数学的理解画出来。这就要考查你的想象力了，考查我们五年级（3）班的同学能不能综合运用小学阶段所学的知识。我想，每个同学都能表现得很好，对不对？

生：（七嘴八舌）对！

师：咱们班没有去过台湾的同学请举手。

（只有 2 人没举手）

师：想去吗？

生：（笑了）想。

师：今年寒假我去了台湾，是第一次去。去之前，我兴奋地去西单图书大厦买了一本《畅游台湾》。（出示该书）为什么买这本书？这是我的一个习惯。无论去哪个地方旅游，我都先买一本专业的书看一看。当我对这个地方有了一些了解之后，就可以慢慢地欣赏它。出发之前很忙，没时间看书。一上飞机，我就打开了书，看到介绍台湾的文字——

台湾本岛南北纵长约 395 千米，东西宽度最大约 144 千米，海岸线长约 1139 千米。

师：看完后，你有什么问题？

生：为什么不告诉台湾本岛的大小？

师：想到面积了，真好！还有什么问题？

生1：为什么每个都是"约"，而不直接说"是"那个数呢？

生2：我解答一下刚才那位同学的问题，因为不可能非常准确地量出来，应该是慢慢算出来的。

师：（赞赏地）明白"南北纵长"是什么意思吗？

生1："南北纵长"就是说台湾岛从最南边到最北边的长度。

生2：为什么说东西宽度时用"最大"，而说南北纵长时没用"最大"？

师：好问题！知道"海岸线"是什么意思吗？

生：我觉得就是指这个岛的周长。

师：台湾是个岛，四面环海。海和岸相交的那条线就叫海岸线。还有什么问题吗？看了这段文字后，我想到的问题是：台湾长什么样子？（板书课题："台湾长什么样子"）根据这些数据，你觉得台湾应该长什么样子？

生1：我觉得台湾应该是细长细长的，比较窄。

生2：台湾应该是一个椭圆形。

师：怎么不说是圆形呢？

生：如果是圆形，南北和东西就一样长了。

（学生自发地鼓起了掌）

师：当时，我在这本书最下面空白的地方写了这样一个式子。（板书：（400+150）×2=1100千米）

生1：您写的好像是台湾岛的周长。

生2：我觉得您把395约成了400，把144约成了150，把1139约成了1100，用它的南北纵长加上东西宽度，然后乘2，结果与它的海岸线长度相同。

师：知音！这么一算，我觉得台湾长什么样子？

生：我觉得您认为台湾应该是一个长方形。

师：真是这样的。不过，我又发现了问题。我是把395看成400，把144看成150，（师分别在"400"和"150"的上方板书"395"和"144"）也就是说都多算了，算出的周长应该比实际海岸线长，而实际结果呢？

生：短。

师：（在"1100"的上方板书"1139"）这说明什么？

生1：说明台湾岛不是一个长方形。

生2：说明台湾岛不是一个很规范的长方形，可能有的地方凸出来，有的地方凹进去。

6. 真正有效的教学是打开学生的思维　　131

二、绘画两张

师：（带头鼓掌）如果现在请同学们在纸上画一下台湾长什么样子，你觉得要先画什么？

生：（齐）长方形。

师：长画多长？

生：4厘米。

师：宽画多长？

生：1.5厘米。

师：如果长画8厘米，宽画多少？

生：（齐）3厘米。

师：大家能这么快地回答上来，非常棒！我给大家准备了几个这样的长方形，请大家在第一个长方形中画出台湾的样子。

（学生们兴致勃勃地画起来。教师巡视时说："画图谁不会？不过要把你对数的感觉画出来，还是有点儿难度的。"学生们听后，画得更起劲了）

师：现在，请三位同学带着你的作品到前面来，和我们分享一下。第一位，小星。

（小星投影自己的作品，如图6.1）

师：要不要请小星解释一下她是怎么想的？

生：（齐）要。

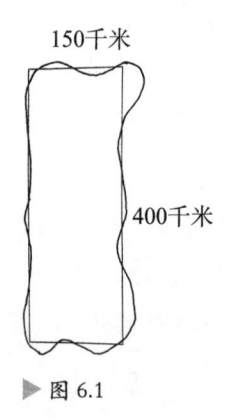

▶ 图6.1

小星：听了老师的讲解，我认为台湾岛应该要比长方形大出一些，但是它又不是大出一圈，于是我多加了一些凹凸部分。我觉得这样画台湾岛更像。

生：我不同意你的结论，通过老师提供的资料我们知道，台湾岛的长约395千米，东西宽度最大约144千米，画成长4厘米、宽1.5厘米的长方形已经是有点儿大了，应该再往里画一点儿，不能再凸出了。

小星：谢谢，我会吸取教训。

（同学们被她可爱的样子逗笑了）

师：刚才大家的互动非常精彩，不过我要提醒一下，评价别人的时候要先肯定别人好的地方，然后再说哪里不好。

生：台湾岛南北纵长约395千米，而长方形的长代表400千米，所以不能画到长外形的外面去。

师：你这是说好还是不好？

（同学们善意地笑了）

生：（接着说）150已经比144大了。

师：你看得很准！我们先说好的，有没有哪位同学说说小星的作品好的地方？

生：我觉得好的地方是她没有把台湾岛画成一个非常规范的长方形，而是把那些起伏的地方都给画上了。

师：还有呢？

生：我觉得小星考虑到了海岸线长度不是1100千米，但是她没有想过，如果她在内部多画一些弯曲，它的海岸线也是会变长的。

师：小星的作品有几个优点：第一，台湾岛不应该是一个规范的长方形，而是有些弯曲的，这更符合实际情况。第二，她考虑到了台湾岛海岸线的长度比长方形的周长要长，所以画到框外面去了。海岸线要比长方形的周长长，可以往外画，也可以往里画。她只是疏忽了南北纵长约395千米，东西宽度最大约144千米，没有在这个长方形范围内画。她不成功的尝试正好提醒了我们。用掌声感谢她！

（小齐展示作品，如图6.2）

师：我们一起看看小齐的这个作品，你们觉得怎么样？没发言过的同学请主动来评价。

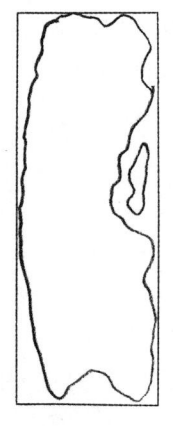

▶ 图 6.2

生：我觉得他画得还是挺不错的。他画出了南北纵长不超过 400 千米，东西宽度不超过 150 千米，海岸线比长方形周长长一些。

师：还有不同意见吗？

生：小齐，你在旁边画的小岛指的是什么？

小齐：我画这个小岛是为了增加它的周长。

师：哦，他画小岛是为了增加海岸线的长度，有创意！

（全班同学都善意地笑了）

生：他这个小岛不能算，介绍中说的是台湾本岛。

师：看来大家都明白了。刚才大家评价得也很好，先肯定了他画得好的地方：他这么画，南北纵长和东西长度都考虑到了，他还特别考虑到了海岸线的长度。同时，他画的这个作品也提醒我们，现在研究的是台湾本岛。用掌声欢送小齐回到座位上！

师：最后一位，有请小晨。

（小晨投影作品后，学生们不由自主地发出不理解的"嗯？"，如图 6.3）

师：（望着小晨）要不要解说一下？

（小晨摇摇头，说："不用解说。"）

师：谁来评价？

生：我觉得他画得还是比较好的，他考虑到了要增加一些海岸线长度，所以画了一些弯曲。我给他提一条建议，刚才说了，南北纵长约 395 千米，他画的南北纵长已经到了整 400 千米。

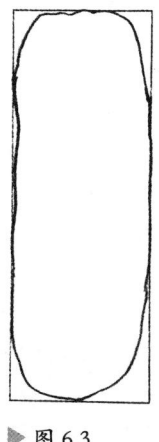

▶ 图 6.3

（小晨举手示意要解释，老师同意后，他用教棒指着作品最底端，意思是还有一点儿空隙。全班都笑了，他自己也笑了）

生：我觉得他的作品有一个问题，他将台湾岛画成了椭圆形，我觉得它的海岸线长度应该是缩短了，而不是比长方形的周长更长。

师：画一些弯曲是为了增加海岸线的长度，他这么画弯曲有没有增加海岸线的长度？

生：（齐）没有。

师：为什么没有增加？谁能够用四年级时学过的知识来解释一下？

生：（主动走上讲台）先把它这一块换成一个正方形给取下来，然后变成了这样（如图 6.4），再把四个正方形合在一起，就是一个圆（如图 6.5）。这个正方形的周长肯定比这个圆的周长要长。

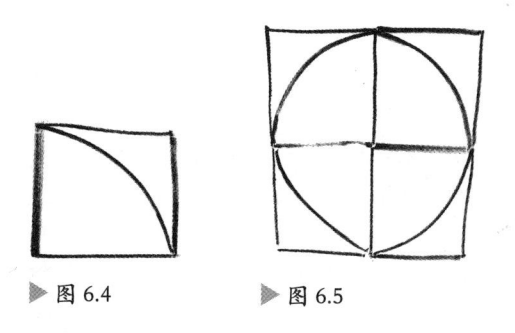

▶ 图 6.4   ▶ 图 6.5

师：这说明这么画弯曲没有增加海岸线的长度。掌声！

细细研究起来,"台湾长什么样子"是个很有意思的话题。我们来总结一下：要在这个长方形中画出台湾的样子，需要注意哪些问题？

生：我觉得需要注意的第一个地方就是，不能超出长方形边框，否则的话面积会大；第二个就是一定要画一些弯曲，增加周长，否则的话还是不比1139千米长。

（学生们纷纷点头赞同）

师：这两点概括得真有水平，佩服！下次注意把话说准确就更好了。第一，不能超出长方形边框，否则南北纵长和东西最宽就不符合事实了。第二，要有弯曲，否则海岸线就不比1100千米长了。

现在大家知道该怎么画了，请在第二个长方形内再画一个。

（学生们第二次画图）

师：请大家看小祥的作品（如图6.6），请比较他的两个作品，你有什么发现？

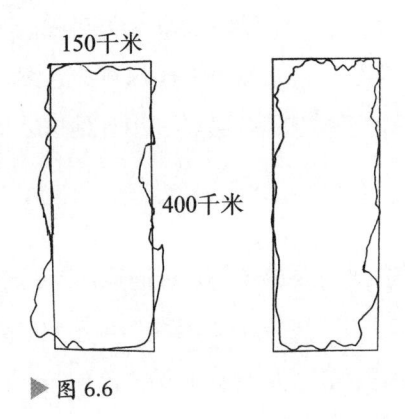

▶ 图6.6

生：他第一次画出去了，第二次做了一些调整，南北两端他还空了一点儿，非常好。

师：从小祥的两个作品我们可以看出，每一个不完美的作品都是一种提醒，都是一种指引，把我们向前推进了一步。

刚才有同学问台湾岛的面积，请看——

台湾本岛南北纵长约395千米，东西宽度最大约144千米，海岸线长约

1139千米，面积约为3.6万平方千米。

师：看到这个面积，你想到了什么？

生：395×144等于多少？

（有学生动笔列竖式计算起来）

师：哈哈哈，我没有为难自己。

（板书：400×150=60000平方千米）

（学生们佩服地叫起来："哦——估算。"）

师：从一年级开始，我们就学习了估算。不是题目要求你估算你才估算，特别不好算的时候，就要主动想"估一估"能不能解决问题。长方形的面积是6万平方千米，而实际面积是3.6万平方千米。（在"6万"的上方板书"3.6万"，用手势示意学生比较这两个数）

生：差不多一半。

（在教师的激励下，学生们纷纷抢答）

生：60%。

生：$\frac{3}{5}$。

师：你们的数感真好！现在知道了台湾的面积，你能不能在第三个长方形里，把台湾的样子画出来？

（学生们饶有兴致地画图）

师：很多同学都已经画完了，现在请你反思一下，你画的图要不要调整一下？如果要调整，就在第四个长方形中再画一个。

（大部分学生都在调整）

师：我们一起欣赏小璐的作品（如图6.7）。为什么要调整，你们能看出来吗？

生：因为他考虑到了面积，不过好像后来又忘了周长了。

师：讲得真好，先说优点，再说缺点。他首先考虑到台湾岛的面积是整个长方形的$\frac{3}{5}$，考虑到了东西最宽，遗憾的是忘了海岸线的长度，忘了南北纵长。调整后，注意到了面积和南北纵长，丢了东西最宽。哈哈哈，这是我们做事情常常犯的毛病：顾此失彼。

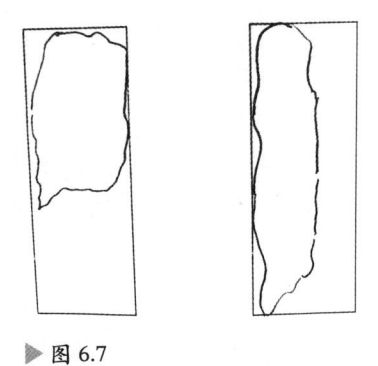

▶ 图 6.7

我们现在要根据四个数据来画，还是挺有趣的。再看一个——

（出示小轩的作品，如图 6.8）

生：他南北纵长和东西最宽都考虑到了，周长也考虑到了，但面积应是长方形的 $\frac{3}{5}$，我觉得他画得偏大了。

（学生们都点头表示赞同）

师：刚才有同学想把这个长方形平均分成 5 份，取 3 份来画。其实，随便分，只要保证画出的图形面积大小为 5 份中的 3 份，那么画出来的台湾岛面积就是整个长方形的 $\frac{3}{5}$。这是什么道理？

生：乘法分配律。

师：心有灵犀！再看一个。（投影小宇的作品，如图 6.9）

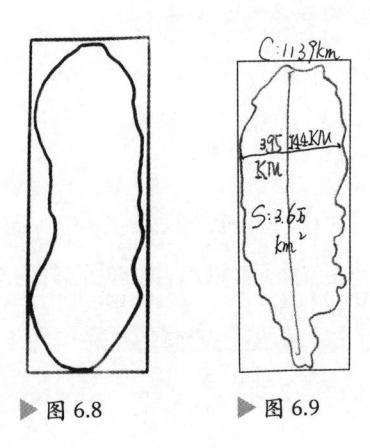

▶ 图 6.8　　▶ 图 6.9

（同学们认为他把四个数据都考虑到了）

师：想知道地图上的台湾实际长什么样子吗？

生：（齐）想。

师：当时我在飞机上，也特别想验证自己的想法。可是把书从前翻到后，都没找到台湾地图。下了飞机一看，原来是这样的。

（投影、放大祖国版图上的台湾）

师：台湾岛看上去像一片芭蕉叶。

生：小宇画得真像！

（小宇的眼睛里充满了成就感）

师：因为我在飞机上反复研究了地图上台湾的样子，所以我在畅游台湾的时候，发现到处都有"台湾的样子"。（出示手提袋、冰箱贴、钥匙链等纪念品，上面都印有台湾地图）在台湾有很多这样的纪念品，真可爱！台湾的样子时时刻刻在告诉我们：叶落会归根！

三、回眸三问

师：千金难买回头看。看看自己画的台湾的样子，比较一下，你有什么感受？

生1：不要顾此失彼。

生2：有时估算就能解决问题。

生3：要善于调整。

师：是啊，做事情往往不能一步到位，只有不断地调整，才能接近完美。我相信如果时间充裕的话，大家都能画出台湾的样子，是吗？

生：（信心满满地齐答）是！

师：我们看看地图上台湾的样子（投影台湾地图），再看看这四个数据，你能发现什么问题吗？

生：我感觉海岸线的长度比长方形的周长小。

（有学生呼应："是的。"）

师：能大胆地怀疑，真了不起！我们向你学习！（全班自发地鼓掌）非常珍贵的问题。这是怎么回事？

6. 真正有效的教学是打开学生的思维

（老师皱着眉头，学生们也歪着脑袋思考）

师：（看没有学生回应，教师的神情像要揭晓谜底一样）上网，百度地图，搜索台湾，请看——

（老师调整分辨率，大家看到平滑的海岸线变得参差不齐，看到的海岸线越来越长）

生：（齐）哦——

师：（出示雪花曲线，如图 6.10）这是什么？

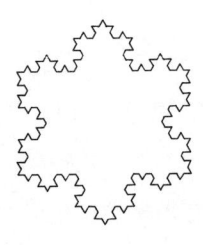

▶ 图 6.10

生：（齐）雪花。

师：怎么画出来的呢？请看——（放动画展示雪花曲线的形成过程）它告诉我们：在有限的面积内，周长可以无限长。

（学生们露出信服、满足、好奇的表情）

师：由于时间的关系，我只提一个问题，好不好？一个图形确定之后，它的周长和面积就确定了；反过来想，一个图形的周长和面积都确定了，能不能确定它的形状？自己想办法研究一下。

生：（指着台湾地图上左下方凸出的一块）把这一块平移一下，现有的四个数据都没有变，而形状却变了。

师：漂亮！举一个反例就能说明，一个图形的周长和面积都确定了，并不能确定图形的形状。

（在教师的带领下全班鼓掌）

师：为了看得更清楚，我们在方格图上来研究。

（依次出示图 6.11，教师追问："什么变了？什么没变？"）

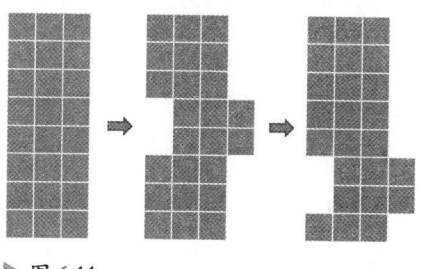

▶ 图 6.11

师：比较两幅图后我们发现，在南北纵长、东西最宽、周长和面积都确定的情况下，形状仍不能确定。

有时候，我们反过来想一想，是一件挺有意思的事情。

现在我们知道，根据书中的四个数据是不能确定地画出台湾的样子的，只是有可能画出来。因此，我们祝贺小宇，他真幸运，这个钥匙链就奖励给他了！

（小宇领回钥匙链，把玩3秒钟后抬头，学生们羡慕地看着他）

师：大家还有什么问题？

生1：根据书中的四个数据不能画出台湾的样子，那台湾地图是怎么画出来的？

生2：台湾的面积不等于长乘宽，那台湾的面积是怎么算出来的？

生3：南北纵长是南北的垂直距离，还是最南、最北两个点连线的长？

生4：为什么偏偏挑选台湾岛让我们来画？

生5：这节课到底想告诉我们什么？

师：（看着学生，微笑）根据四个数据画出了台湾的样子是收获；知道根据这四个数据不能确定台湾的样子，也是收获。这有些像爱迪生寻找灯丝材料的故事。有人对爱迪生说："爱迪生，你失败了1000多次，不要再试了。"而爱迪生却说："不，我成功了！我成功地知道这1000多种材料都不能做灯丝。"我去台湾发现了有趣的数学问题，因此有了今天这节课；你发现了今天这节课的问题，因此使这节课变得更有价值！发现问题便是收获。下课。

（课堂实录由北京市第二实验小学刘伟男老师整理）

课后明辨

现在回想起来，上这节课的感觉还是那么美妙！打开了思维，学生就兴味盎然，欲罢不能了。

这节课属于"综合与实践"领域。我们对这样的数学课研究得很少。《义务教育数学课程标准（2011年版）》指出，"综合与实践"是一类以问题为载体、以学生自主参与为主的学习活动。这节课的成功演绎，源于我对以下三个方面的特别关注：第一，问题由教师提供，但由学生发现。第二，教师带着学生经历整个学习过程，就像讲述一个完整的故事，同时关注学生灵动、丰富的表现。第三，关注了数学知识内部、数学与其他学科、数学与学生生活的整合。这样，学生经历的就是一节有生命、有温度的数学课。

下课后，有老师问我："为什么不画北京或南京长什么样？"

为什么画台湾？是因为我去台湾有了故事，我很想和学生分享这个故事。教学就是一种分享，一种有追求的分享。这追求就是打开学生的思维，帮助学生积累发现问题、提出问题、分析问题、解决问题的经验。

下课后，有老师问我："学生真不知道地图上的台湾长什么样子吗？为什么你的数学课不基于学生已有的认识？"还有老师问："到课的最后，大部分学生都没有画出台湾的样子，你怎么看？"

我曾到我校六年级（4）班和六年级（2）班做调研，请学生在不查资料的前提下，在5分钟之内画出记忆中的"地图上台湾的样子"，结果，两个班分别有4个、3个学生画得有些像，占全班人数的9.5%和7.0%。对各式各样的地图具有过目不忘能力的人有，但不多。并且，画出台湾的样子不是我要达成的目标。认识到根据周长、面积等四个数据不能确定台湾的样子，才是我追求的目标。"到课的最后，大部分学生都没有画出台湾的样子"，那就对了。如果都画出来了，反而让人觉得不可思议。

学生现在还没有"命题""逆命题""否命题""逆否命题"的概念，常常认为正说反说都一样。我要借助这个有意义的任务驱动，鼓励、等待学生大胆质疑，渗透"尽信'师'，不如无'师'"的思想。

下课后，我问自己："如果课上没有找到与台湾样子相近的作品，或者全班没有一个学生画得像，怎么办？"如果出现这种情况，后面的质疑环节就少了些力度。我想，说出下面这句话，是可以找回一些力量的，因为学生会给出肯定的回答："如果时间允许的话，相信大家经过不断调整，是能画出台湾的样子的，是吗？"

/ 名家点评 /

想方设法教数学

方运加（《中小学数学》常务主编）

　　我在 2013 年底的一次教研活动中听了北京第二实验小学华应龙老师的一节课，内容是引导学生想象台湾岛的形状。教学内容的设计源于华老师手头上的一本旅游指南书。

　　不能凭空教学生想象，华老师从旅游指南中选择了条件数据：台湾本岛南北纵长约 395 千米，东西宽度最大约 144 千米，海岸线长约 1139 千米，面积约为 3.6 万平方千米。

　　这堂课的内容不简单，要求学生凭借这些数据来想象台湾岛的形状。学生要对教师提供的数据进行再加工，数形结合、讨论分析、确定计算方法，甚至要运用数学的最值原理进行图形分析，还需要运用个人的想象力。总之，华老师为学生提供了较大的思考空间，再通过高超的教学引导，确实把学生的智慧激发出来了。学生经历了从课始的与实际情况相差甚远，到课尾的与实际情况非常接近的过程，全班同学共同努力，基本描绘出了台湾岛的形状。这堂课不是一步到位，而是分步提升，还利用现有的数据条件组织了有趣的课堂讨论，让学生调用了已有的知识，数学思考能力得到了切实提高。这是充满智慧的数学课。这堂课充分说明，教师若要使学生得到智慧的启迪，自己首先要有一些不受拘束的想象。

　　像华老师这样讲数学的方式，是应该被大力提倡的。华老师的教学实践与著名数学家王元先生倡导的数学教学思想是相通的，那就是从国内外已有的好经验、好思想、好方法中寻求好的数学教学路子，想方设法教数学，把数学教得容易一些，使学生通过数学学习掌握一些讲道理、求原理的能力，培养出理性的、拥有良好思维习惯的中国公民。

这样教数学，要求是否太高了？不！不高！中国的数学教育就应该是这样的。一百多年前，中国就出现过像傅种孙这样的数学教师，他以及他的许多同人就是这样教数学的。今天的数学教师难道做不到吗？著名数学家戴维·希尔伯特曾经说过："我们必须知道，我们必将知道。"这句话应该通过数学教师传播给每一位学生。对此，我想说的是："我们必须做到，我们必将做到。"

小学数学综合与实践课的"源"与"流"

刘加霞（北京教育学院）

"综合与实践"是《义务教育数学课程标准（2011年版）》的一个特色，虽然要求的课时数不多，但设计并实施该课程的意义重大，它承载着重要的教育价值。如何在教学实践中落实呢？华应龙老师将自己设计并执教的"台湾长什么样子"定位为"综合与实践"课，这是一种有益的尝试。

在研究本课的过程中，某些教师提出质疑："到课的最后，大部分学生都没有画出台湾的样子。"事实上，本课的教学目标并不是让学生画出非常像的台湾地图。还有教师提出质疑：学生知道台湾的样子（在其他科目中学过，或在日常生活中体验过），还有进一步画台湾的需求吗？如果学生没有学习的需求，那么这节课就是教师人为设计的，是教师一个人"感觉好玩"，而不是学生"感觉好玩"。确实，学生产生学习的"真需求"是有效学习的基础和根本，但学生真的没有需求吗？当教学目标不是让学生画出像样的台湾地图，而是另有目的时，学生更深层次的学习需求就能被激发出来了。

因此，关键还是看本课的教学目标是什么。综合与实践课的教学目标不同于其他领域内容的教学目标,是多维、多元的,且在短期内不容易实现。那么,哪些目标是本课的"源",哪些目标是本课的"流"呢?把握好"源"与"流"的关系,是设计并实施综合与实践课的关键。"一节课就 40 分钟",确实"载不动许多'思'"。那么,本课之"思"的源与流是什么?

一、综合与实践课之"源":发现问题、提出问题的意识与能力

《义务教育数学课程标准(2011 年版)》指出,(综合与实践课程的教学)有别于学习具体知识的探索活动,更有别于课堂上教师的直接讲授。它是教师通过问题引领、学生全程参与、实践过程相对完整的学习活动。因此,设计综合与实践课程的目的是培养学生的"问题意识""批判与质疑精神"和"创新思想",即用数学的眼光观察世界、研究世界,这个世界既包括自然界,也包括社会界。

《义务教育数学课程标准(2011 年版)》提出了由"两能"(分析问题、解决问题的能力)到"四能"(发现问题、提出问题、分析问题、解决问题的能力)的转变,"四能"的培养需要贯穿于整个教育教学活动的始终。其中,综合与实践活动必须承担重要职责。

在教育实践中,如何落实"四能"尤其是"发现问题、提出问题"的能力培养?我认为,"发现问题、提出问题"需要教师的引导和示范。在本节课中,华老师就以自身"发现问题"的历程为导引,与学生共同经历了"发现问题、解决问题"的全过程,同时也给广大一线教师设计综合与实践活动的问题情境提供了借鉴。

例如,教学时华老师向学生呈现了真实的事件与自己的思考过程,展示了教师是如何发现并提出数学问题的:

无论去哪个地方旅游,我都先买一本专业的书看一看。当我对这个地方有了一些了解之后,就可以慢慢地欣赏它。

华老师在不经意间发现了"好情境、好问题":

台湾本岛南北纵长约 395 千米，东西宽度最大约 144 千米，海岸线长约 1139 千米，面积约为 3.6 万平方千米。

看到这样的信息，脑海中会呈现出哪些数学问题呢？华老师先让学生提出自己的问题，然后再呈现教师提出问题的过程与内容：

我翻遍全书，没有找到台湾的地图。于是，我就想："地图上的台湾长什么样子？"……我估计结果应该比实际的大，现在反而小了，说明了什么？说明有很多的凹凸。3.6 万平方千米与 6 万平方千米相比差距不小，说明台湾长得很瘦小。6×0.6=3.6，台湾实际面积只占那个长方形的 60%。结合海岸线的长度，台湾长什么样子呢？

华老师去台湾考察访问前购买《畅游台湾》一书，准备做旅游功课，这也许与数学课没有直接关系，但这却是一个好习惯：有目的、有预期地做事情。华老师对自己做旅游功课的习惯只是一句话带过，然后直奔本节课的主题，这样处理既自然又真实。

在上述的交流过程中，学生充分地提出自己的问题，华老师也很自然地呈现了个人的经历、感受，潜移默化地传递出教师发现并提出问题的全过程。虽然没有说教，只是将事实加以呈现，但每个学生还是有对比、有分析：学生的问题更多的是从生活角度、从自身经验提出的，数学味道不浓，而华老师的问题更多的是从数学角度提出的。华老师的问题也符合五年级学生的知识水平，只不过超出了学生日常解决问题的范畴。以往学生解决的数学问题都是"给出几何图形以及相关数据求图形的面积或周长"，而华老师的问题却是"知道图形的相关数据，问这个图形的形状是怎样的"。

华老师提出问题的角度与以往不同，这既为学生做了提出问题的示范，也激发了学生深入研究这个另类问题的需求，因为传统问题的答案是唯一的，而本课要探究的问题答案不唯一，甚至能引发更深层次的问题。因此，应该说在本节课上，学生有着强烈的学习需求，当然，大前提是教学目标不能定位为"画出很像的台湾地图"。

华老师的这节课也为一线教师选择综合与实践课的题材提供了很好的范例

和经验。综合与实践课离不开"好情境、好问题",同时,应该以基本的知识点为载体,让学生运用基本的知识点解决综合性问题,或者引发更多有探究价值的问题。《义务教育数学课程标准(2011年版)》给出了一些综合与实践活动的案例:图形(纽扣)分类问题、生活中的轴对称图形、绘制校园平面图、旅游计划、象征性长跑、估计高度、分类计数(小正方体几个面涂色)。教师在教学中可以以此为素材,进一步开发、设计出好问题、好活动,同时,结合具体教学内容以及学生的生活体验,设计好情境、好问题。

要设计好问题、好活动,需要教师真正意识到综合与实践课程的重要性,而非停留在对理念的认同上,还需要教师对学科的基本概念、学科发展史有深入理解,同时需要教师对教学事件、生活事件(尤其是细节)具有敏感性和洞察力。正如著名教育专家马克斯·范梅南所说,以现象学为方法论基础做教育研究有难度,需要研究者具备反思力、洞察力、对语言的敏感性以及对经验的持续开放性等。他的这一观点也同样适用于教师有效开发教学资源、有效设计实践课程。

二、综合与实践课之"流":解决问题的综合能力

如果说培养学生"发现问题、提出问题"的意识与能力是综合与实践课程之"源",那么,综合与实践课程之"流"就是提高学生解决问题的综合能力。

第一,提高学生综合运用基本知识解决问题的能力。例如,在本课中,学生熟练地利用"三角形的两边之和大于第三边"的知识判断出"长方形的周长大于其内接椭圆的周长";又如,计算长方形的面积时,学生习惯于笔算 395×144 的乘积,而华老师却说:"哈哈哈,我没有为难自己。"[板书:$400 \times 150=60000$ 平方千米,(学生们佩服地叫起来:"哦——估算。")] 华老师在解决现实问题时,根据数据以及问题的具体要求合理有效地选择估算,让学生真正体会到了估算的必要性。

第二,培养学生的概括与反思能力。华老师在这节课上十分重视培养学生的概括与反思能力,例如:

师：小星的作品有几个优点：第一，台湾岛不应该是一个规范的长方形，而是有些弯曲的，这更符合实际情况。第二，她考虑到了台湾岛海岸线的长度比长方形的周长要长，所以画到框外面去了。海岸线要比长方形的周长长，可以往外画，也可以往里画。她只是疏忽了南北纵长……

又如，在华老师的示范和引领下，学生的概括能力有了明显提高：

生：我觉得需要注意的第一个地方就是，不能超出长方形边框，否则的话面积会大；第二个就是一定要画一些弯曲，增加周长，否则的话还是不比 1139 千米长。

（学生们纷纷点头赞同）

师：这两点概括得真有水平，佩服！下次注意把话说准确就更好了。第一，不能超出长方形边框，否则南北纵长和东西最宽就不符合事实了。第二，要有弯曲，否则海岸线就不比 1100 千米长了。

提高学生的概括与反思能力不是靠说教，而必须通过学生的实践操作、表达交流来落实。

第三，学生能够在新情境中深入理解并灵活运用基本的数学概念，这一点在本节课中表现得尤其突出。

本节课主要涉及图形的长度、周长与面积等基本的数学概念。我们在教学中常遇见这种现象：在学习了图形的周长、面积之后，学生在做题或解决实际问题时，常常会混淆图形的周长与面积，例如，求周长时套用面积公式，周长与面积的单位也常混淆。如何让学生真正理解并灵活运用这两个概念？

以往我们在教学图形的周长和面积时，往往是给定图形，要求学生测量或者计算这个图形的周长或面积。图形确定后，其形状、周长、面积都是唯一的。如果不给出具体的图形，而只是告知这个图形的周长、面积等数据，则这个图形的形状是不确定的。解决前面的传统问题时，学生都十分容易混淆图形的周长与面积这两个概念。那么，如果只知道一个图形的周长、面积，要求画出这个图形，是否更有挑战性呢？这是否有助于学生对周长、面积的深层次理解呢？

通过分析课堂教学中的一些细节就能发现，学生对图形的周长和面积的理解有些混乱，例如，在第一次画台湾的样子时，有下面的对话和作品展示（作品展示略）：

小星：听了老师的讲解，我认为台湾岛应该要比长方形大出一些，但是它又不是大出一圈，于是我多加了一些凹凸部分。我觉得这样画台湾岛更像。

生：我不同意你的结论，通过老师提供的资料我们知道，台湾岛的长约395千米，东西宽度最大约144千米，画成长4厘米、宽1.5厘米的长方形已经是有点儿大了，应该再往里画一点儿，不能再凸出了。

由上述对话可以看出，小星在理解周长时表现出"时而糊涂，时而明白"的特征：心里知道台湾岛的周长比长方形的周长长，但表述出来就变成了"面积"，但一会儿又说加了"凹凸部分"，好像又在说"周长"。这说明她对周长概念的理解是不稳定的，"脑子里想的"与"语言表达出来的"有些不一致，这是学生没有真正地理解某个数学概念的典型表现。学生的这个认识过程很自然，因为周长和面积是一个图形的两种属性，即一个是"线段（一维空间）"长短的刻画，一个是"二维区域"大小的刻画，这两个量同时附着在一个图形上。对学生而言，"面积"相对来说易于感知和建立表象，"周长"却更为抽象。本课"逆向"解决了周长和面积的区分问题，深化了学生对图形周长的理解。

三、综合与实践课之"长流"：不断质疑，打开探究之窗

激发学生对学习本身的激情与渴望，是综合与实践课之"长流"。学生只有不断质疑，永远对事物保持好奇与探究之心、之愿、之勇气，才能不断创新与发展。因为学生们不是为他人而学习，不是为父母、老师或者名声和荣誉而学习，而是源于他们自己的渴望和热情，而这种内在的动力是稳定和持久的。

培养学生的批判与质疑精神，激发学生的探究愿望，正是本课的重要目标，华老师在实际教学中也达成了这一目标。例如，在呈现台湾地图（长方形内的台湾地图）后，立刻有学生提出质疑：

生：我感觉海岸线的长度比长方形的周长小。

（有学生呼应："是的。"）

师：能大胆地怀疑，真了不起！我们向你学习！（全班自发地鼓掌）非常珍贵的问题。这是怎么回事？

（老师皱着眉头，学生们也歪着脑袋思考）

观察地图后的直观感觉确实是"台湾的海岸线比长方形的周长短"。实际情况怎么和计算的结果不一样呢？这很自然地就引发了学生进一步思考与探究的愿望和动力。随后，教师出示了雪花等图形，拓展课题，为进一步探究打开了一扇窗。

海岸线问题蕴含着许多秘密。1967年，法国数学家曼德尔布罗特提出了"英国的海岸线有多长"的问题。这个问题好像极其简单，但其得出的结论"英国的海岸线长度是无限长的"却令人费解。

实际上，长度依赖于测量的单位，假如以1千米为单位测量海岸线，得到的近似长度值是将小于1千米的"迂回曲折"忽略掉了；若以1米为单位测量，则是忽略掉了小于1米的"迂回曲折"，所以测量结果将变大；随着测量单位进一步变小，测得的长度将愈来愈大，这些愈来愈大的长度将趋近于一个确定值，这个极限值就是海岸线的长度。

但曼德尔布罗特发现了一件让人们觉得不可思议的事情：当测量单位变小时，所得的长度是无限增大的。他认为，海岸线的长度是不确定的，或者说，在一定意义上，海岸线是无限长的。这怎么可能呢？海岸线明明是客观存在着的，它的长度应该是一个确定的数值啊！这是为什么？

这是因为传统的测量方式以及测量单位不适合测量海岸线，传统的长度已不能正确概括海岸线这类不规则图形的特征，因为海岸线极不规则，极不光滑。以往我们将自然界中大量存在的不规则图形进行"规则化"处理，例如，我们将海岸线折线化，得出一个有意义的长度。海岸线初看起来是折线，但仔细看其中一段直线，会发现它还是由折线构成的，如此深入下去，会发现其结构总是相似的，看似是直线，其实细微之处还不是直的。测量得越细致，则总长度就越大。我们可以无限地细测下去，于是英国的海岸线长度只能是无限长的了。

因此，要定量地分析像海岸线这样的图形，必须引入"分形维数"，经典的"维数"已不适用。经典的维数都是整数：点是 0 维，线是 1 维，面是 2 维，体是 3 维，而分形维数可以取分数，简称分维。于是，曼德尔布罗特创立了新的数学分支 —— 分形几何学，他 1983 年出版了《大自然的分形几何学》一书，分形概念迅速传遍全球。

值得我们教育者深入思考的是，曼德尔布罗特是一个爱思索"旁门左道"问题的人，这样的人不正是创新型人才吗？没有这样的人，数学、科学怎么发展？设计综合与实践课程的"长流"，也许就是为学生提供时间、空间以及具体的平台，让学生有机会成为思考"旁门左道"的人，给学生打开一扇探究与发现之窗。

7. 错误有时是创造的开始
——以"猜想之后"为例

教学内容

北师大版五年级上册"小数乘除法"练习讲评。

课前慎思

学生在做作业时经常会生成一些非常可贵的猜想，可是，往往只是想到就用，不去验证。有时碰巧对了，教师就会鼓励他们坚持自己的猜想，而不再做全面深入的思考和探究。学生下次再遇到类似的情景，可能又会错得糊里糊涂，不明就里。有时碰巧错了，若得不到恰当的引导，创新的火花便从此慢慢熄灭。其实，错误往往是创造的开始。

"人生识字糊涂始"，学习其实很简单，就是猜，猜错了再猜。现在的问题是，猜想之后应该做些什么？教师在学生猜想之后又应该做些什么？数学事实首先是被猜想，然后才是被证实。那么，学生学习数学的过程就应该被看作在做猜想和验证的游戏。著名数学家、教育家 G. 波利亚在他的经典名著《数学与猜想：数学中的归纳和类比》中指出："在数学领域，猜想是合理的，值得尊敬的，是负责任的态度，请允许我在此向教授所有班级的数学教师们呼吁：让我们教猜想吧！"①他给我们的忠告是："尽早建立猜想，慢些承认它们。"胡适先生提出的"大胆假设，小心求证"的"小心"，除了强调严谨求实的态度、尊重事实、不能有半点儿马虎之外，是否也有"慢些承认"的意味？

古典的初等推理模式，即所谓三段论法——

$$\frac{A \text{ 蕴含 } B}{B \text{ 假}} \qquad \frac{A \text{ 蕴含 } B}{B \text{ 真}}$$
$$A \text{ 假} \qquad\qquad A \text{ 更可靠}$$

一般来说，不能根据一个例子就做出判断。无论举出多少正例都不能完全确定结论是绝对正确的，而只要举出一个反例，就可以说明结论是错误的。所以，这节课我想借助对学生作业中的一些富有创造性的猜想的讨论，让学生明白：猜想其实就是提出一个问题，一个假设；有理由较少的猜想，有理由较多的猜想；猜想之后需要验证。举例子时首先要判断该例子是否符合假设的条件，验证之后，可能是确认猜想，也可能要修正猜想。

那么，验证的方法有哪些呢？举正例，找反例，打比方，想算理……除了初中要学习的演绎证明，还有小学五年级学生能接受的验证方法吗？"穿新鞋走老路"（也就是有了一个新的猜想，验证时是走业已确认的老路，最后看是否殊途同归）算不算？那"穿新鞋走老路"算举例子，还是讲道理呢？

对学生而言，举出一个反例来证明结论的错误是容易理解的，而对举出很多正确的例子还未必能证明结论的正确性，则比较难理解。因此，本节课要在这方面用力。举的例子不可能穷尽，如何知道就举不出反例了呢？若让学生懂得了举出许多个例子也不能确定猜想的绝对正确性，是否就给学生种下了怀疑所学知识的种子，给学生的创造留下了余地？我在故我思。好奇心是最好的老师，那么，学习的最高境界是不是求不知？

从严格意义上说，运算性质与运算定律是有区别的。运算性质是人们在大量的计算实践经验基础上所做的理性概括，而运算定律是那些能推导出其

---

① G. 波利亚. 数学与猜想：合情推理模式 [M]. 李心灿，等，译. 北京：科学出版社，2001：177.

他运算性质的基本运算性质。那么，教师在课中能否认同学生"除法分配律"的说法？

《义务教育数学课程标准（2011年版）》特别重视对学生发现问题和提出问题能力的培养，在第二学段目标中明确提出"在观察、实验、猜想、验证等活动中，发展合情推理能力，能进行有条理的思考，能比较清楚地表达自己的思考过程与结果。""教师在教学过程中，应该设计适当的学习活动，引导学生通过观察、尝试、估算、归纳、类比、画图等活动发现一些规律，猜测某些结论，发展合情推理能力；通过实例使学生逐步意识到，结论的正确性需要演绎推理的确认，可以根据学生的年龄特征提出不同程度的要求。""猜想""猜测""合情推理""归纳推理"等相关词语出现了近20次。而专门"教猜想"的课还不多见，我应该试试。

因此，我想和五年级学生一起分享这节课，力争达到以下目标：

①懂得猜想之后要验证，初步学会验证的方法。

②进一步体认差错能暴露出问题、指引方向，培养对作业中的差错的好感。

③感受数学的理性之美，积累发现数学问题的经验。

课中笃行

一、精彩两分钟

生：请小男同学给大家做"精彩两分钟"。

小男：古往今来，有许多数学家因为攻克了重大的难题闻名于世，也有一些数学家只是因为提出某一个问题就让我们大家都记住了他。比如，哥德巴赫提出了哥德巴赫猜想，内容是任意一个大于2的偶数都可以写成两个质数之和。让我们一起验证一下，8可以写成哪两个质数的和？

生：（齐）3和5。

小男：12可以写成哪两个质数的和？

生：（齐）5和7。

小男：18呢？

生：11 和 7，13 和 5。

小男：尽管有无数的例子支持他的猜想，但是仍然不能断定他的猜想对所有大于 2 的偶数都成立，所以，猜想仍然只是猜想。几个世纪以来，许多数学家都试图证明它，可是直到今天，哥德巴赫猜想还没有被证明或者被推翻。我国著名数学家陈景润闭门演算了四年，整整用了六麻袋草稿纸，终于验证了"1+2"成立，就是说任意一个充分大的偶数都可以表示成两个数之和，其中一个是质数，另一个为不超过两个质数的乘积。这是迄今为止最贴近哥德巴赫猜想的证明。谢谢大家！

生 1：谁来给他评一评？

生 2：我觉得他准备得很充分，让我们充分了解了哥德巴赫猜想。他还能和大家互动，还有他的声音很洪亮，我要向他学习！

生 3：我认为他的这个"精彩两分钟"非常精彩，而且时间也把握得非常好。

生 1：请大家给他打分。（全班同学做手势，给 5 分）明天请小静给大家做"精彩两分钟"。

二、猜想之后要做什么？

师：孩子们，这个"精彩两分钟"确实很精彩，我感觉同学们不但知道哥德巴赫猜想，而且真的有一点儿懂。我要告诉大家，我前几天在同学们的作业本上发现了两个很有意思的猜想。我跟老师们交流之后，老师们说："以前也见过，很有意思！"因此，我今天拿过来和在座的同学们分享，（师板书学生的作业）大家请看——

$$25.3 \times 4.2$$
$$=25 \times 4+0.3 \times 0.2$$
$$=100+0.06$$
$$=100.06$$

师：看了这份作业，你有什么想法？你怎么评价？

（有个学生一脸惊喜："原来还可以这样做！"教师组织学生独立思考、同

桌交流、全班汇报）

生1：我想，这个25.3乘4.2可以变一下，可以把它写成25加上0.3的和，再乘4加上0.2的和。这样的话，25.3乘4.2就等于25乘4再加上0.3乘0.2，等于100加0.06，就等于100.06。

生2：我觉得这个算得不是特别对，假设25.3不是乘4.2，而是乘4的话，那积应该是101.2，这样都比100.06大。而4.2比4还要大，所以这个答案肯定是不对的。

师：（微笑，不置可否）看了这个算式，你最好奇的是哪一步？

生：怎么从25.3乘以4.2一下子变成25乘以4再加上0.3乘以0.2了？

师：我们从这儿是不是可以看出他有一个猜想？他的猜想是什么？能不能用自己的话说出来？

生1：我通过算式可以看出，他的猜想是整数乘以整数，然后小数乘以小数。

生2：我觉得他的猜想是，两个数的乘积等于两个数的整数部分的乘积加上小数部分的乘积。

师：两个人的回答，你认为谁的更好？

生：（齐）第二位同学的更好。

师：那是因为有第一个做比较。第二位同学的回答比第一位同学的回答好在哪儿？

生：多了"乘积"。

师：对，也多了"部分"两个字。准确来说是不是这样？那么，这个猜想究竟对不对？有人认为对，有人认为不对，怎么办？

生：（齐）验证。

三、验证猜想

1.竖式验证

师：怎么验证？

生：（齐）用竖式算一遍。

师：真好！（示意大家动笔算）很多同学都算完了，你发现了什么？

生1：算完了以后，发现黑板上这个答案是错误的。

生2：小了。

师：不但错了，而且还算小了。我很好奇，他当时是怎么想的？（课件出示以下算式）

$$25.3 \times 4.2$$
$$=(25+0.3) \times (4+0.2)$$
$$=25 \times 4 + 0.3 \times 0.2$$

生1：我觉得他是这么想的，整数部分相乘等于100，这样的话，就比较好算了。

生2：我觉得他是这么想的，先把两个整数乘了，再把两个小数乘了，对他来说思路就比较清晰。

师：（微笑）思路比较清晰！我们做小数加法的时候，是不是也是这么想的？（课件逐步出示以下算式）

$$25.3+4.2$$
$$=(25+0.3)+(4+0.2)$$
$$=(25+4)+(0.3+0.2)$$
$$=29+0.5$$
$$=29.5$$

生：对。

师：小数加法这么算是对的，小数减法这么做对吗？

生：（齐）对。

师：顺着这样的思路往下想，小数乘法这么做对吗？

生：（齐）不对。

生：我觉得如果小数乘法也按照小数加法的算法算是不对的，应该是25.3乘以4的积加上25.3乘以0.2的积，这两个积的和差不多是106.26。

师：听懂的同学请举手！（大部分同学举手，不过有的同学有些迟疑）有

7. 错误有时是创造的开始　　157

的同学不太自信。来，看着竖式。（课件出示竖式，如图7.1）你能不能再说一说，为什么25.3乘4.2不等于25乘4的积加上0.3乘0.2的积？

生：（上台，指着竖式）这个乘法应该这么算，首先是0.3乘0.2等于0.06，然后25乘0.2等于5，然后再用0.3乘4等于1.2，然后再用25乘4得到100。刚才那位同学只算了25乘4，0.3乘0.2，少算了一个25乘0.2和0.3乘4，所以他的结果就少了。

▶ 图7.1

（学生们纷纷点头）

2. 面积模型验证

师：明白了吗？明白的请举手！（全班同学自信地高举小手）刚才那位同学的猜想为什么是不对的呢？因为他可能没有完全领会乘法的意义。看了下面这个长方形的面积图，你会更加明白。（课件逐步出示图7.2）这个大长方形的长和宽分别是多少？怎样用算式表示它的面积？

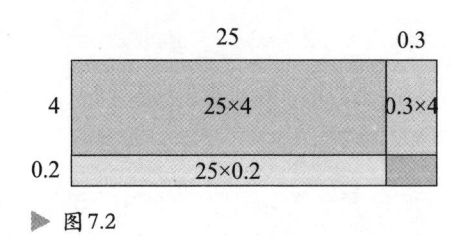

▶ 图7.2

师：你在想什么？

生1：右下角的长方形面积的算式是 0.3×0.2。（众生点头）

生2：哦，我明白了，左下角的长方形和右上角的长方形是他少算的部分。（众生频频点头）

师：现在我们再回头看看这份作业，你会怎么评价？

生1：我觉得这位同学很聪明，他知道运用原来学过的方法，但是他在做之前应该想一想它有什么弊端，比如说，少算了什么。

生2：加减法是一个运算级，乘除法是第二个运算级，我们不能把加法的运算方法用到乘法上面去。

3. 课堂小结

师：我很赞同大家的观点。看到这份作业，我很欣赏！因为这位同学能够边计算边观察数的特点，思考简便的算法，让呆板的计算散发出了思想的光芒。这个作业，错得真好，它让我们明白了一个道理：既然是猜，就有可能对，也有可能错，因此，猜想之后——

（板书课题：猜想之后……）

生：（齐）要验证。

师：回顾一下，刚才我们是怎么验证的？

生1：刚才我们是用竖式去算的。

生2：通过举例子的方式来验证。

（师板书：举例子）

师：真好，我真佩服五年级（8）班的同学！我们既可以通过列竖式去思考它的道理，也可以根据长方形的面积图来说明；我们既可以通过举例子的方式来验证，也可以讲道理。（板书：讲道理）这么看来，你觉得这个作业好不好？

生：真好！

4. 讨论"卖葱的故事"

师：这个作业还有一个好的地方，它让我想到了数学史上一个很有名的故事——卖葱的故事。听说过吗？来，我们一起听一听。

（播放视频）

一位大爷卖葱，12元钱1千克。

一个买葱的人走了过来，说："这一捆我全都买了。不过，我要分开称，葱白10元钱1千克，葱绿2元钱1千克。这样，葱白加葱绿还是12元，对不对？"

大爷一想，10元加2元，正好等于12元，就同意了。

买葱的人走后，大爷愣在那儿了……

（学生们听得津津有味，皱眉思索）

师：这个故事里面是不是有一个问题？买葱的人提出了一个猜想：每千克12元的葱可以分成每千克10元的葱白和每千克2元的葱绿去卖。你能验证这样的猜想吗？

生：关键要看那捆葱有多少千克。比如，这捆葱是3千克，按原价卖是36元钱，然后分成3乘10和3乘2。

（学生中有点头的，有迷茫的）

师：真好，举了一个例子。为了交流方便，老师给出这样的数据：整捆葱有25千克，葱白20千克，葱绿5千克。你能验证吗？每个人都来试一试。

（全班学生动笔验证后，教师组织交流）

生：咱们先算原价，12乘25等于300元。然后再按另一种方式计算，10乘20再加上2乘5，等于210元。大爷卖亏了。

师：12乘25还等于10乘20加上2乘5吗？（板书）

$$12 \times 25 \neq 10 \times 20 + 2 \times 5$$

师：这是通过举例子的方式来验证的，有没有人来讲道理？

生：我觉得买葱人这样拆的话，跟之前那个作业犯的错误是一样的，也是少算了。整数乘法其实也是可以拆的，可以拆成12乘20加上12乘5。但是像买葱人那样拆的话，就等于少算了2乘20跟10乘5。

师：佩服！2乘20等于40，10乘5等于50，40加50等于90，就是少了90元。

生1：（之前举例3千克的学生）我有一个质疑，比如说，刚才说3千克的话，3乘12等于36，然后10乘3等于30，2乘3等于6，加起来正好也是36元，是一样的。

生2：这样计算你的葱白是3千克，葱绿也是3千克，加起来一共是6千克。

（学生们纷纷表示认同："对呀。"但质疑的男生好像还没有明白，因此，他又请一位同学对话）

生3：我同意刚才那位同学的观点。你的想法是不对的，葱一共有3千克，你那么算相当于葱白有3千克，葱绿也有3千克。

（质疑的男生满意地坐下了）

师：同意了？其实，（面向质疑的男生）我觉得小伙子你质疑得特别好，你的想法可能就是买葱人的想法。哈哈哈——（同学们也发出了善意的笑声）是不是还可以这样想，整捆葱是12元每千克，那么不管是葱白还是葱绿都应该是12元每千克。当你按照葱白10元每千克、葱绿2元每千克卖的时候，肯定就亏了。

5. 评价另一份作业

师："卖葱的故事"让我们又练习了一下举例子和讲道理。开始上课时我说有两个作业，现在我们看另外一个作业，请看——（板书算式）

$$(638-113) \div 25$$
$$=525 \div 25$$
$$=500 \div 25 + 25 \div 25$$
$$=20+1$$
$$=21$$

师：看完之后有什么想说的？有人在判断对错，我们首先考虑它是对还是错。

生：（齐）对了。

师：你是不是发现这中间也有一个猜想？他的猜想是……（课件出示）

$$(500+25) \div 25$$
$$=500 \div 25 + 25 \div 25$$

师：看着屏幕，你能用自己的话说说这个猜想吗？

生1：A加上B的和再除以C，等于A除以C加上B除以C。

生2：我觉得这个猜想是把乘法分配律变成了除法分配律。

师：现在的问题是除法有分配律吗？或者说，这是一个偶然的巧合还是一个必然的规律,怎么办?

生:(齐)多试一把。

6.验证除法分配律

师:再多试一把,就要尽可能多地举几个例子。

(学生开始演算,教师巡视,记录例子,再组织前后桌四个人交流)

师:我请两位同学到前面交流一下,有请小轩。

小轩:我首先举一个例子,300加上25的和除以25,也就等于300除以25加上25除以25,300除以25等于12,25除以25等于1,12加上1等于13,然后我列一个竖式直接计算,答案也是13。

师:好,我们看明白了!你举了4个例子,结论呢?

小轩:我的结论是这个类似除法分配律的猜想是成立的。

(全班热烈地鼓掌)

师:有请小宗。

小宗:大家请看,我分别用整数、小数和分数来举例,这样就足以证明这个猜想是对的。100加10的和除以10,也就等于100除以10加上10除以10,100除以10等于10,10除以10等于1,10加上1等于11。大家知道,110除以10等于11,所以整数的就已经证明了。大家再来看小数,25.2加上4.8的和除以0.2,就等于25.2除以0.2再加上4.8除以0.2,也就是126加上24,结果是150。30除以0.2也等于150。再看分数,$\frac{3}{4}$加上$\frac{1}{4}$的和除以$\frac{1}{5}$,就是$\frac{3}{4}$除以$\frac{1}{5}$再加上$\frac{1}{4}$除以$\frac{1}{5}$,等于$\frac{15}{4}$再加上$\frac{5}{4}$,等于5。1除以$\frac{1}{5}$也等于5。所以,我说这些足够证明猜想是对的。

(学生们给予热烈的掌声,不少学生是把手举在头上拍的。又有几个学生高举小手,请求展示)

生:开始时的几个算式跟大家的是一样的,这个算式有点儿不一样——

(放大展示下面的算式)

$$200 \div 5$$
$$=100 \div 5+50 \div 5+50 \div 5$$
$$=20+10+10$$
$$=40$$

生：就是把200分成了3个部分，将它们分别除以5，加起来也等于200除以5。然后我就想到了200除以5应该等于200乘以$\frac{1}{5}$，也可以按照乘法分配律去做。

师：没有掌声？（全班热烈地鼓掌）太棒了！刚才三位同学的交流太精彩了。第一位同学，（展示第一位同学的作品）举了4个例子，每个例子都有计算步骤，旁边还有一个验证的竖式。这样的比较很有说服力。（再展示第二位同学的作品）比较一下，你更加喜欢哪个？

生：（齐）第二个。

师：为什么呢？

生：因为第二个同学的例子可以分为不同的种类，有小数方面、分数方面、整数方面，第一位同学只举了整数方面的例子。

师：（展示第三位同学的作品）这位同学拓展到三个数了，不但有两个数的和的例子，还有三个数的和的例子。为我们拥有这样一个优秀的团队而鼓掌。（学生热烈鼓掌）

有没有人找到无法验证除法有分配律的例子？

（没有学生回应。不一会儿，有学生忽然想到质数，因此教师建议找一个质数试一下，全班仍未找到一个反例）

师：现在我们是不是能得出一个结论，除法是有分配律的？我们举的很多例子都验证了。想想前面的"精彩两分钟"——

生：（齐）哥德巴赫猜想。

师：是不是有很多例子都能证明猜想是对的，就能够得出这个结论呢？

生：不是。

师：我们找不到反例，不一定就没有反例，是不是？有一个数学家已经找了一亿多个例子证明哥德巴赫猜想，都无法判断这个猜想是正确的。刚才我们举了例子，现在能不能讲讲道理？用生活中的事例来讲道理。

生1：我是用方程证明的。（投影如图7.3）

$$设 x=（a+b+c+d）$$
$$x \div y$$
$$=（a+b+c+d）\div y$$
$$=（a+b+c+d）\times \frac{1}{y}$$
$$= a \times \frac{1}{y} + b \times \frac{1}{y} + c \times \frac{1}{y} + d \times \frac{1}{y}$$
$$= a \div y + b \div y + c \div y + d \div y$$

▶ 图7.3

生2：我看明白了。除以一个数等于乘以这个数的倒数，乘法是有分配律的，乘以一个分数等于除以那个分数的倒数，因此证明了除法有分配律。

（用方程证明的学生一脸灿烂，连声说"谢谢！"）

师：除了说"谢谢"，你还可以说"你是我的知音"。（全班笑）都明白了吗？

生：我首先肯定他的方法是正确的，但我觉得他直接写（a+b+c+d）÷y就可以了。

师：我同意你的建议。我们讲道理时，可以把两个数的和除以一个数转换成乘以这个数的倒数，这样就能用乘法分配律了，就能用原来的知识解决现在的问题了。

我们还可以用生活中的事例讲道理。看到"除法"是不是让我们想到"分东西"呢？

生：比如，要把525个苹果平均分成25份，可以先把500个苹果平均分成25份，再把25个苹果平均分成25份。

7. 巩固激疑

师：现在这么一说，是不是觉得除法真的有分配律？（学生点头称是）用上我们发现的规律，口头回答计算过程。（课件逐题呈现）

（学生用发现的规律做了几道题）

$$（1300+26）÷13=1300÷13+26÷13=100+2=102$$
$$（720+8）÷8=720÷8+8÷8=90+1=91$$
$$150÷（15+15）=150÷15+150÷15=10+10=20$$

（回答前两题时大家异口同声，到第三题时有不同的声音了）

师：这道题等于多少？

部分学生：5。

师：等于5还是20？

生：（齐）5。

师：现在发现问题了，刚才咱们说除法有分配律，现在怎么没有了呢？它们之间的不同点在哪儿？我们刚才举例子的时候怎么没有考虑到这种情况呢？请举3个例子验证"一个数除以两个数的和"的情况。

（学生们都在埋头举例）

师：还真找3个例子啊？

生：（醒悟过来了）有一个不成立的例子就足够说明了。

师：（板书：正例——？反例——！）举100个正例，也不能肯定；举1个反例，就可以否定。

如果开始举例时我们就考虑到这种类型，举的例子就会更有代表性。不过也好，它让我们学会从错误中学习，并且有差错的故事更让人难忘。

（学生们开心地笑了）

8. 验证教师的猜想

师：我有一个猜想："所有在场听课的老师都是北京人。"请同学们帮我验证。你想做些什么？

生1：一个一个去问。

生2：请是北京人的老师举手。

生3：请不是北京人的老师举手。

师：你觉得哪个方法好？（大家都赞同第三个）这就是反例的力量。所以，数学家们常常喜欢找反例。

四、全课总结

师：（指板书）回顾这两份作业，回想这一节课，你有什么收获呢？

生1：我懂得了猜想之后要验证，验证时可以举例子，也可以讲道理。

生2：我还知道了做数学题时要多做一些猜想，然后再去验证。这是很有趣的事情。

生3：我知道了我要学会猜想，不会猜想的话，就永远不会有发现。

师：（课件呈现）我想跟大家分享一下钱学森的话："所谓优秀学生就是要有创新。没有创新，死记硬背，考试成绩再好也不是优秀学生。"

创新来自猜想，要创新就要敢猜想，有猜想就会有差错。这节课，让我们感悟到猜想之后——

生：（齐）要验证。

师：（偷着乐）大学问。下课了。

（课堂实录由北京第二实验小学刘伟男老师整理）

课后明辨

应该说，课前提出的教学目标已经较好地实现了。已经到下课时间了，学生还是欲罢不能，不肯离开，问这问那，这说明这节课很好地激发起了学生对猜想的兴趣。这节课让我惊讶——猜想的力量是无穷的，它可以撞开思维之锁。

感谢学生的灵动，感谢学生的心心相印！

已经拖堂了，我和学生都还有好多话没有说出口，时间都去哪儿啦？一节课40分钟，究竟能承载多少思考？现有教学内容的结构是一乘一除、一对一错、一正一反，完美的结构能支撑起完美的课堂吗？很难，很难！因为这是从结构出发的，这是教师的一厢情愿，而不是基于学生的实际情况。再者，我们应该追求完美的课堂吗？追求美妙的课堂，可能效果会更好。《道德经》中说

"大成若缺"。断臂的维纳斯不完美,但是很美妙。能接受和欣赏残缺之美,我们在课堂上才会更自在和圆满。G.波利亚不是已经说了嘛,"尽早建立猜想,慢些承认它们"。怎么慢?多举例是慢,细思量是慢,不毕其功于一"课",不奢望一节课就让学生充分地承认、十分地信服也是慢……

/ 名家点评 /

从证伪到证实:还原数学课堂教学的完整过程
——对"猜想之后"课例的点评

喻平(南京师范大学)

每次阅读华应龙老师的课例,总感觉立意独具匠心,新意扑面而来。

"猜想之后"本来是一堂作业讲评课,但是,经过精巧的设计之后,变成了一堂别开生面的思维训练课,一堂富有创意的数学探究课,一堂还原数学课堂教学完整过程的课。下面,我想说一下自己对这堂课的观感。

一、教学思想:证伪与证实的融合

长期以来,课程与教学的理论追求与现实实践都把"证实—求证"作为指导思想、基本理念或教学模式。在课程设计和教学操作中,对知识的顶礼膜拜导致学生只能无条件接受知识,而不能以"参与者"的身份对知识持有评介或批评的态度介入学习;对"证实"的过分追求使得由证伪到证实从而达到求是的逻辑被切割为单纯由证实到求是的逻辑。这忽略了人类对知识的认知过程,而只要求学习者接纳和吸收知识认知结果,固化了学生的思维模式,"求是"演变为"认同是"。只有证实而无证伪的课,是一种结构残缺的课。

本节课的设计,是对上述做法的一种反判。

首先,华老师把猜想引入课堂。华老师举了一个具体的例子:25.3×4.2=25×

4+0.3×0.2=100+0.06=100.06。

学生由此提出猜想:"两个数的乘积等于两个数的整数部分的乘积加上小数部分的乘积。"不管猜想是对是错,让学生大胆猜想本身就是目的,这种做法突破了让学生无条件接受结论的传统教学理念,不仅对学生的认识信念是一种改造,而且有利于培养学生敢于质疑的精神。

其次,华老师把证伪融入课堂。学生用竖式计算来验证这个猜想,发现猜想不成立。一个猜想只要存在一个反例,整个猜想就不成立,这就是证伪的思想。作为一种思维方式,证伪在真理探求过程中起着举足轻重的作用,甚至是真理探求过程不可逾越的路径。华老师安排的这一环节,是教学设计中的一个亮点。

最后,证实自然介入。证伪之后必然是证实,本节课并没有证实猜想,因为猜想已经被推翻,而要证实的是式子"25.3×4.2=25×4+0.3×0.2=100+0.06=100.06"不能成立的原因。华老师从两个方面切入,一是从竖式的算理找原因,二是通过几何图形的面积计算找原因,使学生在明理中体会,在直观中启思。

三个环节,还原了数学课堂教学的完整过程。

二、教学目标:多维性与层次性并重

课堂教学目标应具有多维性和层次性。多维性是指教学目标不能单一化,《义务教育数学课程标准(2011年版)》中提出了三维目标,要求的就是教学目标应具有多维性。在三维目标下数学教学还可分解为更细的目标,这使得目标的多维性更具操作性。层次性是指教学目标的设计要有层次,由低到高,层层递进。没有层次的教学目标必然是单一的目标,缺乏活性与美感。更重要的是,依照没有层次的教学目标,教师难以达到培养学生数学核心素养的目的,而这正是最高层面的目标。本节课的教学目标充分体现了多维性与层次性并重的旨趣。

从目标的多维性来看,让学生理解除法没有分配律,这是基础知识目标;让学生猜想、证伪,这是过程与方法目标;从哥德巴赫猜想入手,结合现实生活分析问题,体现了数学的理性精神和应用价值,这是情感、态度、价值观目标；在猜想、证伪、证实的过程中，培养了学生质疑、批判的态度和信念，同时又训练了学生的数学思维，这是培养学生数学核心素养的目标。因此，本节课的目标多维性设计得十分到位。

本课主要围绕两个问题展开。第一个问题是由算式"25.3×4.2=25×4+0.3×0.2=100+0.06=100.06"引发学生辨析、猜想、证伪、证实；第二个问题从"（638-113）÷25=525÷25=500÷25+25÷25=20+1=21"开始，到"150÷(15+15)=150÷15+150÷15=10+10=20"结束，使学生理解了除法的分配律不能成立的理由。这两个题目的安排本身体现了两个层次的教学目标，前者使学生明白了两个数的乘积不能够分解为整数与整数相乘再加上小数与小数相乘的道理，后者使学生理解了更具一般性的结论：除法不具分配律。同时，在每道题目的探究过程中，教师采用的都是从特殊情形到一般结论的剖析思路，本身也是思维的不同层次的递进。大层次套小层次，给人以远眺层层梯田时的美感。

多维性与层次性并重的教学目标，丰富了数学课堂教学的完整过程。

三、教学方法：从科学的设计到艺术的操作

本课在教学方法上还有以下几个特点。

1. 渗透知识建构思想

建构主义认为，知识不能由教师灌输给学习者，而应由学习者自己去认识知识、理解知识、建构知识，这个过程包括学习者个人建构和相互讨论、交流等。如果本节课的设计思路是事先结出两个结论（①两个数的乘积不等于两个数的整数部分的乘积加上小数部分的乘积；②除法对分配律不能成立），然后再去说明或证实这两个结论，那这样的设计就不是让学生建构知识，而是教师给出结论并证实，学生就是一种无参与的接受。但事实上，本课的设计是反过来的，教师要学生通过探究去获得上述结论，学生是在亲身感受、体悟的基础上获取知识的，这就是建构。

2. 注重引导学生探究

在整个教学过程中，华老师扮演的都是一个辅助者角色，教学是围绕学生的活动展开的。探究的一种基本形式是教师给出材料，学生针对问题开展探究。对学生而言，这是一种"有明确起点却没有终点目标"的任务，他们需要寻找解决问题的方法或者探索问题的结论。本节课就是采用了这种做法，教师分别给出两个问题，同时给出明确的任务：辨析对错。不同的是，第一个问题是由错误的结论引导学生得到一个错误的猜想，目的是让学生证伪，然后分析错误因素；第二个问题是从正确的结论出发，尔后插入反例，目的还是从证伪到证实。而整节课自始至终都是学生在探究，教师的工作是搭建学生建构知识的脚手架。

3. 设置恰当的先行组织者

奥苏贝尔认为，先行组织者是先于学习任务呈现的一种引导性材料，它要比原学习任务具有更高的抽象、概括和包容水平，并且能清晰地与认知结构中原有的观念和新的学习任务关联。先行组织者有两个功能，一是帮助学生理解新学习内容，因为先行组织者构成了一种可迁移的原材料，会对新学习的材料产生迁移作用；二是可以激发学生的学习兴趣，帮助学生将注意力集中在教学目标上。先行组织者的设计，往往会影响一堂课的整体效果。本节课课始组织了"精彩两分钟"，以学生对话的形式对哥德巴赫猜想做了简要介绍，华老师再以小结的形式归纳，明确了本节课的主旨。由哥德巴赫猜想很容易迁移到后面的课题讨论中去，使学生产生猜想的意向。同时，陈景润的科学钻研精神和对真理的执着追求又会激发学生的学习热情。这样的教学设计充分发挥了先行组织者的两个功能。

4. 精妙的提问艺术

摘录课中的一些提问："看了这份作业，你有什么想法？你怎么评价？""看了这个算式，你最好奇的是哪一步？""我们从这儿是不是可以看出他有一个猜想？他的猜想是什么？能不能用自己的话说出来？""不但错了，而且还算小了。我很好奇，他当时是怎么想的？""现在的问题是除法有分配律吗？或者说，这是一个偶然的巧合还是一个必然的规律，怎么办？"

我们一般把课堂提问分为管理性提问、识记性提问、推理性提问、启发性提问及反思性提问，其中，最后两种提问是最有效的。启发性提问是指教师用一系列启发性的语言提出引导学生思维走向的问题，或者为学生从这一步走向下一步提供一种暗示，为学生思考问题指出一个大概的方向。反思性提问是教师针对学生的思考过程或思考结果提出问题，挖掘学生深层次的思维过程。上面摘录的华老师在这节课的提问，都属于这两种提问方式，提问的目的在于诱导学生的思维走向，挖掘学生的所思所想，激发学生的智力参与，调动学生的好奇心。

科学的设计，夯实了完整课堂教学的基础；艺术的操作，美化了完整课堂教学的环境。

四、课程资源：从内隐到外显的巧妙转型

将内隐资源转化为外显资源是本节课的又一亮点。

1. 化错例为有用的课程资源

把差错作为一种教学资源，是华老师在数学教学中的一个创造性工作。更进一步说，差错应当是一种课程资源，是一种隐性的课程资源——潜藏于知识中的资源。化错教学的要义在于，在教学过程中随机融入，自然生成，而不是事先刻意安排；敏锐地发现差错背后的意义，揭示其内在的矛盾、张力，巧妙彰显其积极意义，而不是简单地否定学生的错误；充分挖掘并利用差错的多方面价值，培养学生直面错误、超越错误的求真人格，将教学活动引向心灵深处，而不仅仅是促进学生认知上的发展。显然，华老师的"差错"资源是一种隐性课程资源，它有着其他课程资源无法替代的功能。本节课就是从学生作业中的错误引发出来的，华老师用一个看似无用的材料设计了一堂意味深长的探究课，体现出扎实的课程资源开发能力。

2. 充分揭示数学思想方法

数学思想方法是数学文化的重要元素，也是一种隐性的课程资源。概括地说，本节课揭示的数学思想方法包括：从猜想到证明，从证伪到证实，从数的问题到形的解析，从特殊情形到一般结论。

把内隐课程资源转化为外显课程资源，充实了数学课堂教学。

设计一堂课不容易，设计一堂好课更不容易。我不赞同所谓"追求教学的科学化，追求科学化的教学模式"，我认为应当以科学的方法、科学的态度进行教学，应根据学生的实际情况灵活地教学，这样才能创生出好课。华应龙老师做的就是这种工作。

始于"猜想"，达于"素养"
—— 读"猜想之后"课例有感

张景斌（首都师范大学）

我正在读华应龙老师的"错误有时是创造的开始 —— 以作业讲评课'猜想之后'为例"，有电话打进来，我没有接，怕电话中断我的思绪，让我从生动的课堂场景中走出来。一口气读完，感受颇多，愿写出来与读者分享。

一、猜与想、情与理的巧妙结合：数学教育返璞归真

华应龙老师的这堂课是围绕一位学生作业中的猜想展开的。谈到猜想，我想到了德国著名数学家希尔伯特 1900 年在第二届国际数学家大会上提出的 23 个数学问题，这些数学问题成为一百多年来推动数学发展的重要动力。这些问题（或曰猜想），有些已经解决，有些在一定条件下获得解决，有些在寻求解决的过程中发展出了新的数学分支，有些还在探索之中。回顾数学的发展历史，猜想是数学发现与发展的重要渠道。数学家兼教育学家 G. 波利亚也向数学教师发出了"让我们教猜想吧"的呼吁。然而，在我国的数学教育中，真正

尝试着"教猜想"的教学实践少之又少。是因为升学考试的压力过大？是因为老师们认为数学教学就是教给学生结论明确的数学知识（因而无须问明知识的来龙去脉）？还是因为"教猜想"比"教知识"更难以驾驭而畏于尝试？华老师的这节课让我们有了许多感触。

面对同伴的第一个猜想（25.3×4.2=25×4+0.3×0.2=100+0.06=100.06），学生首先要理解这个猜想说明的是什么问题；其次，学生要通过动手演算、动脑思考、相互交流（其中不乏教师的引导），初步判断猜想的正误；最后，学生在得出猜想为伪的结论后，在教师的启发下进一步从竖式运算和长方形面积、几何图形的不同视角分析了"这样一个猜想为什么是错误的"。

对学生的另一个"猜想"[（638-113）÷25=525÷25=500÷25+25÷25=20+1=21]的讨论，将本课推向了高潮。通过多方举例验证，抽象表达"（a+b+c+d）÷y"，学生悟出"除以一个数等于乘以这个数的倒数，乘法是有分配律的，乘以一个分数等于除以那个分数的倒数，因此证明了除法有分配律"。在学生确认此结论为真后，教师给出的题目[150÷（15+15）=150÷15+150÷15=10+10=20]再次让学生陷入思考中。华老师深知，举出一个反例来证明结论的错误，学生是有经验的，也容易理解；而举出很多正确的例子却未必能证明结论的正确性，学生则比较难以理解。

在这节课上，学生既经历了猜想的证明——讲道理，也经历了猜想的证伪——举反例，明白了在面对猜想时该如何思、如何做。显然，华老师的教学重点并不是让学生明白除法对加法是否满足分配律，而是要培养学生面对猜想时应该具有的科学态度，让学生初步学习证明猜想成立与否的科学方法，培养学生理性对待猜想的思维方式。华老师将猜与想、情与理巧妙结合，实现了数学教育的返璞归真。

二、如何对待学生学习中的差错：教师教育哲学的直接反映

这节课还让学生体悟到如何看待学习中的错误。以积极的态度对待学习中的错误，"错误有时是创造的开始"；以消极的态度对待错误，错误就可能成为丧失学习信心的导火索。教师如何对待学生学习过程中的差错，取决于教师的

教育哲学。"25.3×4.2=（25+0.3）×（4+0.2）=25×4+0.3×0.2"，相当多的教师会将其看作"25.3+4.2=（25+0.3）+（4+0.2）=（25+4）+（0.3+0.2）"的负迁移而简单地予以纠正，而华老师却说"我们从这儿可以看出他有一个猜想"。学生作业中错误的猜想引发了全班学生的思考与探究。华老师更适时点拨："看到这份作业，我很欣赏！因为这位同学能够边计算边观察数的特点，思考简便的算法，让呆板的计算散发出了思想的光芒。这个作业，错得真好，它让我们明白了一个道理：既然是猜，就有可能对，也有可能错"。

包容学生在学习过程中的差错，将学生的差错融入启发式的教学情境中，使其成为鲜活的教学资源，华老师是这样想的，也是这样做的。认识华老师的人都应该知晓"化错教育"。读这篇课例时，我仿佛置身于华老师的教学现场，惊讶于华老师能够捕捉到学生在现场出现的哪怕是十分微小的差错，并自然、恰当地将其融入对学生的引导中，有感于华老师的教育智慧。"学习其实很简单，就是猜，猜错了再猜"，关键的问题是，"教师在学生猜想之后应该做些什么"，"看待学生的思维成果时，不要着眼于对还是不对，而应着眼于有价值还是没有价值"。有价值的思维成果一定有益于学生良好思维品质的养成。这就是华老师对学生学习的信念！

三、丰富的情境、精彩的对话：教的意识的体现

课始，学生有关哥德巴赫猜想的精彩演讲十分贴近这节课的主题，揭开了这节课的序幕；课中，培养学生对"猜想"应有的态度和对"验证"的探索，对"卖葱的故事"恰到好处的点拨，都体现了这节课设计的细致和教师对教学实践的有效把握。的确，教学有规律可循，它是一门科学；同时，教学实践的整体性、情境性、唯一性，决定了它也是一门与人交往的艺术。一位优秀的教师不仅要对学科专业有深刻的领悟与把握，还需要有教的意识、教的艺术。

华老师与学生间亲切自然、富有思想启发性的对话贯穿于课堂教学始终，这是华老师教的意识与教的艺术的完美体现。华老师的许多话语都使本节课更加生动鲜活，充满教育意义。

——"孩子们，这个'精彩两分钟'确实很精彩，我感觉同学们不但知道

哥德巴赫猜想，而且真的有一点儿懂。"既表扬了演讲的同学，又鼓励了全班同学。

——"看了这份作业，你有什么想法？你怎么评价？""看了这个算式，你最好奇的是哪一步？""两个人的回答，你认为谁的更好？""第二位同学的回答比第一位同学的回答好在哪儿？""很多同学都算完了，你发现了什么？""我很好奇，他当时是怎么想的？"华老师不是简单地给予学生知识，而是引导学生提出问题、学习探究、学会思考、学会学习。

——"我很赞同大家的观点。看到这份作业，我很欣赏！""真好，我真佩服五年级（8）班的同学！""太棒了！刚才三位同学的交流太精彩了。""为我们拥有这样一个优秀的团队而鼓掌。""除了说'谢谢'，你还可以说'你是我的知音'。"教师永远不要吝啬鼓励的话语，教师的鼓励和欣赏，会成为学生一生奋斗的动力。

课尾，华老师有这样一段话："创新来自猜想，要创新就要敢猜想，有猜想就会有差错。这节课，让我们感悟到猜想之后——"学生齐答"要验证"。当然，在我看来，这节课让学生感悟到的不仅仅是"猜想之后要验证"，还有"我要学会猜想"。具体的猜想只是教学活动的载体，而整节课的活动都指向了提升学生必须具有的素养。

G.波利亚的"让我们教猜想吧"的呼吁已经成为脍炙人口的名言，但并非每一位数学教育工作者都深明其理，身体力行。读华应龙老师的这篇课例，对为什么教猜想、如何教猜想，可悟之、明之。

8. 单位，让分数更好玩
—— 以"分数的再认识"为例

教学内容

北师大版五年级上册"分数的再认识"。

课前慎思

一、要不要讲单位1？

在三年级初步认识分数之后，不同版本的教材都会在五年级再次安排学习分数的相关内容。新世纪版小学数学五年级上册教材第34—36页有"分数的再认识"；人教版小学数学五年级下册第46—48页有"分数的意义"；苏教版小学数学五年级下册第52—82页有"分数的意义和性质"。在西南师大版、青岛版、冀教版的五年级下册小学数学教材中也都安排了"分数的意义"这一学习内容。

除新世纪版教材外，其他版本的教材表述都差不多："一个物体、一个计量单位或由许多物体组成的一个整体，都可以用自然数1来表示，通常我们把它叫做单位1。"

以前我们觉得单位1是一个重要的概念，1从表示数量上的"1个"到被看作"一个整体",发生了质的飞跃。这也应该是分数的意义或者分数的再认识要体现的重要内容。分数的初步认识是将一个物体平均分为若干份,而分数的再认识则是将一个整体平均分为若干份。如果不讲单位1,怎么体现出是分数的再认识?

分析起来好像就是这样的,但事实上,我们在教学分数问题时,常常让学生先去找单位1,这有助于学生解决分数问题。

不过,在一年级认识数字"1"的时候,是只讲一个萝卜是"1",不讲一筐萝卜是"1"吗?退一步说,若一年级老师没有讲,难道三年级学生看到三筐萝卜还不知道用"筐"来回答有多少萝卜,还要一个一个去数吗?一定要等到五年级老师讲了才明白?学生在三年级初步认识分数的时候,能不能根据小组内男女生人数,说出男生(女生)人数是小组人数的几分之几呢?是学生本来就不会这么做,还是我们压根儿就没有放手?

学生是天生的学习者,学习应该像呼吸一样自然。顺其自然学生就可以认识到的东西,我们为什么要人为地截成几段呢?是为了构建严密的学科课程体系,还是为了彰显教师的不可或缺?

教育是解放,不是压迫。

"分数的再认识"究竟应该认识什么?

单位1的概念究竟要不要揭示?1是重要的计数单位,是学生十分熟悉的。从本质上说,分数表示了两数相除的结果,使四则运算及法则畅行无阻;在生活中,分数主要也是表示部分与整体的关系。而学生对"总量"这个概念十分熟悉,也非常容易接受。现行教材中,用单位1的地方基本上都可以用"总量"来表达。2011年1月,张奠宙先生在《小学数学中若干科学性问题的探讨》一文中,在说到百分数问题时,列出的关系式就是"数量=总量×百分比"。

那么,若没有单位1这个概念,对学生后续的学习有没有影响呢?我专程请教了北京大学附属中学的张思明博士。他告诉我,初中、高中都没有这个概念,重要的是学生没有分数单位的思想,这一点妨碍了学生对有关分数问题的圆满解答。这样,我们就可以理解为什么询问大学生的时候,他们都不知道单位1这个概念了。

我们是否也应该思考:学生不能很好地解答分数问题,是不懂得单位1,

还是不明白分数的具体意义，不具有单位意识，没有分数思维？以前的先找单位1的解题步骤，表面上是找到了单位1，实质上是不是让学生回头再看看题目，去理解分数的意义？

我查找《辞海》，没有找到"单位1"这个词条，而"单位""单位制""单位能耗""单位吸水量""单位面积产量"等词条，让我深深感受到"单位"意识的重要。

我幡然醒悟：单位其实就是"1"。教材上的那句话因此可以改为——"一个物体""由许多物体组成的一个整体"都可以用自然数1来表示，都可以看作"一个计量单位"。

当然，教材上也可以不写这句话。只要设计出合适的问题情境让学生体验到，如果要用自然数1来表示"由许多物体组成的一个整体"，那么1的后面就要换上一个新的单位。比如，3只变成3筐，单位不同，数量就不一样。

看来，"单位"是重要的，"1"是重要的，"单位1"是不重要的。可以不讲"单位1"，但要着重讲"分数单位"。

二、怎样讲分数单位？

"把单位1平均分成若干份，表示这样一份或者几份的数，叫作分数。表示其中一份的数，叫作分数单位。"这是教材中对分数单位的表述。以往我们对分数单位的教学往往轻描淡写，一笔带过，满足于学生能够解答"一个分数的分数单位是什么，它有几个这样的分数单位"一类的填空题。

单位是计量事物的标准量。那么，如何加重分数单位的教学分量呢？什么样的题目可以承载？哪些环节可以"回眸一笑"？

在教学"分数的初步认识"时，我创造出了"大头儿子的难题"的情境，那么在教学"分数的再认识"时，是否可以"朝花夕拾"呢？

华罗庚先生曾经说过，数起源于数，量起源于量。通过度量，我们可以很好地将分数理解为分数单位的累积。怎样发展一下，才能更好地体现"有单位才有度量，才有沟通与交流"？从非标准单位到标准单位，反映了人类的进步与统一。如果我把这节课定位于在认识分数单位的基础上，认识分数的意义，那么，用领带度量沙发的长是不是比较合适的选择？

学生已经学过分数，这样的领带量沙发的问题情境是否缺乏难度？是否是从三楼退到二楼，再上四楼呢？可以说，遇到这样的问题，学生都知道要用分数表示，可是用什么分数呢？需要思量的是分母是多少，是 7 个 $\frac{1}{3}$，还是 7 个 $\frac{1}{8}$ 呢？既可以用上已学的知识——写一个分数，先要考虑分母和分子分别是多少，又提出了今天这节课需要解决的问题——7 个 $\frac{1}{8}$ 是多少。这是一个结合点，也是一个生长点。同时，一些孩子不知道将领带对折三次是将领带平均分成多少份，这个环节恰好揭示了解决这类问题的方法。"顺手一投枪"，一石三鸟，何乐而不为呢？

学生已经上五年级了，已经长大了，是否不再需要故事情境、不再喜欢动画表达了呢？我们记住的往往是故事，是画面，而不是条文。即使上了岁数，我们仍然喜欢听故事，何况他们还是儿童？儿童往往是生活在童话故事中的。

可能有人质疑：这个情境是人为编造的，我们在生活中不可能像这样用领带去量某个东西的长度。真是这样吗？没有尺子的时候，人们怎么测量？怎么描述长度？埃及人建造金字塔时法老的腕尺就是测量工具。买履的郑人把一根草绳当成尺子。

可能有人质疑：这个情境用时太长了吧？是的，播放这个动画费时 2 分 5 秒。那么，我们要思考：评价一个情境的优劣，是要考量它的思维含量和育人价值，还是要计量它的时间长短？我们为什么要急急忙忙地直奔知识目标，而不能让学生慢慢地欣赏、慢慢地长大？

过分强调数学的理性，是否会让我们的孩子不堪数学之重，妨碍其学习数学？选择"密位"，而弃用学生熟悉的"时分秒"，就是考虑到了这个问题。那么，会不会有老师认为没必要找这个我们老师都不懂的素材？选择电影《集结号》中的片段，完全是巧合。我在网上搜索"炮兵、目标、方向"，碰巧看到一条信息，说《集结号》中炮兵的说法非常专业。我的目的当然不是让学生掌握"密位"，而是借助这类学生感兴趣的陌生题材，激发学生的思考，让学生明白：第一，不同的需要产生不同的单位，我们可以根据需要创造单位，这样方便我们去数；第二，同一个整体，平均分的份数不同，单位就不同；第三，单位的背后往往有个分数。

三、分数的意义是什么？

我再思考：学生会背诵"把单位1平均分成若干份，表示这样一份或者几份的数，叫作分数"这句话，或者会依样画葫芦地说出和分数有关的一句话，这是否意味着学生理解并掌握了分数的意义？我们的教学是重在体会分数的意义，还是重在体会分数的概念？

"分数的再认识"的教学，当然是建立在"分数的初步认识"的基础上，那是否就该在原有的基础上有所加深？三年级"知其然"，五年级"知其所以然"，可能是我们应该追求的。

分数是相对于"1"的概念来说的。弗赖登塔尔说，分数是个代数概念。这一点，我们当然不用讲给学生听，但是否可以在游戏中渗透给学生呢？

从单位的角度来看，分数很好玩，很有智慧。既然分数这么好玩，为什么生活中很少看到分数呢？

一支铅笔的长是 8 厘米，并没有分数。原来，要先定义一个单位，比如"厘米"。什么是厘米？就是 $\frac{1}{100}$ 米。如果只以"米"作为单位，铅笔的长度我们只好说成 $\frac{8}{100}$ 米。看来生活中不是没有分数，而是单位把分数藏了起来，要看到分数，需要一双慧眼。

什么是分数？我们能否给学生一个简单而通俗的说法？2010 年 10 月 19 日午饭前我悟出的一句话"分数就是先分后数的数"，是否合适？是否自洽？

……

经过一段时间的思考，我确定的教学目标是：进一步认识分数，认识分数单位，感受到单位的价值，理解分数的意义，体会到数学好玩，更加喜欢数学。

课中笃行

一、用分数解决难题

师：认识他吗？他碰到了难题，你能帮助他解决吗？

（师播放动画《大头儿子的难题》）

旁白：天热了，小头爸爸到商场买凉席。到了卖凉席的柜台，他遇到麻烦了，于是给他的大头儿子打电话。

小头爸爸：儿子，我忘了量床的长度了，你找把尺子量一量床有多长。

大头儿子：好的。

旁白：大头儿子在家里找来找去，都没找到一把尺子，怎么办呢？（停顿）突然，大头儿子想到了一个好主意。

大头儿子：爸爸，你今天打领带了吗？

小头爸爸：打领带？哦，真是个聪明的大头，快量吧！

旁白：大头儿子拿来一根爸爸的领带。他用领带一量，嘿，巧啦，床正好是两个领带长。

大头儿子：爸爸，床是两个领带长。

小头爸爸：儿子真有办法！我知道了。儿子再量一下沙发的长度吧！

旁白：大头儿子再用这根领带去量沙发。沙发没有一根领带长，怎么办呢？

师：沙发没有一根领带长，怎么办呢？你有办法吗？

生：用分数来表示。

师：好主意！怎么用分数表示呢？继续听——

旁白：大头儿子把领带对折来量，结果沙发比对折后的领带长一些。大头儿子再想办法，他将领带再对折，量了三次，沙发比对折后的领带还是长一些。大头儿子把领带再对折，一量，巧了，沙发正好有7个这么长。大头儿子真高兴啊！可是，他再一次碰上难题了。

大头儿子：（自言自语）床是两根领带长，现在我怎么跟爸爸说沙发是多少根领带长呢？

师：把你的答案写在练习纸的背面。

（学生思考，教师巡视）

师：有什么困难吗？

生：对折几次？

师：对折3次。

（多数学生依然没有动手写答案，还在思索）

师：我已经说了对折3次，很多同学还在思考，思考什么呢？

生：那一节是多长呢？

师：把一根领带对折3次，是把这根领带的长度平均分成了几份呢？

（大部分学生说"3份"，有的说"6份"，有的说"4份"，还有的说"8份"）

师：现在我们也遇到了难题，你有什么办法解决吗？

生：华老师，能把您的领带借我用一下吗？

师：（一边解开领带一边说）好好好，如果没有领带呢？

生：我把这张纸对折3次，之后再数有多少个块儿。

师：不可思议，这么好的回答，怎么会没掌声呢？

（众生一起鼓掌）

师：是呀，很多人已经在尝试了。

（教室里安静了一会儿，立刻有人惊呼："8份！"其他学生也表示认同）

师：（满意地微笑）那沙发是多少根领带长呢？

生：沙发是 $\frac{7}{8}$ 根领带长。

（师板书：$\frac{7}{8}$）

师：还有不同答案吗？刚才我看到有同学写的是——（师板书：7个 $\frac{1}{8}$）同意不同意？

（有的学生同意，有的学生不同意）

师：为什么同意呢？

生：因为7个 $\frac{1}{8}$ 相加，分母不变，分子相加，还是 $\frac{7}{8}$。

师：也就是说，7个$\frac{1}{8}$就是$\frac{7}{8}$，所以两种回答都是对的。

二、学生提出问题

师：现在大头儿子的问题解决了。看来，同学们分数掌握得都挺棒的。（板书：分数）这节课我们进一步认识分数。关于"分数"，你还有什么问题呢？你觉得这节课要解决什么问题呢？

生1：除法。（师板书：分数与除法的关系？）

生2：我想知道有没有分子比分母大的分数。（师板书：分子＞分母？）

生3：为什么有真分数、假分数之分？（师板书：为什么真、假？）

生4：分数的意义是什么？（师板书：是什么？）

生5：分数是谁发明的？（师板书：谁发明的？）

师：你们的这些问题都很有意思，我们慢慢思考。

三、认识分数单位

师：如果我们要测量这间教室的长度，用什么做单位？（板书：单位）

生：（齐）米。

师：要量一支铅笔的长度，用什么做单位？

生：（齐）厘米。

师：要量一粒米的长度，用什么做单位？

生：（齐）毫米。

师：单位不同，选择的尺子就不一样。创造一把尺子，其实就是创造了一个新的单位。所以，大头儿子在家中没有找到尺子，就用领带创造了一个单位。刚才我们说，沙发是$\frac{7}{8}$根领带长，$\frac{7}{8}$里有7个$\frac{1}{8}$。这里，$\frac{1}{8}$就是一个单位。它很特别，是分数，所以叫分数单位。（板书：分数单位）

$\frac{7}{8}$的分数单位是什么？

8.单位，让分数更好玩   183

生：(齐) $\frac{1}{8}$。

师：下面这些分数的单位是什么呢？（课件出示——）

说一说下面每一个分数的分数单位是什么？

$\frac{1}{8}$、$\frac{3}{4}$、$\frac{4}{5}$、$\frac{3}{4}$、$\frac{3}{7}$、$\frac{5}{7}$

（学生依次说出分数单位，教师板书：$\frac{1}{8}$ $\frac{1}{4}$ $\frac{1}{5}$ $\frac{1}{4}$ $\frac{1}{7}$）

师：刚刚同学们在说分数单位的时候有一两个不同的声音，这没关系，因为我们是在学习，是猜的。现在我们看，分数单位有什么特点？

生：分母不变，把分子变成1。

师：很多人观察分数单位的特点时会说"分子是1"，但是会忽略分母。而我们这位同学把分子、分母都说了，概括得特别好，应该给她掌声！

（全班一起鼓掌）

四、体会单位的价值

师：请回头来看，把一根领带对折一次，就创造了一个什么样的分数单位？

生：$\frac{1}{2}$。

师：对折两次呢？

生：$\frac{1}{4}$。

师：既然$\frac{1}{2}$和$\frac{1}{4}$也是分数单位，那么大头儿子量沙发长度的时候为什么不用这两个单位来量，而用$\frac{1}{8}$来量呢？（分别展示用$\frac{1}{2}$、$\frac{1}{4}$、$\frac{1}{8}$量沙发的画面）

生：因为如果用$\frac{1}{2}$做单位的话，沙发就会缺一段儿；如果用$\frac{1}{4}$做单位的话，沙发还是会缺一段儿。只有用$\frac{1}{8}$做单位量沙发才正好。

师：用 $\frac{1}{8}$ 做单位的时候刚刚好数，刚好有几个？

生：（齐）7个。

师：用 $\frac{1}{2}$ 做单位呢？

生：一个多点儿。

师：用 $\frac{1}{4}$ 做单位呢？

生：三个多点儿。

师：看来，用 $\frac{1}{2}$ 和 $\frac{1}{4}$ 做单位不能正好数出来，而用 $\frac{1}{8}$ 做单位，刚好可以数出来。由此看来，我们可以根据需要创造合适的单位。

孩子们，炮兵创造的单位，可以帮助我们加深这一认识。炮兵为了精确描述打击目标的角度，创造了一个单位——

众生：度。

师：（板书：度）对，上学期我们学过，表示角的大小时用"度"做单位。"度"是怎么规定的呢？

（几个学生异口同声地说："把一个圆周平均分成360份，一份就是1度。"）

师：（频频点头，出示一个圆周平均分成360份的图）看来"度"的背后有一个分数——

生：（齐）$\frac{1}{360}$。

师：（在刚刚出示的图上画一个6度的角）那这个角是多少度呢？

（学生表示看不清楚）

师：我们可以来数一数，1、2、3、4、5、6。这个角有多大？

生：$\frac{6}{360}$。

师：说得真好，是一个圆周的 $\frac{6}{360}$，用我们前面学的"度"做单位就是——

生：6度。

师：6度背后有个分数是？

生：（齐）$\frac{6}{360}$。

师：可是，炮兵创造的单位不是"度"，请看电影《集结号》中的片段。（播放视频，字幕显示炮兵指挥的口令）炮兵创造的是什么单位？

生：标尺。

师：（微笑着摇头）标尺不是表示角度的。"向右 0—75，向左 0—03"，这里用上了他们创造的一个单位，叫"密位"。

生：密位？

师：（神秘地）密位是怎么规定的呢？

生：不知道。

师：（出示：$\frac{1}{6000}$）想一想：密位是怎么规定的？

（学生独立思考，之后四人小组交流）

生：把一个圆周平均分成 6000 份，其中的一份就是 1 密位。

（学生自发地点头、鼓掌）

师：（再出示：1 密位 = $\frac{6}{100}$ 度）这个 $\frac{6}{100}$ 度是什么意思呢？

（学生开始自发地讨论）

生：把 1 度平均分成 100 份，取其中的 6 份就是 1 密位。

师：你发现密位和度相比，怎么样？

生 1：密位更密。

（全班学生都会心地笑了）

生 2：很密很密。

师：我们前面学习角的时候，已经感觉到 1 度是很小很小的单位了，现在我们知道还有比它更小的单位。为什么要有这么精密的单位呢？

生：（齐）更精确！

师：为什么要更精确呢？

生：因为离得很远，如果一开始差了一点儿，后面就要差好远了，所以才需要密位。

（其余学生频频点头）

师：有一个成语很好地表达了这个意思，有谁知道？

生：差之毫厘，谬以千里。

师：佩服，佩服！（出示：谬以毫厘，谬以千里）其实，还有一个原因，有了更精密的单位后，即使再微小的调整，也可以用整数表示。了解了密位后，你对单位有了什么新的认识？

生1：原来只知道1度已经很小很小了，现在又来一个密位，把1度分成100份，其中的6份就是1密位，也太小了。

生2：发现单位有好多奥秘，单位的背后有分数。

师：还有一点，单位都是根据需要创造出来的。

生：我发现根据需要能创造出很多单位。

师：是的，比如说重量，我们知道重量的单位有吨、千克、克、毫克等，这些单位都是根据需要创造出来的。

五、表示分数的意义

师：刚才我们从单位的角度进一步认识了分数，知道分数里有单位。分数的意义你掌握得怎么样呢？请拿出课前发的练习纸，想一想，圈一圈。（出示练习题）

下面的分数表示什么意思呢？

① 下面有一些五角星，请圈出它的 $\frac{4}{6}$（图略）。

② 下面有一些月饼，请圈出它的 $\frac{2}{3}$（图略）。

③ 下面有一些苹果，请圈出它的 $\frac{3}{4}$（图略）。

（学生独立练习）

师：完成的同学想一想，你是怎样表示出这个分数的？先干什么，再干什么？（待全班学生都完成了，老师组织学生讨论）先看第一题，圈了几个五角星？怎么圈的？

生：先数有几个五角星，然后再把它除以6，然后再数其中的4份。

师：把6个五角星平均分成6份，每份是几个？

生：1个。

师：1份就是？

生：$\frac{1}{6}$。

师：要表示$\frac{4}{6}$呢？

生：（齐）取出4个。

师：数出4个，4个$\frac{1}{6}$就是$\frac{4}{6}$。圈的五角星为什么一会儿用4表示，一会儿用$\frac{4}{6}$表示呢？

生1：用4表示是说要圈出4个五角星，用$\frac{4}{6}$表示6个五角星里圈出4个五角星来。

生2：圈出4个是按照个体来想的，就是4个。$\frac{4}{6}$是把这6个看作一个整体，圈出的五角星就占其中的$\frac{4}{6}$。

师：回答得真棒！第二题，圈了几个月饼？

生：6个。

师：有没有不同意见？怎么圈的？

生：先把月饼平均分成3份，取其中的2份。

师：第三题，圈了几个苹果？

生：12个！

生：（齐）错了，9个。

（不少学生虽然有些疑惑，但仍坚持说："12个。"）

师：谁来讲讲为什么圈12个？

生1：题目要求是圈出$\frac{3}{4}$，可以把16个苹果平均分成4份，然后取出其中的3份。因此我认为要圈12个。

（这时，认为应圈12个的学生理直气壮，认为应圈9个的学生也不甘示弱。有几个学生伸长了脖子，去看别人的练习纸）

生2：老师，苹果的总数不一样。

（众生惊呼上当，看着老师笑）

师：哈哈哈，华老师有意和大家开了个玩笑。发的练习纸是不一样的，最后一题不一样。

（学生微笑着，脸上的表情分明在说："老师，您真坏！"）

师：笑过之后，你有什么收获？

（学生前后4人小组交流）

生1：答题时要先看分母，它表示分成几份；再看分子，它表示拿出其中的几份。

生2：我明白了，若分数相同，但整体不同，圈出来的结果也不同。

（众生鼓掌）

生3：做事要有自己的原则，不能跟着别人跑。

生4：只要自己认真思考过了，就要敢于坚持。

师：说得多好！华老师还想和大家分享一句话：与自己不同的想法不一定是错的，要站到对方的角度看一看、想一想。

咦，整体不同，圈出的结果也不同，怎么都表示$\frac{3}{4}$呢？

生：虽然整体不同，圈出的结果也不同，但因为都是平均分成4份，取了3份，所以都是用$\frac{3}{4}$来表示。

师：（满意地微笑着）下面这道题是我做梦时想到的，看看我们班上哪位同学和大头一样聪明？（课件出示——）

猪八戒吃一个西瓜的$\frac{6}{7}$用了1分钟，他吃完这个西瓜还要用多长时间？

（学生思考）

生1：他吃完西瓜还需要10秒钟。把西瓜平均分成7份，吃了其中的6份用了1分钟，还剩1份……

生2：他吃$\frac{6}{7}$个西瓜用了1分钟，可以想象一下，他吃了6瓣西瓜用了1分钟，1分钟有60秒，用60秒除以6，所以他还需要10秒钟吃完。

生3：把 $\frac{6}{7}$ 想成6个 $\frac{1}{7}$，还有1个 $\frac{1}{7}$。6个 $\frac{1}{7}$ 用60秒，1个 $\frac{1}{7}$ 就是10秒。

师：如果不说10秒，直接用"分"表示，怎么想？

生：$\frac{1}{7}$。

生：（齐）$\frac{1}{6}$。

师：吃6个 $\frac{1}{7}$ 用了1分钟，吃1个 $\frac{1}{7}$ 就是 $\frac{1}{6}$ 分钟。看来，同学们都学得非常棒，都和大头一样聪明！（学生们微笑）最后奖励大家一个故事：算算池塘里有多少桶水？（多媒体播放故事）

有个国王在大臣们的陪同下在御花园里散步。国王看看前面的水池，忽然心血来潮，问身边的大臣："这水池里共有多少桶水？"众臣一听，面面相觑，全都答不上来。国王下旨："给你们三天时间考虑，回答出来重赏，回答不出来重罚！"

大臣们用桶量来量去，怎么也量不出一个确切的数据。三天时间到了，大臣们仍一筹莫展。就在此时，一个小孩儿走向宫殿，声称自己知道池塘里有多少桶水。国王命令那些战战兢兢的大臣带小孩儿去看池塘。小孩却笑道："不用看了，这个问题太容易了！"国王乐了："哦，那你就说说吧。"

师：（环顾全班，暂停播放）有没有人能说一说？

（一生举手，说："如果桶和水池一样大，那池塘里就是一桶水；如果桶是水池的 $\frac{1}{2}$ 大，那池塘里就是两桶水；以此类推。"）

（有的学生微笑着等待，有的学生似乎恍然大悟，有的学生仍一脸困惑）

（老师不加判断，继续播放故事）

小孩儿眨了眨眼，说："这要看用什么样的桶来量。如果桶和水池一样大，那池塘里就是一桶水；如果桶只有水池的一半大，那池塘里就有两桶水；如果桶只有水池的三分之一大，那池塘里就有三桶水；如果……""行了，完全正确！"国王重赏了这个小孩儿。

师：我们是不是也应该奖赏刚才就想明白了的同学？

（教室里响起了热烈的掌声）

师：为什么大臣们都没想到呢？

生：大臣是正向思维，小孩儿是逆向思维。大臣死抠那个桶，没往桶多大那里想，而小孩儿转变了思维方式，他想到桶有多大。

师：那个桶其实就是个单位，创造出一个单位，就好数了。

生：大臣们只注意到了池塘里有多少水，小孩儿却注意到了桶有多大，所以，大人想不出来，小孩儿想出来了。

师：池塘里有多少桶水，取决于用多大的桶做单位。

六、总结照应

师：今天这节课真的很有意思！我们从大头儿子的难题开始讨论分数的意义。现在，（指着板书"是什么？"）静下心来想一想：分数是什么呢？

生1：把一个物体平均分成几份，表示这样的一份或几份的数叫分数。

（众生点头表示认同）

生2：分数就是用自然数和小数表示不出来的数。

生3：分数是把一个数平均分成几份。

师：是啊，简单地说，分数就是先分后数的数。（学生们会心地笑了，老师在课题"分数"中间加箭头，成了"分→数"）

（指着板书"怎么做？"）怎么做出一个分数呢？

（众生笑着说："先分，后数。"）

师：对，先分，分之后就确定了分母，就创造出了一个单位。现在你们明白了三年级初步认识分数时老师为什么要强调"平均分"了吗？（停顿）如果不平均分，谁来做单位呢？（学生们点点头）然后再数，数有多少个单位，也就是确定分子。

（指着板书"为什么？"）那为什么要有分数？

生：分数可以表示自然数表示不出来的数。

师：简单地说，就是因为没法数了。分之后，就可以数了。最后，和大家分享华罗庚先生的一句话。他说："数起源于数，量起源于量。"数和量都离不开单位。从单位的角度来看，分数很好玩，很有智慧。

（指着板书"谁发明的？"）谁发明的分数呢？

（众生没有反应）

师：（坦诚地）我也不知道。

生：我知道，是人发明的。

师：哈哈哈，佩服，佩服！我怎么没想到呢？（指着板书）还有一些问题没解决，老师课件都准备了，但是时间已经不够了，不能再讲了。

（学生发出遗憾的声音）

（课堂实录由北京市芳草地小学易玫老师整理）

课后明辨

我询问学生本节课的收获，不少学生说："上了这节课，我明白了在生活中需要测量的时候不一定都要用尺子。"当时我是很欣慰的，因为这是我当初设计这节课时没有想到的。

2010年上海世界博览会的主题是"城市，让生活更美好"，通过这节课的思考和实践，我觉得本节课也可以概括为"单位，让分数更好玩"！

其实，"分数是先分后数的数"和传统的"把单位1平均分成若干份，表示这样的一份或者几份的数，叫作分数"是一致的，并不矛盾。"分数是先分后数的数"，这种表达乃是一种简单的丰富——"分"，就是创造了一个单位；"数"，就是数有多少个单位。这样从分数单位的角度来理解分数的意义，更给力，更有后劲。

当然，这样的教学很有些"不走寻常路"的感觉。不过，正像鲁迅先生所说："其实地上本没有路，走的人多了，也便成了路。"

我不需要说"走自己的路，让别人说去吧"，因为我们都在路上，没有看客，大家都在思考。我不需要说"走自己的路，让别人无路可走"，因为教学研究没有最好，只有更好。我也不需要说"走自己的路，让别人跟着自己走"，因为我们没有办法保证自己所走的就是唯一正确的道路。我需要说的是"走自己的路,让别人走得更舒服"。虽然我的课并不完美,但我的课一定会引起大家的思考,思考我们做出的选择,思考我们的价值判断,思考我们的功力提升,让学生觉得数学真的很好玩。

"沉舟侧畔千帆过,病树前头万木春"的景致虽说有些凄美,但我很是向往。

/名家点评/

通过"分"与"数(shǔ)",得出分数是个"数(shù)"
—— 兼评华应龙执教的"分数的再认识"

刘加霞(北京教育学院)

数物体的"个数"(集合元素的个数)似乎是人的一种本能(最初一个一个地数,后来按"群"计数,产生新的计数单位),是一件自然的事情。对学生来说,通过"数"(shǔ)分数单位的个数来学习分数(从数学发展史来看,分数是第一个人造的数)是否更自然?对任何数来说,"计数单位"与"单位的个数"有什么作用?

基于度量的需要,数分数单位的"个数"从而得到分数,可以体现出分数是个"数"(度量数)的意义。但除此以外,分数还有"比率数"的含义,这一层含义在"分数的意义"的教学中如何体现?即作为"量"的分数(带有量纲)与作为"率"的分数(无量纲)的关系是什么?二者如何实现统一?

在我国各个版本的教材中,基本上都是先学"分数的初步认识",再学"分数的意义",分两次学习。"分数的初步认识"的教学,多半是从"切大饼"或"分蛋糕"开始的,即借助于直观模型(面积模型、数线模型)初步理解分数刻画的部分与整体之间的比率关系(作为"率"的分数),教学内容与教学方法没有太大的异议。但在"分数的意义(甚至我们需要进一步追问什么叫

'某某数的意义')"这部分内容中，究竟要学习什么，怎么学，则存在比较大的异议。

我将结合华应龙老师执教的"分数的再认识"一课以及华老师的"课前慎思"来回答上述问题。

一、从一个现象说起：学生为什么不认为分数是个"数"？

一直以来，很多学生并不承认分数是个"数"，是个"结果"。例如，学生在解决实际问题时，若答案是 $\frac{3}{2}$ 米的话，学生几乎都要将其化为 1.5 米，仿佛只有看到这个结果心里才踏实。出现这个现象的原因有很多，其中最关键的原因是分数既不是十进制的，也不是位值制的，无法按照自然数的习惯看出其大小。另一个重要的原因是，学生在学习分数时（不论是"分数的初步认识"还是"分数的意义"），一直不把它当作一个"数"（不强调"分数单位"，不强调单位的个数），一直强调的是"率"，用来刻画"部分与整体"或者是"部分与部分"的倍比关系。还有一个不可否认的事实是，学生对自然数和小数都有丰富的生活经验做支撑，而分数在生活中则比较少见。现实生活中的"数"与"量"往往用自然数或者特殊的十进分数——有限小数表示，而不用分数表示量的大小。除了自然数外，学生更认可小数是个数（从数的意义上看，小数与自然数的血缘关系更"亲近"：都是十进制、位值制的）。

二、"分"与"数"的价值：分数单位的累加就是分数

学生不愿承认分数是个数，而分数的数学内涵又非常丰富，那么，"分数的再认识"到底应认识什么？不同版本教材的处理略有不同，主要都强调以下三点：①强调平均分的对象单位 1 发生了变化，由"1 个"变为"群体"，平均分的份数由少到多；②讲"分数单位"，但并没有将其作为重点；③"整体 1"不同，同一个分数所对应的量也不同。

华老师执教的"分数的再认识"则以分数单位为主线（为满足度量的需

要而产生分数单位，分数单位的累加就形成了分数），让学生感觉到分数是个"数"，分数很好玩，分数是个有智慧的数。这样做的意义与价值是什么？分数的意义到底指什么？

分数的意义应该是"任何一个分数都是其分数单位累加的结果"（如同自然数、小数的组成与分解），即先有分数单位，再数出单位的个数，个数与分数单位相乘的结果就是分数。这样看待分数，全部数的构成与结构就都一致了，学生也就更认可分数是个数。

实际上，计数单位与其个数乘积的累加就得到全部数。自然数因为是十进制的，所以计数单位是"1、10、100……"。不同计数单位与其个数乘积的累加就构成了全部的自然数（某个计数单位的个数为"0"时，也要写出"0"，体现0的"占位"作用），例如，$2034=2\times1000+0\times100+3\times10+4\times1$。小数也是如此，增加小数的计数单位"0.1、0.01、0.001……"后，其累加的过程与自然数累加的过程基本相同，只不过分为"有限次累加"与"无限次累加"两类。有限次累加就得到有限小数，无限次累加又分为两种情形：一种是不同计数单位的个数是有规律地出现的，例如，小数的计数单位的个数都是3，则这个小数是0.3的循环，也就是$\frac{1}{3}$；第二种是计数单位的个数情况复杂，没有规律，则无限次累加的结果是无限不循环小数，即无理数。

由此可见，沿袭自然数的传统，分数的两个关键要素就是分数单位和单位个数，分数单位的分母是平均分的份数，分子是1，其他分数的分子就是分数单位的个数。这和传统的"把单位1平均分成若干份，表示这样的一份或者几份的数，叫作分数"本质相同，并不矛盾。正如华老师所说："'分数是先分后数的数'，这种表达乃是一种简单的丰富——'分'，就是创造了一个单位；'数'，就是数有多少个单位。这样从分数单位的角度来理解分数的意义，更给力，更有后劲。"

分数单位同自然数的计数单位本质上是一致的，但因为分数单位随着单位1被等分的份数的变化而变化，不像自然数的计数单位（一、十、百、千、万等）或小数的计数单位（十分之一、百分之一等）那样固定，这就使学生理解起来比较困难。更困难的是，单位1可以被平均分为任意等份，这样任何一个分数都有无数多个分数单位，分数单位不同，其所对应的个数就不同，但两者的乘积是一样大的；而一个固定的自然数（或有限小数）的计数单位是有限个，各个单位之间的关系又都是十进制的。

因此，任何一个分数都是一个"类"，其中最简分数是这个类的代表。例如，$\frac{1}{2}$可以说是1个$\frac{1}{2}$，或者2个$\frac{1}{4}$，甚至16个$\frac{1}{32}$等，即$\frac{1}{2}=\frac{2}{4}=\frac{3}{6}=\frac{4}{8}$……其中$\frac{1}{2}$是这个"类"的代表。

因此，张奠宙教授认为：分数等价类中的每一个表示（分数），各有各的用处，都有其特定的价值。这既有学习难度，又有思想高度，是一种重要的数学思想方法。

不管怎么说，把分数看成"分数单位的累加"，不仅延续了对自然数的认识，又为进一步理解分数的性质以及分数的加减运算打下了坚实的数学基础。从这个角度来认识分数，能使学生真正理解为什么同分母分数加减只需要"分子相加减而分母不变"，而异分母分数加减则必须"先通分，分母不变，然后再分子相加减"，从而进一步理解"加减法计算的本质就是相同计数单位'个数'相加减""通分的本质就是寻找两个分数的相同计数（分数）单位"，这也是分数的通分、约分和扩分（寻找等值分数）的理论依据。

三、单位与单位1：孰轻孰重？

在华老师的"课前慎思"中有这样一段话："看来，'单位'是重要的，'1'是重要的，'单位1'是不重要的。可以不讲'单位1'，但要着重讲'分数单位'。"这段话看似无理，甚至让人觉得不可思议，但追问这些话语背后的含义可以看出，作者这么说是有道理的。

在强调分数单位的前提下，单位1当然就不重要了。因为单位1也是最大的度量单位，或者说是最特殊、最大的分数单位。

谁作为"单位（整体）1"，这既是认识分数的核心，也是认识分数的难点。马丁总结出"单位（整体）1"可以分为以下六种情况（以$\frac{1}{5}$为例）。

① 1 个物体，例如一个圆形，平均分为 5 份，取其中的 1 份。

② 5 个物体，例如 5 块糖，其中的 1 块占 5 块的 $\frac{1}{5}$。

③ 5 个以上但是 5 的倍数，例如 15 块糖，平均分为 5 份，取其中的 1 份。

④ 比 1 个多但比 5 个少，例如，将 2 条巧克力作为整体。

⑤ 比 5 个多但不能被 5 整除，例如，将 7 根香蕉作为整体。

⑥ 一个单独物体的一部分的五分之一，例如，1 米的 $\frac{3}{4}$ 的 $\frac{1}{5}$。

整个小学阶段的分数学习，其整体 1 基本就是以上述过程变化的，华老师所重视的分数单位则是上述过程背后的隐线，在"分数的再认识"的第一课时抓分数单位，显然最有价值。

再换一个角度来看，即从分数产生的三种现实背景（分物、度量、比较中的"倍比"关系）出发，可以清楚地看到分数产生于量的倍比关系。分数概念的核心是量、度量单位（基准量）与量数的基本关系，即：量 = 度量单位（基准量）× 量数。

因此，分数具有两种不同的意义。

第一，分数可以表示量的大小，这时量或者是单位分数，或者是分数单位的整数倍。

第二，分数可以表示量数，也就是"率"。量数是以一个量为基准量（也就是"分数单位"）去度量另一个量所得的结果，它是描述两个量的倍比关系的一个数（自然数或分数）。

所以，从更抽象的角度看，无论是作为"量"的分数还是作为"率"的分数，其核心都是分数单位（基准量）。

如果再细分的话，两个量的倍比关系又分为下面四种类型。

①一个量中部分与整体的倍比关系。

②两个同类量的倍比关系。

③一个量中各组成部分的倍比关系（比例）。

④两个不同类量的倍比关系（比率）。

从第一类和第二类可以衍生出百分数的概念，从第三类和第四类可以衍生出"比"（比例、比率）的概念。"量 = 度量单位（基准量）× 量数"，这一基本关系有下面两种等价形式：①量 ÷ 基准量 = 量数；②量 ÷ 量数 = 基准量。

分数和比都与除法既有密切的关系，又有所不同。这也是值得探讨的问题，本文不再赘述。

四、两难情境：度量结果不用普通分数表示

无论是作为"量"的分数还是作为"率"的分数，分数单位都很重要。那么，分数单位是怎么产生的？创设什么样的问题情境可以使学生感受到分数单位的价值？

从理论上说，分数单位的产生是为了满足度量的需求，使度量结果更准确。但我们需要追问：这个"现实"是不是"伪现实"？因为现实生活中的"量"，几乎都是把已有的单位平均分十份、百份等，或者是与六十相关的，而不会是任意的份数。因此，在现实的度量中，度量结果不会是普通分数，最常用的就是有限十进分数（即有限小数）。

因此，在"分数的意义"的教学中，为了强调分数单位，必然从度量切入，但一从度量切入，度量的结果又不是普通的分数了，所以就有很多教师提出华应龙老师所创设的情境是"人为"的。

教学陷入了两难情境！

不论是用领带做单位，还是"猪八戒吃了一个西瓜的 $\frac{6}{7}$ 用了 1 分钟，他吃完这个西瓜还要用多长时间"等类似于脑筋急转弯的问题，华应龙老师想强调的就是分数单位甚至是度量单位的价值，强调"单位不同，度量出的结果就不同"。

有的老师又说，为什么要在"分数的意义"中强调度量单位的作用？如果将分割后产生的更小单位作为度量单位，度量的结果根本就不需要分数啊！有自然数就足够了，干吗还学习让人如坠云里雾里的分数呢？

分数可以刻画"量"的大小，但我们经常使用的是有限小数。

分数可以刻画"率"的大小，但我们经常使用的是百分数和比。

那为什么还要学习普通分数？

到底该怎么办？在小学阶段，学"分数的意义"到底要学习什么？该怎么学习？实际上，按照弗赖登塔尔等学者的观点，在小学阶段，只要从"算术"角度来学习分数，不管学习什么、怎么学习，都是失败。

所以，在小学高年级学习分数（分数的意义与运算，尤其是乘除法和解决问题），凡是从算术的角度进行的，教学法上都没有好坏之分，因为根本不应该从算术角度学习！应该从代数的角度学习分数，而从代数的角度学习分数，在小学阶段能实现吗？

五、作为代数概念的分数，是小学阶段的学习内容吗？

上述的两难或者纠结似乎能够在弗赖登塔尔等学者的观点中找到答案。弗赖登塔尔在《作为教育任务的数学》一书中，曾多次谈到"分数是个代数概念"。他认为，"承认普通分数（以及以后又承认负数）是一种典型的代数思想，一种超越单纯地计算的思想。这种思想通过引进新的元素来使四则运算及它们的法则通行无阻。"

"事实上，测量产生的是（有限）小数而不是分数，分数的出现是为了使除法可以进行下去。即为了解除除法的限制而引入分数，则 $\frac{7}{3}$ 可作为除法问题'7∶3 是多少？'的解而出现。一旦接受了 $\frac{7}{3}$，那么在计算中便可以将其作为这一除法的结果来加以处理。""数学上对如下的表示更为满意：$\frac{7}{3}$ 可理解为 $3x=7$ 的解，此式将分数由算术带入了代数，当然它是建立在代数基本原理基础上的。"

"我认为唯一诚实的做法就是告诉学生，引入分数就是为了要求算术运算的适用范围不受限制。这是一种抽象的导出概念，几乎不受实际需要的影响。""依我看来，唯一可接受的解决办法是在代数中处理分数。"

张奠宙教授也认为：由"份数"定义到"商"的定义，是数系的扩充。这是一次跨越，一次升华，每个学生都必须面对。现在的教科书对数的扩充只字不提，连"分数是新朋友"这样的话也不说，应该说是数学思想方法在教育上的缺失。

如此看来，在算术意义下学习分数，尤其是学习分数的意义，是用"分物"还是"度量"都不重要了,因为无论用哪种,价值都不大。

在小学阶段,不可能在"分数的再认识"的第一课时就采用代数的方法,还是要给学生提供一些直观的模型和现实应用的场景。华老师执教的"分数的再认识"强调了分数单位的作用与价值,并为了让学生积极思考,还原了"在没有尺子的年代要自己创造一把尺子",又运用了"连教师都不懂的密位",真正是下了苦工夫。他用心地思考了分数的本质以及如何才能让学生带着兴趣、带着思考来学习数学。正如他在"课后明辨"中所写:"因为我们都在路上,没有看客,大家都在思考……因为我们没有办法保证自己所走的就是唯一正确的道路。我需要说的是'走自己的路,让别人走得更舒服'。"

六、一个美妙的案例:作为代数概念的分数

把分数作为一个代数概念,在小学阶段能做到吗?能,但不是在"分数的再认识"的第一课时。在五年级的拓展训练课上可以做,即构造分数表并探究分数表的神奇。

可以将分数定义为"$q \div p = \frac{q}{p}$(其中 $p \neq 0$)"这样的数,即可以将分数看作一对数偶。在平面直角坐标系中,将横轴上每一个自然数与纵轴上每一个自然数之间建立一一对应的关系,将横轴上的每一个自然数作为分母,将纵轴上的每一个自然数作为分子,这样就构造出美妙的正方形分数表(如图 8.1)。

……	……	……	……	……	……	
$\frac{6}{1}$	$\frac{6}{2}$	$\frac{6}{3}$	$\frac{6}{4}$	$\frac{6}{5}$	$\frac{6}{6}$	……
$\frac{5}{1}$	$\frac{5}{2}$	$\frac{5}{3}$	$\frac{5}{4}$	$\frac{5}{5}$	$\frac{5}{6}$	……
$\frac{4}{1}$	$\frac{4}{2}$	$\frac{4}{3}$	$\frac{4}{4}$	$\frac{4}{5}$	$\frac{4}{6}$	……
$\frac{3}{1}$	$\frac{3}{2}$	$\frac{3}{3}$	$\frac{3}{4}$	$\frac{3}{5}$	$\frac{3}{6}$	……
$\frac{2}{1}$	$\frac{2}{2}$	$\frac{2}{3}$	$\frac{2}{4}$	$\frac{2}{5}$	$\frac{2}{6}$	……
$\frac{1}{1}$	$\frac{1}{2}$	$\frac{1}{3}$	$\frac{1}{4}$	$\frac{1}{5}$	$\frac{1}{6}$	……

▶ 图 8.1

通过构造并继续探究这张分数表，学生会发现分数很好玩，很有智慧。

师生共同经历上述正方形分数表的建构过程，有两个好处。

第一，学生头脑中原本混乱、复杂的分数会变得清晰，学生将认识到，所有分数都是可列的。第二，可以让学生体会一一对应思想的魅力，感受数学上有序的价值。

如果将表格中的真分数和假分数涂上不同的颜色，我们可以清晰地看出，等于1的分数（$\frac{1}{1}$、$\frac{2}{2}$、$\frac{3}{3}$等）整齐地排列在对角线上（可以将"对角线"上的数涂上特殊的颜色，以突出这条"分水岭"），假分数与真分数对称地出现（如$\frac{1}{2}$和$\frac{2}{1}$，$\frac{3}{5}$和$\frac{5}{3}$，每个分数都与它的倒数在对角线两边对称出现），一个对应着一个，各占半边天。因为在借助数轴认识真分数和假分数时，真分数分布在0和1之间，而假分数则可以由1到无穷，所以学生就错误地认为"真分数比假分数少得多"。分数表可以让学生走出认识上的误区。

我们还可以继续探究：等值分数的分布有什么特点？什么样的分数能化为有限小数？……这张分数表还反映了分数的很多美妙性质，而且都以可视化的方式传达，这个"直观、可视化而又抽象"的分数表，恰恰体现出了"分数是一个代数概念"的威力。

好玩，可以是一种教学追求吗？

彭钢（江苏省教育科学研究院）

华应龙老师的这节课的题目是"单位，让分数更好玩"。在我的印象中，小学时学分数并没有好玩的感受，有的是"要命"的感受，再加一个"单位"，就更不好玩，甚至更"要命"。但说实话，我真的喜欢"好玩"，于是我把这节课读完了，而且反复读了很多遍：既希望我作为一个研究者能够深入分析"好玩"，更希望我作为一个"儿童"确实感受到好玩。

针对这节课，我想提取两个问题进行分析：一是教育哲学层面的，教学可以或应该追求"好玩"吗？二是教学实践层面的，如果可以追求"好玩"，我们应该追求一种怎样的"好玩"？

好玩是一种贴近生活、贴近儿童的说法，也是一种口语化的表达。华应龙老师用"好玩"或"更好玩"作为思考这节课的基点和坐标，所体现出的价值选择实在是胆大。在我国的教育学或教学论术语中，基本上没有"好玩"这一概念或与之相近的术语。教学是很正经、很严肃的事（我们大概不会像法国思想巨人伏尔泰那样，认为"正经"和"严肃"是一种疾病的表现），要么就是传授知识，要么就是培养能力，要么就是形成态度甚至品德、道德、人格之类。在教学实践中，我们不是追求教学有效或高效，就是追求教学智慧、教学幸福、教学灵动、教学创新等。在一些人看来，追求教学"好玩"，不是一种低层次的要求，就是一种迁就儿童的低水平教学。好玩，究竟有没有意义和价值？

如果我们换一个与"好玩"基本同质的词来表达，应该是"有趣"或"乐趣"。关于"有趣"或"乐趣"，哲学家有很多充分的、积极的、正面的表达。威尔·杜兰特在他的传世巨作《哲学的故事》中开篇所说的第一句话就是："哲学包含着一种乐趣。"古希腊的柏拉图认为，哲学就是一种"可爱的娱乐活动"。20世纪哲学家怀特海也认为，如果哲学无法追求真实，还不如享受乐趣。数学与哲学、逻辑有极大的相似性，曾经被古典哲学家们认为是经验领域内唯一的普遍真理。教育家约翰·杜威说得十分明确，他认为教学不仅可以而且应该追求"有趣"和"趣味"，因为"有趣"与"欣赏"紧密相关，使教学进入了审美状态。约翰·杜威在《我们如何思维》一书中说：对一件事物的"充分经验"和"心领神会"，被这件事物打动了心、抓住了心，处于一种兴奋的状态，可用"欣赏"一词来表达，"欣赏"使事物价值增高，不欣赏使事物贬值。欣赏满足了人的内在需求，一种与理智和美感紧密联系的深层需要。

玩是儿童的天性，可以说儿童就是在玩中学习、在玩中成长的。"好玩"与"教学"本来是两码事，教学本身并不一定意味着好玩。现实中很多教学不好玩，一本正经，索然无味。但如果我们能够使教学具有"好玩"的品质，追求好玩的乐趣，获得欣赏的价值，就不仅能够适应儿童的需要，满足儿童的需求，使儿童愿意学习、喜欢学习甚至热爱学习，更能够引导儿童的"玩"、提升儿童的"玩",使儿童学会有意义、有品质地玩。让教学真正去除功利化,变成一个"玩"的过程,具有欣赏价值,这不就是回到儿童身心发展规律和教育规律本身吗?这不就是对教学的更高品质、更高境界的追求吗?

如何使教学好玩,如何使数学教学好玩,如何使分数教学好玩?我以为,华应龙老师面对着艰难的挑战。分数是比整数更为抽象的概念,分数意义的认识所涉及的核心概念"单位"更为抽象,离感性的"好玩"极为遥远。那么,这节课真的做到"好玩"了吗?阅读和欣赏这节课,我形成了以下三个判断,以确证这节课确实"好玩"。

一、让学生以自己喜欢的方式从头玩到尾

整节课华应龙老师运用了五个教学片段引导学生"玩"分数。第一个片段是讲故事,让学生一起想办法帮助大头儿子用领带量沙发;第二个片段是教师专门引入的,教师和学生一起研究和讨论了炮兵的"密位"概念;第三个片段是让学生动手做一做、圈一圈、议一议;第四个片段是让学生做一道有关猪八戒吃西瓜的题目;第五个片段是奖励学生一个量水池的故事。

从形式上看,可以说是从头玩到尾,从故事开始,以故事结束,用了小学生最喜欢的"作文"方式,即首尾呼应。这节课告诉我们,数学课不仅可以讲故事,而且可以讲得很好。讲故事无疑是孩子们最喜欢的上课方式之一,但孩子们更喜欢的是成为故事的主角,在参与的过程中推动故事情节的发展与深化。华应龙老师对孩子的心理显然十分熟悉,他十分准确地把握了学生的心理,两次讲故事的过程中,均在关键处停顿下来,让学生参与进来成为主角,使学生成为推进故事发展的主导因素,成为解决问题的主体,而不是被动地"看"故事、听故事。这种叙事和处理方式很受学生欢迎,而且学生在这个过程中实现了自我建构和自我教育。

二、以超出学生想象和预期的方式玩出乐趣、玩出品位

仔细研究后我们会发现,每一个教学片段都有一个关键点和出彩点,既

合情合理，又出人意料，因而能够抓住学生的心，使学生动心并开心。这里的"开心"，不仅是高兴的意思，而且是伴随着视野开阔的惊喜，这又赋予"玩"以教育学的意义和价值，学生从中获得了学习的"乐趣"和"品位"。例如，在"大头儿子量沙发"这个片段中，最精彩的情节是用生活中一条不起眼的领带作为度量工具所产生的超出预期的效果，不仅让学生感到数学与生活紧密相关，给他们留下了极为深刻的印象，也为他们提供了超出他们想象的数学方式。之后，华老师引入炮兵术语"密位"的概念，虽然超出了学生的生活经验和想象，但学生却能够理解，这一定会给他们留下很深的印象，并加深他们对"差之毫厘，谬以千里"的认识。圈五角星、圈月饼、圈苹果的训练，看上去是教师与学生开的一个小玩笑，玩的是一个小伎俩，但也玩得非常激烈和紧张。什么是会玩？这就是会玩，能给学生带来知识和思考的乐趣，带来所谓的思维、智力和想象面临挑战的乐趣，这就达到了"玩"的较高品位和境界。

华应龙老师的这节课教学结构十分独特，总共分为六个部分，前五个片段每一个片段都有一种玩法，既具有连续性，也具有异质性，因而保证了这节课在前后统一的基础上的"多样性"；最后是课堂总结，连缀起来就是完整的教学过程。华应龙老师完全放弃了课堂教学结构"起承转合"的套路和模式，他的课给我们耳目一新的感受，使我们获得了一种教学创新的惊喜感，让我们沉浸在杜威所说的"欣赏之中"，被打动了心、被抓住了心，没有觉得这样教学有任何不自然、不应该，似乎本应如此。

三、让学生在玩的过程中认识到数学思维的普遍性和深刻性

让数学好玩不容易，让数学课好玩也不容易，但让数学好玩后还是数学，让数学课好玩后还能够充分体现数学学科的特点，使学生充分理解数学并深刻认识数学思维的普遍性和深刻性，就更不容易了。我以为，华应龙老师这节课的成功之处不仅在于好玩，更在于玩得深入和深刻。其功力不仅体现在带领学生玩，更体现在带领学生以数学的方式玩，使数学课玩得极为"数学"，甚至在课堂上使用的非数学材料（包括故事和动画）在他的神奇魔力下都变成了

数学。

在"课前慎思"中，华应龙老师告诉我们这节课首先要解决的问题是要不要讲单位1。他通过广泛而深入的研究得出结论："单位"是重要的，"1"是重要的，"单位1"是不重要的。可以不讲"单位1"，但要着重讲"分数单位"。说到底，单位就是"1"。这是分数现象背后的普遍规律，也是这节课的教学重点所在，更是学生掌握这部分知识的最大难点。因此，这节课的五个片段和五种玩法始终围绕着对"单位"的认识和理解，始终围绕着"单位"和"1"的教学，从而使学生认识"单位"、理解"单位"，进而能够创造"单位"。我相信，通过这节课，学生普遍建立起了以"单位"为核心的分数思维方式，能够较好地掌握分数背后的普遍规律。

"课前慎思"的第二个问题是怎样讲分数单位。华应龙老师得出的结论是：一是要加重分数单位教学的分量，不能再一笔带过；二是要采用孩子们喜欢的讲故事和播放动画的方式，帮助学生认识和理解教学内容。而好的故事是有梯度和难度的，是能够达成多种目的的。针对讲故事要耗费更多时间的问题，他提出了一个重要的观点：我们为什么要急急忙忙地直奔知识目标，而不能让学生慢慢地欣赏、慢慢地长大？

于是，他选择了一种"慢教学"的方式：不慌不忙地从折领带开始，引入对分数的认识和理解；进而说到电影《集结号》中炮兵的"密位"概念，以加深学生对单位的理解，让学生明白可以根据需要创造单位；让学生圈一圈，从而认识到总量不同单位也不同；再让学生做一做"猪八戒吃西瓜"的题目，巩固、拓展并深化其对单位的认识和理解；最后，用皇帝量水池的故事，强调逆向思维。精彩绝伦的故事让学生深刻体验到每一个"单位"的后面都可能有分数的影子。由此我们可以看出，华老师是如何用五个教学片段逐步深入地揭示出"单位"和"1"丰富而完整的内涵的，是如何引导学生一步步实现思维和智力的丰富、完整和深刻的。"慢教学"其实就是一个不断丰富认识和体验、不断深化认识和体验的过程，"慢"才能丰富起来，也才能深刻起来。

在经历了这样一个完整的教学过程和探究过程之后，"课前慎思"的第三个问题"分数的意义是什么"就自然呈现出来了，每一个学生都能够自然而然、简洁明了地说出：先"分"后"数"即分数。

9. 从一分为二到一分为三
—— 以"找次品"为例

教学内容

人教版五年级下册"找次品"。

课前慎思

"找次品"是经典的数学智力问题，可细分为许多类型，有的类型解决起来相当复杂。"找次品"一般安排在五年级下册，选择比较简单的题目作为例题，即"有若干个外表完全相同的零件，已知其中一个是次品，次品比正品重一些（或者轻一些）。使用一架没有砝码的天平，至少需要几次才能找出这个次品？"这样的课不好上，常常是草草收兵。

一、存在哪些问题？

第一，目标太多。这节课综合了操作、观察、猜想、验证、归纳、推理等活动，再加上"找次品"的内在规律具有隐蔽性，一堂课下来，学生们一头雾水，教师也被绕得头昏脑涨。最惨的是，教师原本想让学生体会如何优化策略、记录推理过程，懂得化归思想，进而形成统计表格、观察表格，最终发现规律，结果发现根本实现不了。

第二，心太急。这节课可以讲的内容有很多，小学生该学些什么？优化策略（将待测物品分成三份去称）是最主要的内容吗？教学应该直奔这一主题吗？太直接，太功利，一定会缺少一些情趣，忽略了沿途的风景。

第三，教师自己不甚明了。有的教师对"找次品"问题的思想方法说不清道不明，只知道"分3份"，或"尽可能平均分成3份"；有的老师知其然但不知其所以然。以其昏昏岂能使人昭昭？

二、这节课难在哪里？

难在理解题意？如果开始时教师不出示问题"至少称几次才能找出次品"，理解题意还难吗？"至少"和"最少"是有区别的，"至少"包含了"最少"。但在这类题目中，用"最少"行吗？是否会伤害这道题的价值？

难在图示表达？图示表达并不是这部分教学内容的重点，不要大张旗鼓，静悄悄带进来就好。图示表达的方法也是五花八门，什么样的图示方法比较好？是"9（3，3，3）→（1，1，1）"，还是2015年启用的新版教材上的比较好（如图9.1）？

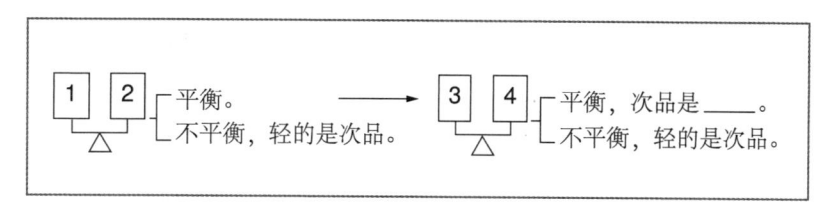

▶ 图9.1

难在逻辑推理？在这节课上，学生要经历一系列严谨而缜密的推理，需要长时间思考一个问题，这可能是学生从未经历过的。原来解决一个问题一般只需要一步、两步，现在却需要七八步。"花开两朵，各表一枝"的分类讨论法，学生也是初次遇到。

三、需要推敲什么？

1. 操作的价值

这节课需要学生动手操作吗？需要实物天平吗？需要模拟天平吗？新版教材上的活动有价值吗？

实物天平对没有见过天平的学生来说无疑是有意义的，它可以帮助其理解天平的原理。对见过天平的学生来说也是有意义的，它可以帮助学生进一步明晰天平的原理。

但如果真用天平来称，会不会因为天平的质量、实验的误差等方面的因素导致教学时间耗费过多以及实验结果的不准确，反而干扰正常的课堂教学？

这节课是用天平"称次品"还是利用天平原理"找次品"？在这节课中，让天平以一种抽象的数学化的形式存在于学生的头脑中是不是更好？因为一旦用实物天平进行实验，就不会出现"如果平衡……那么""如果不平衡……那么"的情况，而只会出现其中的一种。磁珠、数字卡片、扑克牌都是很好的学具，有这些"道具"在手，学生更容易"入戏"。那么，还有没有更好的学具？

2. 待测物品的数量

要积累"找次品"的活动经验，一定要多次"找次品"。那么，待测物品该以怎样的次序出现？在大家的研究中，待测物品的数量分别是3、5、8、9、27等，为什么没有2、4、6、7？

一位老师一上课就提出"在2187瓶中找到1瓶次品"的问题，让学生猜测，然后3瓶、5瓶、9瓶、27瓶地研究，最后证明，解决这个问题只要验证7次，进而感慨"数学思考的魅力"。这节课他上得确实很漂亮，但是，先繁后简再繁的教学结构是否会让这节课更加不堪重负？

"治大国，若烹小鲜"，抓住一个简单的问题好好回味、咀嚼，让学生品悟出其中的奥妙，这样是否更好？我们既然把"找次品"编入了普通教材，它就不再是数学精英们的游戏了，而是"飞入寻常百姓家"的小燕子。让所有孩子都喜欢，是我们要追求的目标。

不少课都是从"3瓶中有一个次品"开始研究的，那么我要问，为什么不研究"2 瓶中有一个次品"？这个问题没有价值吗？只怕是没有联系起来思考。

不少课是按照"3—5—9—8"的次序进行的，虽然有道理，但总觉得不美，给人凌乱的感觉。"3—5—8—9"是否更有序，让人更舒服？为什么要躲"8"呢？天平有左右两个托盘，分成 2 份找次品是不是最自然、最朴素的方式？

3.教学目标

在用心观摩了十多节"找次品"的现场课，殚精竭虑地搜索了六十多篇有关"找次品"的文章之后，我制定了"找次品"第一课时的教学目标。

①会"一分为三"地解决简单的"找次品"问题。

②会用"如果……那么""接下来，从……中找"表达数学思维过程。

③发挥想象力，积累数学活动经验，感受数学的魅力。

课中笃行

一、尝试错误，理解题意

（课前教师播放一组有关跷跷板的图片，背景音乐是《跷跷板真好玩》）

师：同学们笑得很灿烂！请问，你认识他吗？（出示比尔·盖茨的图片）

生：（齐）比尔·盖茨。

师：你能简单地介绍一下比尔·盖茨吗？

生：比尔·盖茨是世界首富，还是一位慈善家。

师：说得好，给她掌声！

生1：比尔·盖茨创建了微软公司。

生2：比尔·盖茨18岁就考进了哈佛大学，后来他休学离开了学校，开了一家公司。

师：对，这家公司就叫微软公司。你知道他为什么取名"微软"吗？不知道？我知道。因为他特别喜欢一个中国人，（投影出示老子的图片）老子说"上善若水"，意思是最高境界的善行，就像水的品性一样，泽被万物而不争名利。

9. 从一分为二到一分为三

比尔·盖茨非常喜欢老子，因此他的公司就取名"微软"。为什么呢？软不好，硬不好，微软挺好。

（众生先是惊讶，后是微笑）

师：（微笑着）孩子们，打开练习本，请翻开新的一页，在最上面写上你的名字。如果你觉得哪个字我可能会读错，请帮我在上面写上拼音。

（众生又笑）

师：老师和你们一样，也会犯错。孩子们，我还知道微软公司在招聘员工的时候出过这么一道题，你们想看吗？（众生点头）

（师在大屏幕上出示：假定你有81个乒乓球，其中只有1个球比其他球稍重。如果只能利用没有砝码的天平，请问你最少要称几次才能保证找到稍重的球？）

师：大家非常认真地看题，画面非常美。先独立思考，再把你的答案写在练习本上。

（教师巡视并记录）

师：请三位同学做代表交流。

生1：我的答案是80次。称80次后，最后一个就不用称了。这样才能保证找到稍重的球。

生2：40次。天平上有两个盘子，一个盘子放一个球，称40次就行。

生3：我的答案是1次。因为题目中说的是"最少要称几次"，每个盘子放40个球，如果平衡，那剩下的那个球就是稍重的球。

师：听了三位同学的回答，你是不是觉得要解决这个问题，首先要明确用没有砝码的天平该怎么称？

（出示天平的图片）

生1：两个盘子都要放球。

生2：可以一个盘子放1个球，也可以多放几个球。

生3：把同样数量的球放到天平两边，这样，重一点儿的那边就可能有那个稍重的球。

师：说得好不好？给她掌声！（众生鼓掌）其实，天平就是个跷跷板，可能平衡，也可能不平衡。不平衡的时候，那个重球在哪儿呢？

生：下沉的那边。

师：对，下沉的那边。下沉的那边就有重球。如果天平平衡，那么重球在哪儿呢？

生：（齐）一样的，没有重球。

师：没有重球？哦，你是说这里面没有重球。那重球在哪儿？

生：（小声）在底下，下面。

师：真好，真好！也就是说，用没有砝码的天平去找那个重球的话，会有三种可能，是不是？（如图 9.2）第一种可能 —— 在左边；第二种可能 —— 在右边；第三种可能，在 ——

▶ 图 9.2

生：不在上面，在旁边。

师：说得好！左边、右边、旁边。再回想一下刚才三位同学的回答，你是不是觉得要解决这个问题，还要想清楚究竟是从运气好的角度考虑还是从运气坏的角度考虑？你能不能从题目中找到依据？

生 1：要从运气好的角度考虑，因为题目中有"最少"。

生 2：要从运气坏的角度考虑，因为题目中有"保证"。1 次是最少，但是不能保证。

生 3：我想补充一下，是一直在"倒霉"的情况下，又要追求称的次数最少。

师：同学们太棒了，我佩服不已！现在，你回过头来看这道题会发现，差错就是一种提醒。我标上颜色的这些词是不是都挺重要的？（课件中把"只有""稍重""最少""保证"四个词标红）

（全班学生频频点头）

9. 从一分为二到一分为三　211

二、以退为进，寻找策略

师：那究竟最少需要多少次，才能保证把重球找出来呢？这个问题确实有点儿难，81个球太多了。你有什么好方法吗？

（学生们面面相觑）

师：请看屏幕。

（课件出示老子的头像和"天下难事，必作于易"）

生：（齐读）天下难事，必作于易。

师：碰到难题，我们该怎么办？对，先从容易的地方开始研究。仔细琢磨后，找到方法了，找到规律了，就可以解决那个难题。

1. 从2个球中找重球：明确"程序"

师：你觉得，从几个球中找最简单？

（很多学生说"1个"）

师：1个？

生1：只有1个，你就不用找了。

生2：2个。

师：请问，（出示2个磁珠）若2个球中只有1个重球，怎么用没有砝码的天平把它找出来？

生：在天平的两侧各放一个球，然后看哪一边往下沉，下沉的那个球就是稍重的。

（学生说时，教师板书。学生说完，大家热烈鼓掌）

师：怎么放球，看到什么，得到什么结论，都说得很清楚。哪位同学能再说一遍？

生：在天平的两个盘子里各放一个球，可能不平衡，下沉的那个球就是稍重的。

师："不平衡"这个词用得好！而且她提出了一个好问题：是可能不平衡还是一定不平衡？

生1：可能不平衡。

生2：一定不平衡，只有1个是重球。

（众生点头）

师：明白了吗？一定会不平衡。不平衡，下沉的那个就是重球。称几次就找到啦？

生：（齐）1次。

2. 从3个球中找重球：强调"可能"

师：好！（出示3个磁珠）请问，若3个球中只有1个稍重，怎么把它找出来？

生：先把2个球分别放在天平两侧，如果平衡的话，就把其中1个球拿下来，放上第3个球，就能找到重球了。

师：他称了几次？

生：2次。

师：有没有不同意见？

生：我觉得只要称1次就行了。在一个盘子里放1个球，另一个盘子里放2个球。若这2个球是轻球，那1个球是重球的话，天平就会平衡。这样就能找到重球了。

（很多学生鼓掌）

师：大家鼓掌表明赞同他的办法，有没有不同意见？

生：我觉得他说得很好，但是如果那两个轻球不等于那个重球，怎么办？

（课堂上十分寂静，学生开始思考）

师：好问题！一个盘子里放2个球，另一个盘子里放1个球，平衡了，那是运气好。如果不平衡呢？刚才理解题目的时候，我们没讨论"稍重"，（面向刚才说称1次的男孩儿）你那个重球已经不是稍重了，你那个重球已经是正常球的两倍重了，是不是？

（全班同学点头称是）

师：他的答案虽然错了，但是让我们理解了题目中"稍重"两个字的重要性。用掌声感谢他！你是怎么称的呢？

生：一边放一个球，如果不平衡，那么下沉的就是重球；如果平衡了，重球就是没有放进去的球。

（学生说时，教师板书。学生发言完毕，全班热烈鼓掌）

师：既考虑了平衡，又考虑了不平衡，思考得真全面！（板书："如果……那么"）用上了"如果……那么"，表达得真清楚！你能用上这两个词，和同桌说一下吗？

（见贤思齐，学生们说得兴致勃勃）

师：3个球中只有一个稍重，最少需要几次才能保证称出来？（有学生说"2次"，有学生说"1次"，师指着板书）是2次啊。

生：那是两种可能，只称了1次。

师：（装出恍然大悟的样子）我听懂了，看来大家都明白了。把3个球中的2个球分别放在两个盘子里，可能平衡，也可能不平衡。但不管平衡还是不平衡，都只要称一次就能找到重球，是吧？

（学生们使劲点头）

3. 回头一看：突出"推断"

师：（微笑）请看板书（如图9.3）。你有问题吗？没问题？谁能提出好问题？

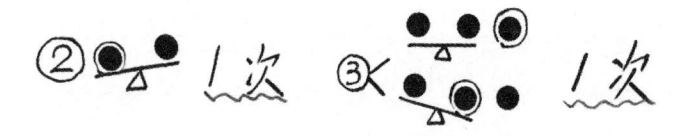

▶ 图9.3

生：为什么球的数量增加了，称的次数还是一样？

师：好问题！你是我的知音，我想问的也是这个问题。琢磨一下，为什么呢？为什么3个球还是称1次就行？

（学生热烈讨论）

生：因为我们称了2个球，如果它们是平衡的，那么外面的球百分之百是重球，所以不用再称第二次。

师："百分之百"用得好！也就是说有推断在里面，所以只要称一次。厉害，厉害！如果平衡的话，我们能推断出来第3个球是重球。如果不平衡呢？

生：重球就是下沉的那个。

师：外面的那个球还需要称吗？

生：不需要。

师：能推断出来，外面的球怎么样？

生：是轻的。

师：轻是相对于重而言的，也就是说那个球是正常的球。为什么能推断出来？因为题目说了"只有1个球比其他球稍重"。用没有砝码的天平来找重球，有三种可能：有可能在第一个盘子里，有可能在第二个盘子里，还有可能在第三个盘子里。这么一想，天平有几个盘子？

生：（齐）2个。

师：看上去是2个盘子，实际上有几个盘子？

生：（齐）2个。

师：哈哈哈，好好好，现在看是2个盘子，有意思的事在后面。

4. 从4个球中找重球：崇尚"开放"

师：继续来，接下来想研究从几个球中找？

生：4个。

师：好！谁来说？

生：首先，在天平的两侧各放2个球，一定不平衡。接下来，从下沉的2个球中找，在天平的两侧各放1个球，还是会不平衡，下沉的那个球就是重球。

（学生说时，老师配合板书。学生回答完毕，全班学生热烈鼓掌）

师：想得明白，说得清楚！她用上了这句话，真好！（板书："接下来，从……中找"）一共称了几次才找到的？

生：（齐）2次。

师：还有不同的找法吗？

生1：先拿2个球，在天平的两侧各放1个。如果平衡，再称另外2个球，此时一定不平衡，下沉的就是重球。一共称了2次。

（大部分学生鼓掌，老师示意："有补充吗？"）

生2：先拿2个球，在天平的两侧各放1个，这时可能不平衡。如果不平衡的话，1次就能找到重球。

师：两人一合作，回答就圆满了。同学们有称1次找到的，有称2次找到的。那么，最少称几次才能保证找到？

生：（齐）2次。

师：为什么不说1次？

生：称1次就找到是运气好。

师：这么看来，从4个球中找出重球可以有不同的方法，但最少要称2次。

5. 从8个、9个球中找重球：在"巩固"中着力"化归"

师：接下来，我们从8个球中找，好吗？怎么找？

生：在天平的两侧各放4个球，因为8个球中只有一个是重球，所以一定不平衡，下沉的那边肯定有重球。接下来就是继续称那4个球，每边放2个……

师：真好，谢谢你！从4个球中找重球，怎么找？大家可以一起说吧！

生：（齐）每边放2个球，一定会有一边下沉。

师：很好，"一定"这个词用得好！一定不平衡，重球在——

生：（齐）重球在下沉的那边。接下来就是从2个球里面找。

师：好，称几次肯定能找到？

生：（齐）3次。

师：赞同！能不能把这样的找法说得简单些，省略一些话？

（学生们不明所以）

师：我打个比方。学校组织大家到新博物馆参观，但你不知道回家的路该怎么走。校长告诉你从新博物馆到学校怎么走；接下来，从学校回家的路，还需要校长说吗？轻车熟路，不用赘述。从4个球中找重球我们是不是已经研究过了？还需要一步一步地说吗？

生：哦，明白了。从4个球中找重球需要称2次，一共称3次。

师：对！接着，请问，若9个球中有1个重球，该怎么找？独立思考后小组内交流。

生：也是称 3 次。先在天平两侧各放 4 个球，还有 1 个球放在旁边。如果平衡，那么放在旁边的就一定是重球；如果不平衡，接下来就要从下沉的 4 个球中找。从 4 个球中找重球，刚才已研究过了，要称 2 次。这样，一共要称几次呢？

生：（齐）3 次。

师：好极了！有补充吗？

生 1：如果在天平两侧各放 4 个球天平就能平衡的话，只称了 1 次就能找到重球。

生 2：那是运气好的情况，不算。

师：我欣赏这样的对话！还有没有不同的称法？

生：先在天平两侧的盘子里各放 3 个球，此时还有 3 个球放在外面。如果天平平衡的话，重球就在第三个盘子里。

师："在第三个盘子里"，说得好！

生：如果天平不平衡的话，重球就在下沉的那个盘子里，接下来也是从 3 个球中找重球。从 3 个球中找重球我们已经研究过了，再称 1 次就行。这样，一共称几次呢？

生：（齐）2 次。

师：掌声鼓励！（指着板书）同样是 9 个球，一种方法是称 3 次，一种方法是称 2 次。请问，称 2 次是不是也是运气最好的情况呢？

生：（齐）不是。

师：为什么不是运气最好的情况呢？

生：因为他是把 3 个球放在一个盘子里的，不管天平是平衡还是不平衡，接下来都是从 3 个球里找重球，所以称 2 次一定能找到。

师：同意吗？给他掌声！也就是说，当我们不是把 9 分成 "4，4，1"，而是平均分成 "3，3，3" 的时候，称 2 次就一定能找到重球。

6. 回马一枪，凸显 "第三个盘子"

师：（指板书：8 个球，3 次；9 个球，2 次）有问题吗？这么多人能发现问题，真棒！没发过言的人，举一下手。

生：为什么球的数量变多了，次数反而变少了呢？

师：好问题！为什么？

生：其实，从8个球中找重球，称2次也能找出来。

师：从8个球中找重球，最少2次就能找出来？你暂且不说，好不好？让其他同学也想想。

（发言的男生自豪地点点头）

师：真好！心领神会，心心相印，给他掌声！请大家都琢磨一下，可以在脑子里面想，也可以在纸上想。请最后面的女生回答。

生：先在天平的两侧各放3个球，外面还有2个球。如果天平平衡的话，那就是外面的2个球中有一个是稍重的；如果天平不平衡的话，那接下来就是从下沉的3个球中找。不管是从2个球中找还是从3个球中找，只要称1次就可以了。这样一共只要称2次。

（全班响起热烈的掌声）

师：你真是一个很有智慧的女孩儿，再次给她掌声。（学生热烈地鼓掌）第一次发言就能赢得我们两次掌声，非常棒！现在，我们知道了从8个球中找重球，最少2次就能找出来。之前我们研究的时候没再仔细琢磨一下会不会有其他可能。我非常欣赏刚才的那个男孩儿，他当时举手了，但我想让全班同学都经历这个思考过程，所以我没请他回答。他那会儿就憋着了，把手放了下去，再次给他掌声。你是我的托儿，真好！

（老师冲那位男生竖起大拇指，全班长时间热烈鼓掌）

师：孩子们，现在我们分析一下，为什么同样是8个球，有的方法最少称3次，有的方法最少称2次？你发现这两种称法不同之处在哪里？

生1：第一种称法是先在天平两侧各放4个球，第二种称法是在天平两侧各放3个球。放的球个数不一样。

生2：一个盘子里放的球的个数越多，比较的次数就越多。

生3：第一种方法只用了2个盘子，将8个球分成了4个和4个。第二种方法用了3个盘子，将8个球分成了3个、3个和2个。因为3个和2个都只用称一次，所以称的次数就少了。

师：非常好的回答！看来，妙就妙在第二种方法用上了第三个盘子。这第三个盘子是虚拟的。能看到第三个盘子，高明；能用上第三个盘子，就是高手。我们再看，从 9 个球中找重球，为什么平均分就好一些？是不是因为这充分地利用了第三个盘子，而不是把零头放在第三个盘子里？

（学生们频频点头）

师：现在我们要分小组讨论 —— 要从那么多球中找到稍重的球，方法是怎样的？

（学生分小组讨论）

生 1：要用上第三个盘子，将球分成 3 份。

生 2：用平均分的方法。

生 3：还有一点补充，要充分利用第三个盘子。因为如果将球平均分的话，像 8 个球，分成 4 个和 4 个也是平均分，但称的次数却比分成 3 个、3 个和 2 个要多。

生：首先，天平上球的数量一定要相同。其次，要尽量地平均分成 3 份。

三、顺水推舟，圆满收官

师：我们接下来就琢磨怎么从 81 个球中找重球。

生：把 81 平均分成 3 份，27、27 和 27。

师：（板书：27　27　27）一开始有同学说"40、40 和 1"，这种方法为什么不好？

生：从最不好的情况考虑，接下来就要从 40 个球里面去找重球，而上面的称法只要从 27 个球里面找。

师：一语道破！赶快琢磨，这样分的话，最少几次能找到？

生：分成 27、27 和 27 的话，不管天平平衡还是不平衡，接下来都是从 27 个球中找。把 27 再分成 3 个 9，不管天平平衡还是不平衡，接下来都是从 9 个球中找。从 9 个球中找我们已经知道了，最少 2 次。那么就是 2+2=4，就是 4 次。

（全班热烈鼓掌）

师：现在有答案了，能去应聘了吗？（学生们信心满满）请回头看一下自己开始时写的答案。（有的学生不好意思地捂住本子，有的学生伸出舌头做鬼脸）我很好奇，比尔·盖茨为什么拿这道题来考应聘者？回想一下这节课，你能找到答案吗？

生：他可能是想考验应聘的人员知道不知道要充分地利用第三个盘子。

师：大家都知道，天平有两个盘子，但你要能看到虚拟的第三个盘子。能看到别人看不到的就是水平。

生1：比尔·盖茨这样做是因为他最崇拜中国的老子。老子说过一句话，"天下难事，必作于易"，意思是，天下再难的事也都是由简单的小事构成的。

生2：他是想看应聘的人能不能全面地思考问题。

师：说得好！所谓"全面地思考问题"，是指既要考虑平衡，也要考虑不平衡；既要考虑运气好的时候，也要考虑运气坏的时候。如果一个人总能从最坏的情况考虑事情，那么他一定胜券在握。

生：比尔·盖茨要招聘办事效率高的人。

师：是的，这是数学上著名的"找次品"问题，（板书课题"找次品"）就是要找到解决问题的最好方法。（再次出示老子的图片，老师示意学生读图片上方老子的话）找几个有意思的次数来品，品出了什么呢？

生：（齐）道生一，一生二，二生三，三生万物。

师：孩子们，世上的事物往往都是一分为三的。上，中，下；左，中，右；好，中，差；大于，小于，等于；正数，负数 ——

生：（齐）零。

师：质数、合数 ——

生：（齐）1。

师：过去，现在 ——

生：（齐）未来。

师：软，硬，微软。

（大家都开心地笑了。师用课件出示："感谢您的微笑！""下课啦！"）

板书设计

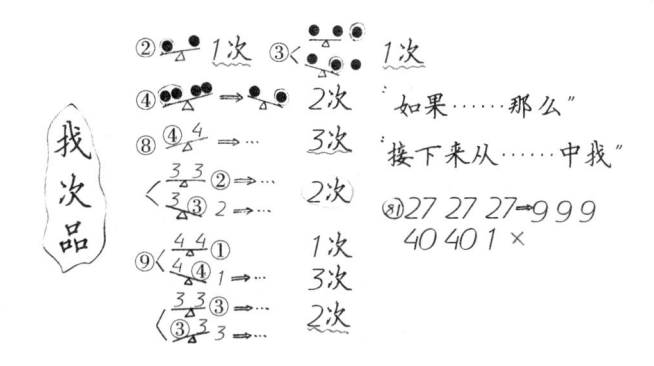

```
        ②•• 1次      ③•<•• 1次
我      ④•••→•• 2次    "如果……那么"
次      ⑧④<⁴ →… 3次    接下来从……中找
品        <³⁄₃②→… 2次    ⑧|27 27 27→9 9 9
            ³⁄₃2→…         40 40 1 ×
        ⑨⁴⁄⁴①→ 1次
          ⁴⁄₄1→ 3次
        <³⁄₃③→ 2次
          ³⁄₃3→
```

（课堂实录由北京市第二实验小学刘伟男老师整理）

课后明辨

这节课我上得非常享受！我估计学生有难处的地方，学生就确实难住了；我想蒙混过关的地方，学生就让我的计谋得逞；我计划让学生总结整节课，学生就要言不烦，一语中的。心心相印的感觉真迷人！

有老师问我："为什么不研究5个、6个、7个？"

这是我舍去的，因为5个、6个、7个不能彰显出第三个盘子的价值。如果这样称和那样称，保证找到重球的最少次数没有变化，方法的优劣也就无从说起。还有一个原因，就是一节课的时间有限。

有老师问我："为什么不研究待测物品的个数和最少称几次之间的规律？"

这也是我舍去的。因为规律不重要，重要的是找规律的过程。也就是说，我们不要给学生"金子"，而是要给学生"点石成金的指头"。所以，我请出了老子的"天下难事，必作于易"。还有一个原因，就是如果要揭示规律，那么就要研究更多的待测物品个数，那样就要用更多的时间。在时间有限的情况下，囫囵吞枣，我不愿意。

有老师问我："您的板书为什么上面是磁珠，下面是数字？"

这种记录方式是我创造的，开始时的设计都是数字。试讲后，施银燕老师给我提建议，满黑板的数字太呆板，换成磁珠既有变化又形象直观。我采纳了。

有老师问我："您的课上常常有让人眼前一亮的情境。这节课为什么不找一个好的情境？"

"找次品"只是个数学游戏。81个乒乓球，只有一个稍重，用没有砝码的天平称，4次就能保证称出来？不可能。因为一个盘子根本装不下27个乒乓球。

我也追问："到底什么是找次品？"一个周六的中午，我突然悟到，"找次品"就是找几个有意思的次数慢慢来品，品出方法，品出道理，品出趣味，品出一分为三……

有老师问我："为什么能够上出这样充满哲学味道的'找次品'？"

因为我懂得，最简单的往往最深刻。所以，以前上这节课大都是从"3个"开始，而我从"2个"开始研究。因为我知道，"一分为二"是西方哲学，"一分为三"是中国哲学。能"一分为三"地思考问题，就不会非黑即白，而会用心地寻找中庸地带。因为我早就读过庞朴先生的专著《一分为三论》，读过田茂先生的《似与不似——"三"的哲学智慧》。我读的时候，不知道现在可以用到。无用的书也有用武之地，这是我从这节课中体悟到的。

我还追问："人们为什么看不到第三个盘子？"我想我找到了答案：因为第三个盘子太大了。当一个东西太小或太大时，我们都会看不到。我也请徒弟张洪叶做了课件，第三个盘子从无穷远处出现，停顿在与两个现实存在的盘子并列的位置，3秒后再扩散开来，最终完全看不见。这要不要展示给五年级的小学生？

西方有一句谚语："不要把所有的鸡蛋都放在一个篮子里。"这句话与解决"找次品"问题是相关的，都说明要从最坏的角度考虑问题，尽量平均分配才能比较好地规避风险。因此，我请美术老师朱楠男创作了一组连环画（如图9.4）。

▶ 图 9.4

这又增加了新的环节,整个教学流程要宕开一笔。虽然朱老师画得很传神,但是学生由于缺乏生活经验,看图会意都需要一定的时间。不过,虽说是节外生枝,但有利于突破这节课"要尽量平均分"的难点。我很纠结,这组连环画,到底该不该加?

我再思考,请大家赐教!

/ 名家点评 /

行走于平衡与不平衡之间
—— 听华应龙执教"找次品"有感

丁国忠(人民教育出版社)

2014 年的 10 月、11 月,我有幸两次聆听华应龙老师执教"找次品"。每次听华老师的课,总是被他别出心裁的教学设计和游刃有余的课堂教学所深深吸引,华老师深入浅出的讲解、幽默风趣的引领、从容自信的调控,总是给我们留下非常深刻的印象。

关于"找次品",笔者在若干年前也进行过粗浅的思考,并撰写过《浅谈"找次品"问题中多维目标的落实》一文。此次有机会聆听名师现场诠释,更是深受启发,颇有一种拨云见日、豁然开朗的感觉。

华老师从比尔·盖茨的招聘题目"假定你有 81 个乒乓球,其中只有 1 个球比其他球稍重。如果只能利用没有砝码的天平,请问你最少要称几次才能保证找到较重的球"引入,设计了从 2 个、3 个、4 个、8 个、9 个、81 个球中找次品等一系列教学环节。每个环节都目标明确，环环相扣，层层递进。整节课听下来，感觉学生"找次品"的过程就像登山，虽然山路蜿蜒曲折，但一步一景；刚刚还是艳阳高照，转眼又云雾弥漫；再走几步，又云开雾散，重见光明；待到终于登至顶峰，极目四望，天地宽阔，感觉整个世界都在自己脚下，一路的疲劳和艰辛都烟消云散，只剩下满满的成功登顶的愉悦感和成就感。

课听完了，思考却未断。感想很多，却又不知从哪个角度谈起。恰逢前一阵看到一篇探讨"教什么"和"怎么教"哪个更重要的文章，笔者无意做出明确的选择，只想把相关概念移植过来，站在学生的角度，就"学什么"与"怎么学"谈一点儿个人体会。

一、让学生学什么？

《义务教育数学课程标准（2011年版）》从知识技能、数学思考、问题解决、情感态度四个方面阐述了数学教育的总体目标。如何将这些目标与具体教学内容有机地结合，并在具体的教学行为中加以落实，是每一位教师进行教学设计时首先需要考虑的。那么，在"找次品"这节课中，我们需要学生学到些什么呢？是让学生掌握找到次品的最优方案？是让学生找到球的总个数与"保证找到次品所用的最少次数"之间的关系模式？诚然，这些都是我们希望达成的目标，但我们所追求的，又远远不止于此。

1. 关于抽象与直观的思想和方法

抽象是数学的基本思想之一。在数学学习中，数学抽象无处不在。但理解数学的抽象，有时又需要数学直观作为形象支撑。本课中，"找次品"所用的天平模型就是数学抽象与数学直观的完美结合。

虽然我们的任务是从若干个乒乓球中把稍重的一个次品找出来，但又不能动手，而只能动脑。虽然我们要用天平作为解决问题的工具，但又不能拿一架生活中的天平进行真实的称量，而只能利用天平模型进行假想的称量。因为即使拿一架零误差的天平（事实上，生活中并不存在完全零误差的天平）进行实际称量，出现的结果要么是平衡，要么是不平衡，而不会出现"如果平衡……""如果不平衡……"的情形。这就决定了学生需要在头脑中建立一个天平模型，这个模型既是抽象的，又是直观的：其抽象性体现在它是一架虚拟的天平，可以实现零误差；其直观性体现在它可以帮助学生在头脑中想象这架天平平衡与不平衡时的形象画面。因此，本课中的抽象不是纯粹意义上的抽象，而是直观的抽象；直观也不是操作意义上的直观，而是抽象的直观。"数学是思维的体操"，这句话在本课中得到了充分的体现。

2. 关于推理的思想和方法

陈省身先生曾说过，数学的主要方法是逻辑的推理。《义务教育数学课程标准（2011年版）》也明确指出："推理能力的发展应贯穿于整个数学学习过程中。"本课的教学既包含了大量类似"如果……那么……"的演绎推理，又包含了从若干特殊实例中得出一般性结论的归纳推理。

本课自始至终紧紧围绕"保证找出次品""既要保证找出次品，又要用最少的次数"这两个基本问题，让学生经历推理的过程，掌握推理的方法，体会推理的思想。

课一开始，一位同学就提出了"从81个球中找次品"的解决方案："我的答案是1次。因为题目中说的是'最少要称几次'，每个盘子放40个球，如果平衡，那剩下的那个球就是稍重的球。"事实上，这位同学已经在自觉地运用逻辑推理的方法解决问题了，不足之处在于他只考虑到了两种情形中的一种，而没有考虑当运气不好时，有可能会出现天平不平衡的情形。而"保证找出次品"则要求把所有的可能性都考虑到，即运气再不好，也能把次品找出来。只有把所有的可能性都罗列出来，才算完成了演绎推理的完整过程。

本课中涉及的演绎推理，可以用以下模式概括。

$$\begin{cases}如果天平外边没有球，那么次品一定在下沉的一端。\\ 如果天平外面有球，那么\begin{cases}如果天平平衡，次品一定在天平外边。\\ 如果天平不平衡，次品一定在下沉的一端。\end{cases}\end{cases}$$

每一次找次品的过程都是演绎推理的应用过程，而在一次次找次品的过程中，通过比较、分析、猜想、验证，发现找出次品的最优方案，则是一个归纳推理的过程。虽然学生对"每次称量时，都把含有次品的乒乓球尽量平均分成三份"的最优方案，无法给出严格的数学证明，但教师可以借助一些特殊问题，帮学生通过不完全归纳的方法推理得到。例如，在解决从多个乒乓球中找次品等具体问题时，通过对各种方案的对比，实现从"二分法"到"三分法"再到"尽量平均分的三分法"的转变，总结出最优方案的特点；再结合"思辨式的说理"，归纳出一般性的结论："对任意数量的乒乓球，这样的称量方案都是最优的。"这就是对归纳推理的思想和方法的自觉运用。

3. 关于优化的思想和方法

要从 81 个球里找出次品，最极端的方案是：在天平两端各放一个球，如果不平衡，马上就能找到次品；如果平衡，保持一个球不动，再从天平外任意拿一个球来比。这样比下去，也能保证把次品找出来，但显然没有达到我们的另一个目标：使用最少的次数。

一个一般意义上的最优策略应该保持一致性，即每次称量都应遵循相同的原则。例如，要从 6 个球中找出一个稍重的次品，方案一如下：第一次称量，天平两端各放 3 个球，次品在下沉的一端。第二次称量，从含次品的 3 个球中各取 1 个放在天平两端，一定可以找到次品。方案二如下：第一次称量，从 6 个球中各取 2 个放在天平两端。若平衡，次品在外面的 2 个球中，接下来，把这 2 个球分别放在天平两端，一定可以找到次品；若不平衡，次品在下沉的 2 个球中，同样，把这 2 个球分别放在天平两端，一定可以找到次品。这两种方案都是用 2 次称量就可保证把次品找出来，但方案一的第一次称量并不符合最优策略的一般原则。因此，即使称量次数和方案二相同，方案一仍然不是一个一般意义上的最优方案，只是因为球的总数少，产生了两种方案所用次数相等的"巧合"。而这种"巧合"有时会掩盖真相，把学生引入歧途。例如，有的学生会认为当所称的球的个数是偶数时，要用二分法；当球的个数是奇数时，才要用到三分法。

因此，选择多少个球进行研究就变得尤为重要。华老师选择了从 8 个球、9 个球中找次品，引导学生自主探究最优方案。这一环节在设计上暗藏玄机，使全体学生"误入歧途而不自知",听后让人拍案叫绝。华老师先让学生解决"从8个球中找次品"的问题。由于$8=2^3$,每次"二分"之后依然是偶数,因此,在课上,刚开始所有学生无一例外都采用了二分法也就不奇怪了,即把8个球分成4个和4个,然后把含有次品的4个球分成2个和2个,最后把含有次品的2个球再分成两份。这样,3次就能把次品找出来了。一切都进展得非常"顺利",华老师也不动声色,未加点破,而是用赞许的眼神对大家的思路表示肯定。接下来再来解决"从9个球中找次品"的问题,此时学生中出现了不同的方案,有的是先在天平两端分别放上4个球,有的是先在天平两端分别放上3个球。前一种方案用3次才能保证找出次品,后一种方案只用2次就够了。此时,有眼尖的学生发现了问题:"为什么球的数量变多了,次数反而变少了呢?"而华老师也像刚发现新大陆一样:"好问题!为什么?"在这样的情境下,无需教师多余的讲解,学生自然会去主动对比"从9个球中找次品"两种方案的差异。在此基础上,再回过头去研究"从8个球中找次品"还可以用什么样的方案解决,也是水到渠成的事情。

在学生讲述推理过程的时候,华老师多次强调"第三个盘子"的概念,引导学生完成从二分法到三分法的转变。事实上,在任何一次称量过程中,球所放的位置一定是三个位置中的其中一个,即天平的两端和天平外边,所以,不管怎么分,实际上都是在运用三分法进行称量。二分法也可以看成是三分法的一种特殊情况,即天平外的数量是0。为了方便表述,在本文中,我们不妨用(a, a, b)来表示三分法的结果,其中a表示天平两端所放乒乓球的数量,b表示天平外乒乓球的数量。因此,三分法并不是最优方案的关键,关键是a和b要尽量接近。这一点,教师可通过具体的分法让学生体会和理解。例如,从8个球里找次品,可用以下几种方案进行第一次称量:方案一,$(1, 1, 6)$,运气不好的话,接下来要从6个球中找次品;方案二,$(2, 2, 4)$,运气不好的话,接下来要从4个球中找次品;方案三,$(3, 3, 2)$,运气不好的话,接下来要从3个球中找次品;方案四,$(4, 4, 0)$,运气不好的话,接下来要从4个球中找次品。通过对比很容易发现,在进行下一次称量时,方案三中含有次品的乒乓球总数是最少的。这一方案中"天平两端和天平外的乒乓球个数最接近"的特点也是显而易见的。而课上仅对$(3, 3, 2)$和$(4, 4, 0)$两种方案进行对比就得出了结论，笔者认为这也是一个小小的缺憾。如果能够把第一次称量的所有方案全部呈现出来，引导学生通过对比发现最优方案的特点，应该会更具说服力。而在解决"从 9 个球中找次品"的问题时，也可以再次强化这种完全归纳的思想和方法。

4. 关于化归的思想和方法

在解决数学问题时，人们常常将待解决的问题甲，通过某种转化，归结为一个已经解决或者比较容易解决的问题乙，然后通过问题乙的解答返回去求得问题甲的解答，这就是化归的基本思想。在"找次品"问题中，能把"从 81 个球中找次品"的问题转化为"从 27 个球中找次品"，把"从 27 个球中找次品"的问题继续转化为"从 9 个球中找次品""从 3 个球中找次品"，其前提就在于每次称量使用的都是相同的策略，即"把含有次品的乒乓球尽量平均分成 3 份"。有了化归的思想和方法，对任意正整数 n，都可以把"从 n 个球中找次品"的问题转化为最基本的"从 2 个或 3 个球中找次品"。

教学时，华老师总是能在关键的地方用简洁的语言给予点拨，使学生深刻体会化归的思想，轻松掌握化归的方法。例如，在解决"从 8 个球中找次品"的问题时，当学生说到"从 4 个球中找重球"的具体步骤时，华老师适时插入："能不能把这样的找法说得简单些，省略一些话？"使学生意识到"从 4 个球中找次品"的问题在前面已经解决了。一句简单的话语，不仅节约了教学时间，提高了教学效率，还让学生感受到了化归思想的强大力量。

5. 关于表征的方式

用合适的方式清晰地表征问题、表征思维过程是一种很重要的数学能力。《美国学校数学教育的原则和标准》指出："学习用通用的、大家都接受的表征方式，无论对学生的数学学习还是加强学生与他人进行数学观点的交流，都是十分重要的。"华东师范大学的徐斌艳老师从数学教学的角度，把数学中的表征分为形式化表征、图像化表征、动作化表征和语言化表征。在本课中，学生在理解了"保证找出次品"的含义之后，基本能够利用语言化表征的方式清晰地陈述推理的过程。但根据笔者的经验，要让学生自主探索出一种非语言化的方式（如框图的形式、示意图的形式）来描述思维过程并非易事。在本课中，华老师结合学生的语言陈述，用图示的方式简洁、直观、清晰地表示出推理的过程，为学生提供了很好的示范。

也许有人会说，这种表征是由教师提供的，应让学生更多地经历自我探究的过程。但事实上，正如《美国学校数学教育的原则和标准》中所指出的："现有的许多表征是十分有效的交流工具，这一事实掩盖了形成这些表征的困难程度。"要学生实现对非语言化的表征方式的自主探究，需要花费大量的时间和精力。考虑到课堂时间的限制，给学生提供一种现成的范例加以模仿，相信也是华老师反复权衡后做出的选择。

6. 关于数学文化

老师们经常评价华老师的课"很有味道"，其中一个很重要的原因就是华老师在日常教学中非常重视学生数学文化的养成，他的课堂总是自然地融合了很多哲学的意味和人文的色彩。例如，在提出"从81个球中找次品"的问题之后，华老师巧妙地出示了"天下难事，必作于易"。这句话出自老子的《道德经》，在数学课上出现，不仅毫不牵强做作，反而显得自然贴切、恰到好处，起到了画龙点睛的作用。华老师既从哲学的高度诠释了化繁为简的数学思想，又把数学与中国传统文化有机地结合起来，把培养学生的数学情感真正落到了实处。培养学生良好的数学情感和态度，不能靠生硬、空洞的说教，而要在"润物细无声"中，用数学自身的魅力去吸引学生，用数学的文化去感染学生。

二、让学生怎么学？

如果说"让学生学什么"反映的是教师的数学观，那么"让学生怎么学"则更多地反映了教师的数学教学观。

1. 在问题中学

著名数学家哈尔莫斯曾说过，问题是数学的心脏。一方面，教师要提出好的问题，激发和调动学生的探究兴趣；另一方面，教师要引导学生在解决问题的过程中发现和提出有价值的问题，树立问题意识，以问题引领思考。

一个经过精心设计、具有挑战性的问题能很快地吸引学生的注意力，激发学生探究的欲望。本课伊始，华老师就提出了一个难度很大的问题："假定你有81个乒乓球，其中只有1个球比其他球稍重。如果只能利用没有砝码的天平，请问你最少要称几次才能保证找到稍重的球？"大部分学生觉得这个问题非常棘手，找不到解决问题的切入点。什么叫"保证找到稍重的球"？从81个球中拿出2个球分别放在天平两端，一端下沉，就可以说用1次就能保证找到稍重的球了吗？什么叫"最少要称几次"？会不会解决？不会解决的话，可不可以尝试着猜测一下？可不可以解决一个类似的简单问题？最简单的情形是从几个球中找次品？……这样，在一个接着一个问题的引领下，学生的思维一步步被引向纵深。

2. 在探究中学

如果把"找次品"问题的最优解决方案直接告诉学生，再加以反复练习，相信学生再次遇到类似的问题时，解决起来也能达到驾轻就熟的程度。但如果不让学生亲历探究的过程，学生就会失去全方位发展解决问题能力的机会。

华老师抛出"从81个球中找次品"的问题后，并不急于让学生解决，而是让学生凭第一感觉猜一猜要用多少次才可以找出次品。有的学生猜80次，有的学生猜40次。那么，到底最少用多少次才可保证找出次品呢？学生心中的探究兴趣与欲望一下子被激发起来。带着这一问题，师生一起研究了从2个、3个、4个、8个、9个球中找次品的问题。在探究的过程中，教师大胆放手，学生积极参与。通过猜想、尝试、比较、归纳，学生知道了在什么情况下天平一定不平衡，在什么情况下天平可能平衡也可能不平衡；知道了什么是"保证找出次品的次数"；知道了要保证找出次品，可以有许多不同的方案，不同的方案所用的次数是不同的；知道了对不同个数的乒乓球，要用最少的次数找出次品是有一般性规律可循的……

经历了这样的探究过程后，再回过头来重新审视一开始觉得难度很大的"从81个球中找次品"的问题，一定会有一种别样的感觉。从"无处着手"到"轻松拿下"，其实并不遥远，中间相隔的只是一段"探究的旅程"。

在这一过程中，学生经历了"拨开云雾见明月"，经历了"柳暗花明又一村"。学生在教师的帮助下不仅寻找到了最优的称量方案，更在寻找最优方案的过程中掌握了数学的基本知识，提高了数学的基本技能，理解了数学的基本思想，积累了数学的基本活动经验。与解决"找次品"问题这一具体目标相比，这些过程性目标的达成，对学生的数学学习乃至终身发展，都具有更深远的意义。

3. 在交流中学

在一个有效的数学课堂中，师生之间、生生之间的讨论、交流、分享、质疑、反思都是帮助学生获得数学理解的重要方式。也只有在一种平等、民主的课堂环境中，学生才有机会充分地表达自己的观点、聆听别人的观点，并在交流互动中博采众长，获得批判性思维和反思能力。而教师的任务就是营造这样一种宽松的课堂氛围，鼓励学生思考、提问，针对解决问题的思路、策略进行讨论，并给以必要的点拨与指导，为学生的全面发展提供良好的环境与条件。

在华老师的课堂上，教师从容，学生放松，没有教师居高临下的压抑感，更没有师生共同"赶教案"的紧张感。只有在这样的课堂环境中，师生才能全身心聚焦于所要研究的问题本身，甚至连听课者的思维也会不自觉地参与到师生的研究活动之中。学生真正成为课堂的主人，他们自由地发表意见，对别人的观点进行反驳或补充。在华老师的课上，教师的启发和学生的思维碰撞成为课堂推进的主旋律。很少看到"老师说教，学生听讲"的场面，更多的是学生互相交流，老师边听边思考。教师有时会频频颔首，并给学生由衷的赞许"真好，真好"，有时又会微皱眉头，提出疑问。对课堂上出现的任何一种观点，教师从不直接肯定或否定，更多的是让学生互相交流，互相修正错误，澄清理解，形成反思，教师真正成为学习活动的"组织者、引导者、合作者"。《义务教育数学课程标准（2011年版）》指出："好的教学活动，应是学生主体地位和教师主导作用的和谐统一。"在华老师的课上，我们看到了这样的"和谐统一"。

笔者曾经看过一段日本女艺术家表演平衡术的视频。表演者手上持一根木条，然后继续在这根木条上交错地搭上另一根木条，再搭上一根……这样一根一根、一层一层搭下去，需要艺术家具备超强的平衡能力，才能使所有木条处于一种平衡的状态。在数学教学的过程中，教师同样需要处理好多维目标之间的平衡、结果与过程的平衡、学生探究与教师指导的平衡、预设与生成的平衡……这对教师的平衡能力提出了很高的要求。课堂上随时会出现一个个意料之外的不平衡因子，打破原有的平衡格局。此时，教师要像那位艺术家一样，慢下来，静下来，在动态的微调中形成新的平衡。毫无疑问，华老师就是这样一位行走于数学教学的平衡与不平衡之间的出色的"平衡大师"。

10. 让规律多飞一会儿
—— 以"规律的规律"为例

教学内容

自编教材六年级下册"整理与复习"。

课前慎思

爱因斯坦曾说过，人必须经常思考新事物，否则和机器没有什么两样。虽然机器有机器的优点，不过，大概没有人愿意做一台机器。

我讲"计算器的使用"时，发现要教"储存""提取"两个键。徒弟在设计"计算器的使用"一课时，发现还要教"清除"键，并且创造性地拿来"142857"，让学生练习使用"储存""提取""清除"三个键。在和她讨论教学细节时，我突然来了灵感，想讲一节有关规律的数学课。此前的七八年，我执教的一直是传统教学内容，只是在如何改进教学上做了一些努力，产生了一些影响。现在，我要尝试一个新创的数学学习内容，免得做"机器"，也免得老师们审美疲劳。

数学是什么？数学能教什么？小学数学能教什么？……

数学研究的是变化中不变的规律，数学是不断被发现的，并不是铁板钉钉。而我以前的教学往往是把灵动的思维体操变成了刻板的解题操练，使快乐无穷的游戏变成了痛苦不堪的劳役。

我们的数学教学常常把数学教死了，把数学教成了绝对真理，那就不好玩了。比如，我讲"计算器的使用"，让学生计算8个2乘8个5等于多少。当学生束手无策时，我捧出了祖传秘方，学生算出1个2乘1个5、2个2乘2个5、3个2乘3个5之后，悟出了规律，进而圆满解答了8个2乘8个5。得胜后，我便鸣金收兵了。现在想来，我当时没有让学生认识到这个规律是有适用范围的，如果要计算10个2乘10个5就不好使了，是一大缺憾。

有关规律的教学大都存在着这个问题。

列宁曾说过，真理向前一步就变成了谬误。可是，我们为什么不可以让学生越出雷池一步呢？学习的过程本来就是一个不断试错的过程。有些错总是要犯的，犯得越早，损失就越小。

昨天，孩子认为世界是不变的；今天，我们帮助孩子跨出这一步；明天，他就会多留一些空间让自己去想象。世界上没有了偏执，也就少了许多无端的争吵。

所有科学都关心某种变化中不变的东西。生物学关心遗传因子，化学关心元素，物理学关心基本粒子，哲学关心普遍的规律。但是，规律是指一定条件下必然产生一定的结果。因此，规律的内容中是包含了前提的。我们平时感受到的规律，如冬去春来、日出日落，总有一天是要变的。数学的特点就是它不肯定"是什么"，它只是说，如果是什么，那就如何如何。

那么，让规律多飞一会儿的意义何在？我可以借用中国科学院院士陈希孺先生的一段话来回答——"统计规律的教育意义是看问题不可绝对化。习惯于从统计规律看问题的人在思想上不会偏执一端，他既能认识到一种事物从大的方面看有一定的规律，也承认存在例外，二者看似矛盾，其实并行不悖，反映了世界的多样性和复杂性。如果世界上的一切都被铁板钉钉的规律所支配，那我们的生活将变得何等的单调乏味。"

让规律多飞一会儿，山穷水尽之后，又可能柳暗花明。那多神奇，那多好玩！

因此，我制定的本节课的教学目标是——

①了解神奇的"142857"，回顾小学阶段所学的有关规律。

②再次经历发现规律的过程，体验到规律有一定的适用范围，积累数学活动经验。

③感受到数学好玩，敢于大胆质疑。

这节课的主要目的不是让学生找规律，而是让学生回顾规律并怀疑规律，感受规律的规律。"规律的王国是有国界的"，大概是个不错的说法。

那规律的规律是否有点儿太哲学？会不会把孩子们吓住呢？他们能接受吗？

哲学是研究规律的学问，要研究的内容是：这些规律的根据是什么（本体论）？认识这些规律的过程和方法是什么（认识论、方法论）？还有更重要的是，我们应采取什么样的态度看待这些规律以及为什么要采取这种态度（世界观、人生观）？这三个方面在这节课中都有体现。当然，这节课不是要研究那些哲学问题，而是让学生感受规律的魅力。

孩子是天生的哲学家，天才的诗人。如果我看不懂学生的表现，听不明白孩子的话语，那是因为我已经不是孩子，已经老化和退化，不能和孩子们对话了。

课中笃行

一、"啊，怎么会这样？"

师：请看大屏幕，计算下面各题，把得数写在练习本上，看谁反应最快。

（屏幕显示：142857×1= ）

生：（齐）142857。

师：（惊讶地）怎么这么快？

众生：（激动地）乘数是1啊！

师：嗯，对！这是一个规律，一个数乘1，还等于它本身。我们一起看下一道题。

（屏幕显示：142857×2= ）

生：（思考片刻）285714。

师：怎么算的？

生：我是口算的，从个位数开始乘起。

师：可以！除了可以用乘法算，还可以用什么方法算？

生：加法，直接用上面的得数，再加一个142857就行了。

师：没错，做对的同学举手。

（全班同学都举起了手）

师：真好！看第三题。

（屏幕显示：142857×3= ）

生：(思考片刻，部分学生报出答案) 571428。

师：真快！怎么算的？

（无人应答，片刻之后，更多的同学抗议道："不对！应该是428571。"）

师：(微笑着) 到底得多少？

生：(埋头计算) 428571。

师：刚才有人算出的答案好像不是这个，你是怎么算的？能不能说一说，你是怎么想的？

生：我是根据前面的规律算的。

师：(惊讶地) 啊？

生：142857×1，结果等于它本身；142857×2，结果就是把前面的"14"调到了末尾，是285714。所以我想，142857×3，结果应该是把前面的"28"也调到末尾，就是571428。

师：(惊讶又佩服地) 哦，是这样，真了不起！她已经发现有规律了，那这个猜测怎么样呢？

生：(善意地微笑) 猜错了。

师：虽然错了，但是错得很可爱！用掌声鼓励一下！

（师生热烈地鼓掌）

师：其实学习就是这样的！不仅是学习，以后的研究也是这样的，需要我们不断地去猜测。先猜想，然后再验证一下！是吧？（所有学生点了点头）

师：好，看第四题。

（屏幕显示：142857×4= ）

生：571428。

师：（惊讶地）怎么这么快？

生：根据刚刚那位同学所说的规律，我发现 142857×4 万位上的数字是 4，四四十六往前进一位，所以结果的第一位数字是 5，后面依次排列下来就是 571428 了。

（学生自发地鼓掌，教师也竖起了大拇指）

师：厉害，厉害！可能有的同学没有发现，不要紧。不过，现在听了其他同学的发言，你赞同吗？

生：（频频点头）赞同。

师：结果等于多少？

生：（齐）571428。

师：刚刚他只是说了最高位应该是 5，那后面是多少呢？怎么想的呢？

（无人应答，学生们陷入了思考）

师：5 后面是几呢？

生：7。

师：7 后面是几呢？

生：1。

师：1 后面是几呢？

生：4。

师：为什么是 4 呢？

生：（齐）又转回来了。

师：4 后面是几？

生：2。

师：2 后面是几？

生：8。

师：8 后面？

生：5，不对，没了！

（师生一起开怀大笑）

师：（微笑地）看来大家都明白了，真好！刚才没有发现这个规律的同学，现在你再回头看一看、想一想。他们是怎么发现这个规律的呢？我怎么没发现

10. 让规律多飞一会儿　237

呢？（停顿）哪位同学能说说，你是怎么发现规律的？

生：我观察了142857乘1、乘2、乘3、乘4的结果，发现虽然这几个数字的排列顺序改变了，但是这几个数字却没变。

（学生自发地鼓掌）

师：说得非常好！怎么才能发现规律呢？首先就要善于观察！从上往下看，再从下往上看，就会发现不同中的相同——结果都是由1、4、2、8、5、7这6个数字组成的；相同中的不同——顺序不同。（许多学生应和道："顺序不同"）

师：没错！这告诉我们什么？（停顿）如果眼睛只盯着一道题目看，算出571428就盯着571428看，算出428571就盯着428571看，那你什么也发现不了。但是，当你回头再去看一下时，（教师手指屏幕，一道题一道题地向上移动）你很可能就有发现了。有了发现以后，就可以有猜想，就像刚刚我们那位女同学一样。

好，看下一道题。

（屏幕显示：142857×5=）

生：（齐）714285。

师：714285，没错！怎么想的？

生：142857×4=571428，把5移到末尾，就是714285。

师：为什么要把5移到末尾去呢？

生：142857乘以1到乘以5，它的结果应该是逐渐增大的，比5大的数字是7，所以应该以7开头。

师：有道理！这也是这列数的一个特点，从上到下，分别是从小到大排列的，是不是？

（众生点头表示同意）

师：还可以怎么想？

生：（犹豫地）我觉得我的方法可能不正确，不过我是这么想的：我发现，142857×4=571428，就是把第4位的8移到最后，142857×5=714285，就是把第5位的5移到最后。

师：哦，这样。那"142857×3=428571"呢？

生：就不行了。

师：（善意地微笑）不过，他有非常宝贵的怀疑精神。"我的方法可能不正确"，结果还真不对啊！

（师生开怀大笑）

师：后面这两个是对的，再往前就不对了。不过，我觉得挺好的，学习就要猜，大胆猜测、小心求证嘛！猜不对还可以再猜，是不是？

（学生微笑着点头）

生：我觉得因为五七三十五，所以5应该在末尾。

（学生自发地鼓掌）

师：这个想法好，言之有理！计算时，我们可以从个位开始乘，五七三十五，所以5当然要在个位了。

生：我发现，其实不仅是这一个算式，这一组算式都是这样的。一七得七，所以142857×1结果的最后一个数字就是7；二七十四，所以142857×2结果的最后一个数字就是4。4前面的数字是什么呢？假设它是在第二行的话，142857中的28571就排在了第二行，所以就在4前面了，是285714。这一组算式都是这样的。

（学生再次自发地鼓掌，不过似乎没有多大热情）

师：不明白就不要鼓掌，刚刚看见有些同学的目光和表情，我就知道你是不明白的，因为我也不明白。（学生都轻轻地笑了）但是他的水平特别高。我们不明白，往往是因为我们的水平还不够。（学生再次笑了，有的还点了点头）谁是他的知音，听懂他说的了，给我们解释解释？

生1：他的意思就是，比如，142857×1=142857，那142857×2结果的第一位数是2，就把2后面的数字857都提到14的前面，就是285714；142857×3结果的第一位数是4，但4后面没有其他数字了，那就直接把4提到前面变成428571就行了；142857×4结果的第一位数是5，就把5后面的数字71都提到428的前面，就是571428；以此类推，都是这样的。

生2：其实还可以这么想。观察这组结果就会发现，1后面一定是4；4后面一定是2；2后面一定是8；8后面一定是5；5后面一定是7；7后面要是再有数字，就会又回到1。所以，我们只要确定了每组算式的最后一个数字，就

10. 让规律多飞一会儿　239

可以根据这个数字往前推。

（学生自发地鼓掌）

师：真好，真好！

（教师拿起一张长方形纸条，上面写着142857。教师用纸条围成一个圆柱，展示给学生看。圆柱随着教师的转动，呈现出不同的数字：142857，285714……）

师：刚才你们说的是不是这样？

生：是！

师：数字的前后顺序是不变的，但是谁开头呢？（停顿）只要你愿意，谁都可以当第一！

师：刚刚我们提到了两种思路，一种是考虑最高位，一种是考虑个位，你觉得哪种更好一些？

（学生有分歧，有的觉得考虑最高位好，有的觉得考虑个位好）

生1：我觉得考虑最高位好，因为最高位是从小到大排列上去的。

生2：我觉得考虑个位好，末尾得几就写几，不用考虑进位的情况。

师：好，都行，喜欢哪种用哪种。继续，看下一题。

（屏幕显示：142857×6= ）

众生：857142。

师：怎么想的？

生：从小到大排列，7完了就是8，8开头后面是857142。

师：可以，有没有从不同角度考虑的？

生：从个位想起，六七四十二，个位数字是2，然后依次向前推，最后答案也是857142。

师：继续，看下一题。

（屏幕显示：142857×7= ）

（学生没有给出答案，叽叽喳喳地讨论起来，有的学生拿出计算器开始计算）

生：（片刻之后，惊讶地回答）999999。

（教师板书：啊，怎么会这样？）

师：刚刚你们的表情告诉我，你们的心里也在说这句话——"啊，怎么会这样？"

二、"哦，原来是这样！"

师：等于多少？

生：999999。

师：刚才我们好不容易发现规律了，怎么……

生：142857×6，最大的数字8已经是最高位了，再往后142857×7，就没办法再按照规律往下推了，所以就不符合这个规律了。

师：有思想，真好！

（教师带头鼓掌）

生1：如果我们从个位观察，就会发现七七四十九，142857×7结果的个位数字是9，出现数字9了，也说明它不符合这个规律了。

生2：我觉得还可以这么想，你竖着看这组算式的结果会发现，最后一竖行是741852，倒数第二竖行是517284，每个数字在每竖行都只用了一次，所以142857×7的结果就不会再是上面这些数了。

师：同学们，你们听出来了吗？刚刚三位同学的发言，分别从三个不同的角度说明了142857×7规律改变的原因。真好，不同的角度，不同的思考。给自己鼓鼓掌，你们太厉害了！

（全班响起热烈的掌声）

师：为什么会这样呢？（停顿）有这样一句话，我想和大家分享 ——

（屏幕显示："规律的王国是有国界的。"学生纷纷小声读了起来）

师：越过国界就不再是这个王国了，是吧？

（学生笑着点了点头）

师：为什么这么神奇呢？我给大家讲一个故事。

这组神奇的数字最早发现于埃及金字塔，埃及人用它来证明一个星期有7天。大家看，从星期一到星期六，都是1、4、2、8、5、7这6个数字上班，它们每天负责不同的职位，依次轮值一次。到了第7天，它们累了，都要休息，由999999来代班。

（学生恍然大悟。老师板书：哦，原来是这样！）

师：（微笑着）哦，原来是这样！同学们，142857还有一个很好玩的名字，叫"走马灯数"。

（屏幕出示一张走马灯的动画图片）

生：（恍然大悟）哦！

师：这就是一个走马灯，和我们刚刚看见的这个，（教师拿出刚才展示过的圆柱）是不是一样的？

生：（频频点头）是！是！

师：刚才我们发现142857乘以1到乘以7有这样奇特的现象，那它乘以8等于多少呢？

（屏幕显示：142857×8=）

生：（埋头计算）1142856。

师：在计算之前就有同学说，没有规律了。现在算完一看，是不是真是这样？不再是刚才的规律了。

生：对！

师：好，看第二题。

（屏幕显示：142857×9=）

生：1285713。

师：嗯，这个呢？

（屏幕显示：142857×10=）

众生：1428570。

师：（微笑着）最愿意报这个得数，简单！不过，在报这个得数的时候，除了可以考虑直接在末尾加一个"0"，还可以怎么想？你有没有什么发现？

（无人应答，学生们开始思考）

师：你能不能猜出142857×11等于多少？

（无人应答，学生们还在思考。少顷，举手的人开始多了起来）

生：我觉得，142857×11=1571427。

师：来，小伙子，走到讲台前面，你给大家讲讲你是怎么想的。

生：（学生走到讲台前，在屏幕上边指边讲）我发现142857×8的结果就是把 142857 的个位数字 7 减去 1 变成 6，然后在百万位上加上 1，就是 1142856。后面的也是这样，算 142857×9，要先看 142857×2=285714，再把 285714 的个位数字 4 减去 1 变成 3，然后在百万位上加上 1，就是 1285713。发现这个规律以后，就可以推出 142857×11 的答案是 1571427。

（学生自发地鼓掌）

师：因此，142857 乘 11 等于多少？

众生：1571427。

师：那 142857 乘 12 呢？

众生：1714284。

师：怎么想的？

生：我是这么想的，142857×5=714285，然后直接用 5 减 1 等于 4，4 写在最后面，1 写在最前面，就是 1714284。

师：好，看下一道题。

（屏幕显示：142857×13= ）

众生：1857141。

（屏幕显示：142857×14= ）

众生：1999998。

师：真厉害！刚才我们算到 142857×7 时候，以为没有规律了。但是后来我们再算几个的时候，发现又有规律了。

生：（点头）是！

师：是什么样的规律？

众生：末尾减去 1，前面再添上 1。

师：再想想，刚才我们是怎么发现这个规律的？

（学生七嘴八舌）

生：是从前面的结果中发现规律的。

师：很好！也就是说，算第一道题的时候，我们没有人猜；算第二道、第三道题的时候，回头看看、低头想想，有想法了，开始猜了。猜的时候，不单单是看到上面的数，还看到旁边的数；不仅是从上往下看，还要从左往右看，从右往左看。

怎么发现规律呢？套用一首歌的歌词："我上看、下看、左看、右看，原来每道题都不简单。我想了又想，我猜了又猜，终于发现了……"

（学生开心地笑了）

师：刚刚我们算了142857乘8到乘14的结果，发现它的得数可以由142857乘1到乘7的得数变化而来，是吧？

（学生点点头）

师：这是为什么？为什么会有这样的规律呢？

（无人应答，学生们都在思考。少顷，有两个学生举手）

生：我有一个问题，为什么得数的个位数依次少3呢？

（该生提出问题之后，老师一愣，不少同学附和："是啊，为什么呢？"）

师：（按顺序指着得数的个位）不但142857乘8到乘14的得数是这样的，乘1到乘7的得数也是这样的。为什么呢？

（没有学生应答，师生都在思考。大概20秒钟之后，老师说："我想通了！"随手板书：△+7=△+10-3，大多数同学看后都明白了）

师：好，还是回到我们讨论的问题上来。为什么142857乘8到乘14的结果，可以由142857乘1到乘7的得数变化而来？对面的那位女孩儿，你来说一说。

生：（走到讲台前，手指屏幕）142857×1和142857×8之间差了一个142857×7，也就是差了一个999999。我们可以先把999999看成是1000000，所以后者的结果就是前者结果加上1000000再减去多算的那个1。

（学生自发地鼓掌）

师：这个掌声真好！不过，刚刚鼓掌的人，我也应该为你们鼓掌，你们鼓掌说明你们都想明白了，同学一点你们就通了！这两列数，对应的乘数相差几啊？

生：7。

师：用什么就可以把它们都连接起来？

生：999999。

师：没错。其实就是用乘法分配律来联系的，是不是？比如，142857×12就是142857×5+142857×7，是不是这样的？

（学生频频点头）

师：还记得三年级的时候，我们做过这样一道题，（教师板书：345+999）记得吗？

众生：记得！

师：等于多少？

众生：1344。

师：怎么算的？

生：先把999看成1000，加上345等于1345，然后再减1，等于1344。

师：所以刚才那位女同学是不是讲得特别精彩？我提议再次给她掌声！

（师生热烈地鼓掌）

师：看来，我们不仅可以发现规律，规律背后的原因我们也可以思考得很明白！用乘法分配律我们就可以把这两个规律联系起来了，是吧？

（学生点头称是）

三、"嗯，不都是这样……"

师：回想一下，我们上四年级的时候，除了学过乘法分配律，还学了哪些定律？

生：（七嘴八舌）乘法交换律，乘法结合律，加法交换律，加法结合律，减法性质。

师：还记得当时是怎么学加法交换律的吗？

生：记得。（学生点头呼应教师）

师：首先，我们发现，28加17和17加28是一样的，然后我们就有了一个猜想：两个加数交换位置，得数不变。后来，我们又写了很多这样的式子，发现确实是这样的。因此，我们就得出了加法交换律。是这样的吧？

众生：是。

师：请问，同学们对这些运算定律或性质，是否坚信不疑呢？（教师板书：坚信不移）

（学生在底下小声议论）

师：男孩儿，你在说什么？

生：老师，你的"移"写错了，应该是"疑惑"的"疑"。

师：哦，不是这个"移"啊。（教师随即板书"疑"，手指黑板，询问道）是这个吗？

生：是。

师：为什么是这个呢？

生：他的意思应该是，坚定地相信，没有疑惑。

师：这个"移"不也是指坚定地相信，不改变、不移动吗？

（学生议论纷纷）

师：究竟哪个对呢？

（无人应答）

师：其实我也不知道！（师生都乐了）留着课下去查一查，好吗？

众生：好。

师：那么，我们对加法交换律是不是坚信不疑呢？（停顿）请看——

（屏幕显示：1-1+1-1= ）

生：0。

师：怎么算的？

生：我就是按照顺序算的，1-1=0，然后0+1=1，最后1-1=0。

师：可以，按照顺序算完全可以，还有其他方法吗？

生1：因为1-1=0，所以，这个式子就是0+0=0。

生2：还可以用加法交换律算，1+1=2，然后2-1-1=0。

师：没问题，看下一道题。

（屏幕显示：1-1+1-1+1-1+1-1= ）

众生：0。

（屏幕显示：1-1+1-1+1-1+1-1+1-1+1-1+1-1+1-1+1-1+1-1+1-1+1-1+1-1= ）

生：（学生边乐边算）0。

师：这道题是考验我们耐性的啊。

（师生开怀大笑。当屏幕再次显示"1-1+1"时，学生倒下一片，教师也被

逗乐了。整个式子却出乎学生们的意料）

（屏幕显示：1–1+1–1+1–1+1–1+……＝ ）

生1：（争抢着回答）不确定！

生2：如果最后一个数是"+1"，那式子的结果就是"1"；如果最后一个数是"–1"，那式子的结果就是"0"。

（很多学生在底下说道："对！"）

师：都同意？

众生：嗯！

师：这个省略号是什么意思？

生：后面还有无数个。

师：那有最后一个吗？

生：没有。

师：（微笑）没有最后一个数，那看来刚才我们同学的说法好像不成立了。这道题究竟等于多少呢？我们来一起讨论一下。如果我们用加法的结合律去想——

[屏幕显示：(1–1)+(1–1)+(1–1)+(1–1)+……＝]

生：0。

[屏幕显示：(1–1)+(1–1)+(1–1)+……＝0？]

师：结果一定是 0 吗？（停顿）如果我们这么去想呢，先用交换律交换一下两个数的位置——

（屏幕显示：–1+1–1+1–1+1–1+1……＝ ）

师：然后再用加法结合律——

[屏幕显示：–1+(1–1)+(1–1)+(1–1)+(1–1)+……＝]

师：这样算下来，应该得多少？

生：–1。

[屏幕显示：–1+(1–1)+(1–1)+(1–1)+……＝–1？]

师：那如果用减法性质去想呢？

[屏幕显示：1–(1–1)–(1–1)–(1–1)–……＝]

生：1。

10. 让规律多飞一会儿　247

[屏幕显示：1-(1-1)-(1-1)-(1-1)-(1-1)-……=1？]

师：要是这样想呢？

[屏幕显示：1+1+1+1-1-1-1-1+1+1+1+1……=　]

师：想想，如果我们把最前面的4放在这，然后后面是减4加4，减4加4……这么算下来，最后等于多少？

生：(犹豫地)4。

(屏幕显示：1+1+1+1-1-1-1-1+1+1+1+1……=4？)

生：(疑惑地)啊？

师：(微笑)啊？对，你现在是不是在想，华老师，你是在做游戏吧？或者是在讲故事吧？

(学生微笑)

师：其实，数学就是游戏，没有游戏就没有数学。这也是在讲故事，故事的序幕是，"当规律遇上了无限，故事就开始了……"(板书：无限)结果究竟是什么呢？这样一个式子到底等于多少呢？我也不知道，这还是一个谜。

生：(失落地)啊……

师：是，其实还有很多我们不知道的规律。现在想想，我们学过的这些运算定律和性质，什么时候才适用呢？

生：在有限的范围里才适用。

师：(板书：有限)孩子们，世界之大，无奇不有。我打个比方你们就明白了。二年级的时候我们学习了乘法，做了很多道乘法题之后，我们得出一个规律：越乘越大。

(学生笑了)

师：为什么笑啊？

生：还有可能越乘越小。

师：没错！那什么时候越乘越大？

众生：乘数大于1的时候。

师：什么时候越乘越小？

众生：乘数小于1的时候。

师：以前我们学除法也是这样，开始的时候我们觉得越除越小，后来发现

248　我不只是数学

了什么?

生：还有越除越大的时候。

（教师板书："嗯，不都是这样……"）

师：是不是这样？

生：（边点头边说道）是！

师：再比方说，我们在四年级的时候学习了平行线，知道两条平行的直线怎么样？

众生：永不相交。

师：对。但是我要告诉你，两条平行的直线在无穷远处，一定会相交。

生1：（惊讶地）啊……

生2：（抢着说道）我知道，是不是因为它们会有误差？

师：因为有误差所以造成相交吗？可能还不是这个原因。（微笑）这是为什么呢？

（无人应答）

师：来，我们再看这个——

（屏幕显示：直角三角形、钝角三角形、锐角三角形）

师：我们学过，三角形的内角和等于180度，当时我们是怎么研究的？

生：量的、撕的。

师：是的。（播放动画，展示直角三角形、钝角三角形和锐角三角形的内角和等于180度的求证过程）直角三角形的内角和是180度，钝角三角形的内角和也是180度，锐角三角形的内角和还是180度。因此，我们得出结论，三角形的内角和总是180度。但是以后你上了大学就会知道，三角形的内角和还可能小于180度，还可能大于180度。

生：（惊讶地）啊？怎么可能？

师：此时你心里是不是在想：华老师，你今天要和我们讲什么？

（学生边笑边点头，教师也乐了）

师：今天这节课，我是不是要和你们说，"孩子们，请不要相信小学6年所学的规律"？

（全班同学都开心地笑了）

10. 让规律多飞一会儿　　249

生：(一名男生小声地说道)好像是。

(师生开怀大笑)

师：好，好。真的是这个样子吗？绝对不是！今天这节复习课，我要讲的是什么呢？(停顿)世界上的一切，都不是永恒不变的。(停顿)规律的王国也是有国界的，我们需要随时修正，随时调整，不要绝对化，不要做机器人。

(屏幕显示："人必须经常思考新事物，否则和机器没什么两样。——爱因斯坦"，学生齐读)

师：没错。虽然机器有机器的价值，但是我想，谁也不愿意做一个机器人。上完这节课，你有什么收获？

生1：规律不是永恒不变的。

生2：以前我觉得数学很精确，我很相信数学的定理。上完这堂课，我发现不能绝对化地看问题，有时规律也会变的。

师：对！并不是所有规律都是一直不变的，比方说，冬去春来、太阳东升西落，这些都是规律吧？

(学生点头称是)

师：请问，这个规律是不是也有被打破的一天？

生：会，当地球毁灭的时候。

(学生开心地乐了)

师：对，太阳系的寿命是多少，知道吗？

(无人应答)

师：不知道没关系，回去查一查。当太阳系都没有了的时候，那这些规律还存在吗？

生1：不存在。

生2：规律无绝对！

师：数学研究的就是数或者形在变化中不变的规律。(板书：规律)

规律的规律是什么呢？发现规律的过程往往都是这样的：观察，惊讶——"啊，怎么会这样？"(板书)；猜想，验证——"哦，原来是这样！"(板书)；追问，怀疑——"嗯，不都是这样……"(板书)。这个过程和做游戏是一模一样的，有规则，有范围，有悬念。

（课堂实录由北京第二实验小学刘伟男老师整理）

课后明辨

法国大科学家昂利·彭加勒在《科学与假设》中说："规律也是经常变化的。在这个世界上，唯一不变的，是变。"从学生的发言中我们可以清楚地感受到，让学生认识到"规律的王国是有国界的"这一预设的教学目标已经达成了。

《老子》中说："知不知，尚矣；不知知，病也。"这句话的意思是，知道而自以为不知道，最好；不知道而自以为知道，就是缺点。现在的小学生知识面甚广，不过往往满足于"我知道"，浅尝辄止。通过这节课的教学，我深刻地认识到了一点：最好的学习是求"不知"，因为兴趣才是最好的老师。我们小学数学教师所能做的和应该做的就是激发与呵护孩子们的数学学习兴趣，帮助其积累数学活动经验。

重视学生基础知识的习得、基本技能的掌握，一定没有错。不过，如果在求"不知"的过程中，巩固了"已知"，那是更值得追求的教学境界。这节课反映了我对小学数学的认识：数学是我们的玩具，规律更是充满悬念的特别好玩的玩具。

著名的大数学家、大哲学家怀特海非常反对教育中的"呆滞的思维"，他认为要使知识充满活力，不能使知识僵化。他在《教育的目的》一书中指出，智力发展要经过三个阶段：从学前到小学是浪漫阶段，从初中到高中是精确阶段，大学是综合运用阶段。浪漫阶段是儿童开始体验世界、认识世界、发现世界的阶段，在这个阶段儿童将形成关于世界的基本图式，这关系到儿童是以继承为主还是以创新为主。

怀特海指出，在浪漫阶段，人们所讨论的题目具有新奇的活力，它自身包含未经探索的因果逻辑关系，同时以丰富的内容为探索者提供了若隐若现的机会。在师生共同总结了142857乘8到乘14的结果之后，有位女生提出："为什么个位数依次少3呢？"，这个问题就是师生都"未经探索"的旁逸斜出，这样的"若隐若现"是一种诗意的浪漫,拥有迷人的魅力。那这种若隐若现的诗意浪漫,只有在这特别的142857中存在吗?"隐"的都要"现"吗?哪些该"隐",哪些该"现"?我们明白若隐若现是一种境界,不过现有的教学是否不愿"隐"、不敢"隐"呢?我这节课追求的是一种若隐若现的境界,学生主动提出"为什么个位数依次少3"的问题我特别兴奋。那么,在学生都不明白的情况下,我要不要兴奋地、好为人师地板书?是不是学生自悟、渐悟抑或顿悟更好一些?我为什么藏不住了呢?

/ 名家点评 /

"规律"远行,"思想"放飞
——观华应龙"规律的规律"教学有感

曹一鸣(北京师范大学)

数学可以让学生学到什么,留下什么,数学可以形成怎样的影响力?也许答案并不唯一,但没有人会怀疑数学可以在人的内心深处播撒理性的种子,让人学会数学地思考。

《义务教育数学课程标准(2011年版)》明确将"双基"发展成"四基",要求学生通过数学学习,"获得适应社会生活和进一步发展所必需的数学的基础知识、基本技能、基本思想、基本活动经验""学会独立思考,体会数学的基本思想和思维方式"。然而,由于人们长期以来对知识与技能追逐的习俗,对数学思想、方法和精神的追求以及数学活动经验的积累常常停留在"深入"的理论探讨及"貌合神离"的浅层实践中。

华应龙老师"规律的规律"一课让我们看到,通过让规律"远行",让深蕴其中的数学基本思想"放飞",新课程的理念可以在教学实施中得以充分体现。

一、原来抽象并不可怕

规律是概括、抽象的产物，抽象是数学最基本的思想和特征。小学高年级学生具有一定的抽象思维能力，并从以具体形象思维为主逐步过渡到以抽象逻辑思维为主。他们能掌握一些抽象概念，能运用概念、判断、推理进行思考。但如何让小学生探寻、掌握并理解数学中的规律，一直是困惑一线老师的一个难点，同时也是造成学生畏惧数学的重要原因。

华老师从"142857×1=142857"这一特别简单的算式入手，引导学生通过计算142857×2、142857×3、142857×4、142857×5和142857×6，进行"大胆猜测、小心求证"，探索、发现出其中的规律。让学生从具体、浅显的实例中感悟数学中的规律并不是不可实现的，只要用心观察，就会发现其中的奥妙——积的数字前后顺序不变。原来数学中的规律并不是那么深奥，抽象并不可怕。

二、"规律的王国是有国界的"

探索规律的规律是本节课的重点和精彩之处。一般而言，抽象度越高，就越能反映数学的本质，同时应用也更为广泛。当然，学习者就越难理解，教师就越难把握。华应龙老师做出了成功的尝试和示范，可谓艺高人胆大，令人敬佩。

华老师在前面探索的基础上，进一步引导学生考虑142857乘7。他不直接给出答案，而是让学生相互讨论，有的学生则拿出了计算器开始计算。片刻之后，学生惊讶地发现答案是999999，进而产生认知冲突，这激发了学生的求知欲。

师：咦？刚才我们好不容易发现规律了，怎么……

生：142857×6，最大的数字8已经是最高位了，再往后142857×7，就没办法再按照规律往下推了，所以就不符合这个规律了。

师：有思想，真好！

华老师让学生充分思考、探索，然后对三个学生从不同的角度说明"142857×7"规律改变的原因给予了肯定："真好，不同的角度，不同的思考。给自己鼓鼓掌，你们太厉害了！"

之后，华老师进一步引导学生思考："为什么会这样呢？有这样一句话，我想和大家分享——'规律的王国是有国界的。'"

学生理解了这句话之后，华老师及时总结："越过国界就不再是这个王国了。"比喻形象，恰到好处。

确实，正如法国大科学家昂利·彭加勒在《科学与假设》中所说，规律也是经常变化的。在这个世界上，唯一不变的，是变。让学生认识到"规律的王国是有国界的"这一预设的教学目标就这样达成了。

三、让我们大胆地猜想

数学不是一成不变的僵化的知识汇集，而是一个神奇的未知世界，不变是暂时的，变才是永恒。数学就是要从这些千变万化的表象中挖掘出变化规律。如何挖掘这些规律？这常常需要数学中的"利器"——推理的基本思想。

教师在引导学生发现142857乘7并不遵守之前得出的规律后，提出："142857乘以8等于多少呢？"

学生动手计算得出积为1142856。教师让学生自主探究规律："在计算之前就有同学说，没有规律了。现在算完一看……不再是刚才的规律了。"

教师继续引导学生探索：142857×9=1285713。

当教师问到142857乘以10结果是多少时，学生很容易就回答出：1428570。

教师继续引导学生探索142857乘11等于多少。

有一个学生走上讲台，讲述自己的思路："我发现142857×8的结果就是把142857的个位数字7减去1变成6，然后在百万位上加上1，就是1142856。后面的也是这样，算142857×9，要先看142857×2=285714，再把285714的个位数字4减去1变成3，然后在百万位上加上1，就是1285713。发现这个规律以后，就可以推出 142857×11 的答案是 1571427。"

然后师生一起运用这一规律探讨 142857×12、142857×13 和 142857×14。

"发现又有规律了"，原来规律不是一成不变的。

探索了 142857 乘 8 到乘 14 之后，一位女同学提出："为什么得数的个位数依次少 3 呢？"华老师将这个问题称为"师生都'未经探索'的旁逸斜出"。但我认为，这也许正是数学发现过程中最为重要的直觉与灵感的显现，和不完全归纳推理 —— 合情推理的结果。学生主动提出"为什么得数的个位数依次少 3"，这是一种良好的数学思维习惯。这个问题要通过有根有据的推理才能得出结论，而"推理"是新课标要求学生掌握的基本数学思想。

华老师所做的正如著名数学家、数学教育家 G. 波利亚所说："让我们大胆地教猜想！"培养学生的合情推理能力，是培养学生创新意识的有效途径之一。

四、数学真的好玩

有人说数学抽象、枯燥，令人望而生畏，陈省生先生则说"数学好玩"。如果我们的数学老师都能像华老师这样让学生"玩数学"，学生一定会觉得"数学确实很好玩"。人们常说，教师要激发和呵护孩子们的数学学习兴趣，本节课就是一个成功的范例。

同样是找规律的课，不同的老师、不同的教学设计有时可能会带来截然相反的效果。数学既可以让人望而生畏，也可以令人兴趣盎然。课后有的老师评价说，华老师的这节课就像国际车展上的概念车型，别具匠心的设计恰似领先一步的发动机，引领学生经历"产生困惑—思考原因—尝试解释—发现规律—产生困惑"，让学生充分享受、体验数学知识发现的过程。

数学是不断被发现的，而数学的发现并非遥不可及。数学中的规律不是人为的规定，而是隐藏在平凡的表象中。让我们一起共同努力，打开学生心灵的窗户，给学生一双慧眼，让规律"远行"，数学就会变成快乐的天使，带我们走向成功的彼岸。

在探索中求知，在复习中创新
—— 华应龙六年级数学复习课教学赏析

陈玉梅（南京市栖霞区实验小学）

陈今晨（南京东方数学教育科学研究所）

一、整体特点

我们知道，小学数学复习课的教学任务与目标，是引导学生回顾已学数学知识，整理并探索有关形与数的知识，查漏补缺，发现纵横联系，完善知识勾连，形成规律性认知，提升数学素养。

2017年五月上旬，著名特级教师华应龙应邀参加南京市栖霞区组织的"名师有约"活动，为即将毕业的六年级学生，设计和执教了一节题为"让规律多飞一会儿"的数学复习示范教学观摩课。该课让听课师生大开眼界，叹为观止。

1. 练习：紧贴对数学知识的运用

本节课以计算练习开始，紧扣数学知识复习。华老师打破常规，以十分"另类"的思维，通过教学对话，引导学生将$\frac{1}{7}$小数值的一个循环节（六个数字），依次与1、2、3、4、5、6、7等各数相乘求积，从而让学生耐心探求其与从1至14等数乘积的规律。华老师带领学生不断探究，让学生认识到"规律具有一定的范围和边界"，促进学生积累数学活动经验，引导学生大胆猜想，细心验证。

2. 迁移：及时探究数据规律

华老师引导学生从数学计算出发，迈向对数据规律的思索，进而跨越学科界限，上升到抽象的哲学思辨——即从本体论出发，探究规律的根据是什么；从认识论和方法论出发，追索认识这些规律的过程和方法；最后，让学生开始思索自身应以什么样的态度看待规律。

3. 拓展：转换认知，跨界思悟

华老师抓住学生已经掌握的数的运算定律，引导学生不断地边算、边思、边探，实现跨界飞跃，伸向规律探求，进入哲学思辨，进而树立质疑、探索的态度，体验数学的趣味性。华老师启发、诱导学生通过纵向归纳、横向联系，立体升华，跃升腾挪，获得"规律并非永恒不变而仅仅存在于一定的时空条件中"的认识，树立不断探究、时时追寻规律的人生态度。这就有效地实现了由数学到哲学的认知跨界，完成了情境认知的哲学启蒙。

二、特色分析

这节复习课有四个鲜明的特点。

1. 似是而非，灵动不拘

这节课既有具体的数学内容，又不限于确定的数学知识；既探究认定的规律，又探索规律成立的范围边界；既探究发现规律，又寻求否定规律的条件。这使得课堂灵动鲜活、跳跃不拘，呈现出"一波未平，一波又起"的格局。

2. 注重过程，体验真切

这节课让学生们体验了探究的过程，获得了深刻的感悟，影响了其数学学习态度和对规律的认知，显示出无限张力。这样的数学复习，是高屋建瓴的，是启迪和诱导上位思考的，它着眼于学生长远的人生发展以及核心素养的培育。

3. 创新复习，跨界探索

这是一节围绕规律展开的综合性数学复习课，涉及数与计算、图形与几何等。教师引导学生思考有限与无限的区分，平面与球面的差异，地球与宇宙的存亡变迁，从而达到温故知新、知识重组与生长的目的。这使得学生的数学认知实现了跨界提升。这对小学毕业生今后的数学学习和人生成长都将产生深远影响。

4.情意飞扬，自觉生成

仔细观察本节课的教学过程可以发现，课堂上各项阶段性的思维成果，都是在师生、生生对话互动中生成的。整堂课意趣盎然，掌声、笑声、赞赏声不断，学生积极投入，自觉建构，自然转换，不断迸发灵感，学生在课上始终享受着数学复习、探究思考的无穷乐趣。

三、业务上的启示

华老师的这节数学复习示范课，给我们带来了诸多业务上的启迪。

1.深挖细节，滴水映日

这节数学复习课，教者自编内容，引导学生逐一探究其间数据出现的规律、规律的变化、变化的条件和原因，以此作为课堂教学活动的内容主体，演绎了生动的一课。这样的题材，稍微讲究数学趣味的教师也许会注意到，但很少有人会如此耐心，探究到这么深入的境地。本节课把一个数学题材精心加工到如此程度，立体地反映出教师对数学、对科学，实际上是对哲学规律、真理的探究思辨。教者大师级的教学艺术构思令人惊异，令人赞叹不已！

2.着眼长远，聚焦素养

本节课的创新之处还在于，华老师不是停留在数学计算和对运算定律性质的复习运用，教学不只是为了巩固计算知识和数学技能，而是借助计算和对定律性质的运用，引导学生探究规律，加深学生对规律的认知，让学生学会辩证地分析，避免简单地、绝对化地看待规律。华老师引导学生具体问题具体分析，寻求规律出现的原因和条件。也就是说，教者的教学主旨，是针对学生的长远发展，而不仅仅是达到当下复习练习的直接目的。本节课最终指向让学生树立对客观规律的辩证认识，以及适应未来的人生态度。这是立足于学生核心素养的，是对他们一生负责的智慧型创新教学。

3.循循善诱，激发灵感

在本节课中，华老师的教学技艺多彩而丰富、娴熟而精巧，试概括如下：①通过亲切的交谈，诱导学生感受数学计算的趣味，产生思维激荡。②把握话轮，提出问题，激励学生不断地思考和解决问题，产生思维灵感。③鼓励学生从不同的角度观察、思考，发现数据规律，提升认识。④十分自然地运用名人名言和通俗歌词，增强说服力，幽默风趣。⑤适时帮助学生归纳总结学习方法。师生虽然素不相识，但教者左右逢源的教学诱导，对规律及规律的变化的探究，深深地吸引了几十个学生，帮助学生顺利地到达了创新学习的教学彼岸。

总之，这节数学复习课突破了常规，带有学习的创新性和智慧的启迪性，颠覆了一般的数学复习课堂习惯，把复习教学提升到了一个前所未有的崭新境界。

11. 心中有数，无限美好
—— 以"阅兵中的数学故事"为例

教学内容

自编教材六年级"综合与实践活动"。

课前慎思

接到"9.3"大阅兵的观礼通知，我喜不自禁。能够在现场见证这一伟大的时刻，我无比自豪。

我该做些什么？我能做些什么？我要做些什么？

看报纸、看电视、闲聊中，我一直特别关注阅兵话题。

思考后我发现了一些有趣的数学问题。

9月3日，我在天安门广场聆听习总书记的讲话，热血沸腾，心潮澎湃！习近平总书记的讲话字字铿锵，令人振奋！今天的世界仍然很不太平，我们只有万众一心，凝心聚力，提升综合国力，才能赢得世界的尊重和和平。"少年智则国智，少年富则国富，少年强则国强……少年雄于地球，则国雄于地球。"只有我们教育工作者以高度的文化自信和文化自觉，立德树人，诲人不倦，只有我们每一个学生都充满爱国情怀，富有创新精神，只有我们的祖国从伟大胜利走向伟大复兴，我们才能自豪地屹立于世界民族之林！

我与学生分享阅兵中的数学问题，并不是要求他们现在就解决这些问题，而是积累一种感觉，播下一粒种子，让他们懂得要练好数学的"童子功"：发现问题的基本功、提出问题的基本功、分析问题的基本功、解决问题的基本功。阅兵中的数学问题和实际生活中的数学问题并不像数学课本中的数学问题那样简单、直接，但又是以课本中的数学问题为基础的。解决问题的关键是要有正确的思路，之后再顺着思路去寻找对应的数据。

基于以上的思考，我想：这节课绝不能让学生觉得数学问题真可怕。

翻看人教版教材，例题中没有追及问题，只在五年级上册总复习的思考题中出现了过桥问题。五年级上册"简易方程"的内容中安排了一道相遇问题，但重点是分析数量关系，用列方程解决问题。有这样一道相关的练习题："两艘轮船同时从上海开向青岛，18个小时后，甲落后乙57.6千米，已知甲的速度，求乙的速度。"这和追及问题很像。总复习中最后一道星号题是较复杂的相遇问题："在长跑比赛中，选手跑到离起点3千米处折返，已知最快和最慢的速度，求几分钟后速度最快的选手和速度最慢的选手相遇，此时距离折返点多远。"

我想和学生研究的阅兵中的数学问题在课本上都有原型，但都是思考题性质的，而思考题并不要求所有学生都掌握。如果课上大部分学生都没有思路，怎么办？如果课上总是那一两个"明星学生"说，也不是我希望看见的，怎么办？

我突然来了灵感：如果把课题改为"阅兵中的数学故事"，感觉就会不一样。学生都是喜欢听故事的。什么是"数学故事"？就是有关数学问题的故事。我的叙述可以为学生领路。

张奠宙先生在2008年听完我的"游戏公平"一课后，建议我应该去做一系列数学故事课。

本节课的计算量较大，要不要用计算器？我认为，还是用计算器好，学生有计算器在手，也可以有更多的尝试，节省一些时间。

我和本校六年级的数学老师进行了多次研究，有了下面这节课。

课中笃行

一、分享"阅兵感受"

师：9月3日你看阅兵了吗？

生：（齐）看了。

师：感觉怎么样？

生：（七嘴八舌）雄伟！壮观！震撼！兴奋！酷！

师：上完今天这节课，你以后再看阅兵的时候，感觉可能会不一样。你信不信？我们拭目以待。这节课我要和大家一起分享三个故事。

（PPT 出示故事名称）

生：（边读边小声地笑了起来）"破解 51 之谜""为了神圣的那一刻""当坦克踩上俄军的脚跟"。

师：看到题目就想笑，是不是感觉很好玩？

（学生点头）

二、"破解 51 之谜"

师：一起来看第一个故事。（PPT 出示报纸图片）

这次阅兵徒步方队有三个新亮点：一是每个英模部队方队掌 7 面抗战时期的功勋荣誉旗；二是增加了 20 名将军领队，都是现职军职领导干部；三是三军仪仗队首次派出 51 名女仪仗队员参加受阅。

师：看完这段文字，你有什么问题吗？

生：女兵为什么是 51 名呢？

师：（开玩笑地）你就像我的托儿！我看报纸的时候，也有这个疑问：怎么会是 51 名呢？真奇怪！（停顿）想象一下，51 名女仪仗队员该怎么排？（板书：想象）

生1：51 是可以被 3 整除的，所以可以分 3 排，每排有 17 名。

生2：我觉得51名女兵里面可能有一个是将领，其他的50人可以按照一排10人、一共排5排的方式排列。

生3：我看阅兵的时候发现，有的队伍是2名将领，所以也可以按照一排7人、一共排7排的方式排列。

师：同学们想象出了不同的排法。那么，到底是怎么排的呢？我请教了阅兵指挥官。他给了我两大张纸的数据，我很惊讶，没想到阅兵中有这么多数据！[PPT出示数据：三军仪仗队（17×12+3）]

师：从这个式子中你看出了什么？

生：我觉得这个式子的意思是一排有17人，一共排了12排，然后前方还有3个旗手。

师：是这样的吗？

（学生点头）

师：那再想想，刚刚那51名女仪仗队员是怎么排的呢？

生：（七嘴八舌）一排17人，一共排3排。

师：在整个阅兵方队中，只有一个仪仗方队里面有男有女，一共是12排。女兵占了3排，另外的9排……

生：（抢着说道）男兵！

师：对！陆军、海军、空军各3排。一会儿我们再看视频的时候，要好好观察，女兵的着装和男兵是不一样的。

在三军仪仗队之后，是10个英模部队方队。看了这个式子，你又能发现什么呢？[PPT出示数据：英模部队方队（25×14+2+7）]

生1：看了这个式子，我知道他们一排有25人，一共排了14排。后面的2和7是不是指挥官或者什么重要的人？

生2：2应该是指前面的两个将领，7应该是指旗手。

（学生们恍然大悟，教师随即出示英模部队方队图片。学生们看了之后频频点头）

师：我们能从一个简简单单的算式中想到这么多东西，真棒！关键是你要去想象，不想那就什么都没有。

[PPT出示：三军仪仗队（17×12+3），英模部队方队（25×14+2+7）]

师：看到这两个式子后，我又发现了一个好玩的问题：17 和 25 都是单数，为什么每排士兵的人数不是双数而是单数呢？

（学生们开始思考，不一会儿便忍不住小声交流了起来）

师：想知道这到底是怎么回事吗？

生：想！

师：当时，我还真请教了阅兵指挥官。他说："每排的人数是单数时，就有一个人站在最中间，从正面看，整个队伍就有左中右对称的美。"

生：（感叹地）哦！

师：一叶知秋。原来一个数据，一个算式，也能透露出这么多的信息呢！真是不想不知道，一想很奇妙啊！

三、"为了神圣的那一刻"

师：对仪仗队员而言，在整个阅兵过程中，踢正步通过检阅区的那一刻是最神圣、最震撼的。那么，这一刻有多长时间呢？（停顿）阅兵特别强调分秒不误、毫厘不差。昨天，我在看同学们的课前作业时，发现有不少同学也注意到了这一点——时间误差不允许超过 0.3 秒，距离误差不允许超过 0.02 米，多么精确啊！所以，我想阅兵指挥官一定会计算一个方队通过检阅区的时长是多少秒。（学生们赞同地点了点头）那要解决这个问题，需要知道哪些数据呢？

生 1：要知道速度，还有检阅区的长度。

生 2：我觉得还需要知道方队的长度。

（师板书：检阅区长度、方队长度、速度。指着"检阅区的长度"，用表情询问学生）

生：96 米。

师：对！天安门前，东西两个华表之间的距离就是检阅区的长度，一共 96 米。（指"方队的长度"）为什么还需要知道方队的长度呢？谁能当小老师给大家讲一讲？

生 1：因为方队通过检阅区时，排头过去了，可排尾还没过去呢。要想完全通过这个区域，得让最后一排的人也过去才行。所以，需要知道方队的长度。

生2：我觉得这个问题和我们之前学习的火车过桥问题很像，火车头虽然过了桥，可是火车尾还没有过桥，过桥时火车要走的距离应该是桥长加上火车长。

师：（竖起了大拇指）原来，"火车过桥问题"在这里有了用武之地！用上我们前面所学的知识，就能很清楚地解释这个问题。那方队多长呢？请看阅兵指挥官给我的原始数据。

（PPT出示数据：旗手脚尖到将军脚尖6米，将军脚尖到第一排士兵脚尖6米，后面14排都是前一排脚跟到后一排脚尖0.9米，脚长0.3米）

（学生们认真地、轻轻地读着屏幕中的数据，有的学生不禁感叹道："哇！"）

师：（微笑着）数据有些多是吗？如果把这段话画成线段图，可能可以帮我们更好地算出方队的长度。在头脑中想象一下，该怎么画？（学生静心思考）来，我们一边读一边画！

（学生读题，教师用PPT动画展示线段图，如图11.1）

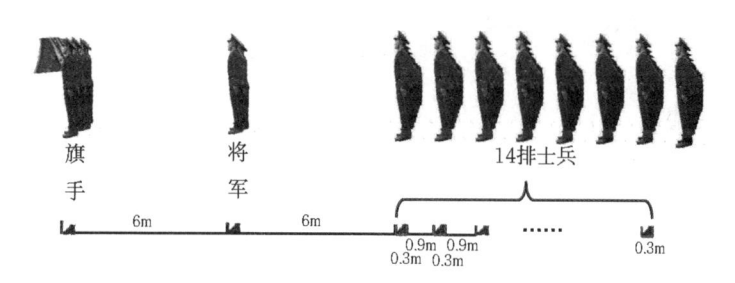

▶ 图11.1

师：看着图，现在能算出整个方队的长度吗？

生：能！

师：好，试试看！

（学生独立计算，教师巡视）

师：同学们反应很快，都有了自己的想法。（竖起大拇指）不过，想法各不相同。现在你可以拿着练习本去找你的好朋友商量一下，这个问题到底该怎么解决。可以离开自己的座位。

（学生们纷纷离开座位去找自己的好朋友，三五成群地交流对这个问题

11. 心中有数，无限美好　265

的看法）

师：现在你知道怎么解决这个问题了吗？（学生们点了点头，高高地举起手）哈哈，我想请刚开始不明白或者做得不对、现在明白了的同学来说。

生：我开始时列的算式是 6+6+0.3×14+0.9×14，后来在讨论的过程中我发现，14 名士兵有 14 个脚长，但是其中的间隔是 13，所以应该改成 13×0.9。（课堂上响起了热烈的掌声）

师：为什么是 13×0.9 呢？

生：我觉得可以把这个问题当成植树问题，14 个士兵就是 14 棵树，14 棵树只有 13 个间隔，所以应该用 13×0.9。

师：心心相印！这么多的数据看晕了没有？哈哈，分类来看，一下子就看清楚了！题目中有几个 6？

众生：2 个。

师：几个 0.9？几个 0.3？

众生：13 个！14 个！

师：对！算式的结果是多少？

众生：27.9。

师：关于这个问题，还有不同的算法吗？

生：（走上讲台，边说边比画）我把 0.3 和 0.9 看成一组，每个 0.3 的后面都有一个 0.9，只有最后一个 0.3 后面少了 0.9，所以我列的算式是 6×2+（0.3+0.9）×14-0.9，算出来的结果也是 27.9。

师：（竖起大拇指）一一对应，真棒！现在我们知道了方队的长度是 27.9 米，那么方队的速度呢？是我告诉你们，还是你们自己算出来？

生：（自信地齐答）自己算！

师：厉害！自己算出来的数据就带上了自己的温度！那么，根据什么来算呢？（停顿）大家都知道，这次阅兵的节拍由原来的 116 拍变成了 112 拍，112 拍说明了什么呢？就是 1 分钟要走 112 步，一步的长度是 75 厘米。（板书：112 步/分，75 厘米）根据这两个数据，你能不能算出速度是每秒钟多少米呢？（板书：？米/秒，学生们开始思考）这有些困难啊，课本上没有出现过这样的问题。（停顿，学生们继续思考，面露难色）同学们，速度等于——

生：路程除以时间。

师：在这里有没有时间？对，时间就是 1 分钟，也就是 60 秒。那么 1 分钟走了多少路呢？1 分钟走了 112 步，一步 75 厘米，走了多远呢？

（学生恍然大悟，开始动笔计算方队速度）

生1：我算出的速度是 140 米/秒。

生2：我觉得应该是 1.4 米/秒。

师：应该是哪个？

生：1.4 米/秒。

师：刚才那位同学说 140 米/秒的时候，我想新的纪录诞生了！现在全中国 100 米跑得最快的是苏炳添，他同时也是全亚洲最快的。但是，刚刚经过同学们这么一算，我们踢正步的士兵才是我们国家跑得最快的，跑 140 米用 1 秒钟，哈哈哈！

（师生笑作一团）

师：同学们，其实错误都是在提醒我们！用掌声感谢刚刚这位同学，他提醒我们要去想象数据的意义。

（课堂上响起了热烈的掌声和欢乐的笑声）

师：那刚刚这位同学错在哪里呢？

生：他错在没有注意单位，140 的单位是厘米，不是米。

师：发现了吗？（出错的那位男生点了点头）应该怎么算？

生：（七嘴八舌）112×75÷60÷100。

师：为什么除以 100？

生：因为 112 乘 75 算出来的是一共走了多少厘米，除以 100 才是求多少米。

师：看来单位名称还真得注意啊！（师生会心一笑）现在需要的三个数据都有了，能不能算出一个方队通过检阅区的时间是多少秒？

（PPT 出示：一个英模部队方队长 27.9 米，他们以 1.4 米/秒的速度通过 96 米的检阅区，需要多少秒？）

师：好，男女生比赛，看看男同学算对的多，还是女同学算对的多，开始！

（学生们抓紧时间，开始埋头计算）

生：我的列式是（96+27.9）÷1.4=88.5（秒）。

师：96 加 27.9 相当于桥长加火车长，总路程除以速度，最后得出结果 88.5 秒。真好！算出这个结果的女生请举手！

（女生自豪地举起手来，老师一一数过，共有 18 人）

师：算出这个结果的男生请举手！

（很多男生高高地举起了手）

师：班里男女生的人数一样多吗？

众生：不一样！

师：啊，不一样啊！那还不能这样简单地比较，不比了，不比了！（同学们都笑了）我们刚刚算的这个答案对不对呢？我非常佩服地告诉你们，同学们算出来的答案和阅兵指挥官提供的数据一模一样！（学生们有些惊讶又很自豪地说："哇！耶！"）把掌声送给自己！

（课堂上响起了热烈的掌声）

师：我们圆满解答了刚才这道题。看着这些数据，我又发现了一个问题：为什么旗手脚尖到将军脚尖和将军脚尖到第一排士兵脚尖都是间隔 6 米，而不是 7 米呢？

生 1：是不是因为六六大顺啊？

生 2：今年是建国 66 周年，所以是 6 和 6。

师：哈哈哈，想得好！还有其他角度吗？同学们，我们来计算一下，一步是 75 厘米长，如果间隔是 6 米，要跨几步？

众生：8 步。

师：间隔 7 米呢？

生：9.333……除不开啊！

师：同学们，想想阅兵时的画面，一会儿再看视频的时候也要注意，将军是用 4 拍喊出的"向右看"，再过 4 拍，士兵就正好踩到线。如果将军和士兵之间的步数不是整数，那将军踩到线时，士兵就踩不到线了。我们来一起看看！（PPT 播放阅兵视频片段）

生：（恍然大悟，兴奋地）哦！哇！

师：（微笑着）没想到原来这里还藏着这样的道理啊！这让我想到一位大数

学家说过的话:"哪里有数,哪里就有美!"

四、"当坦克踩上俄军的脚跟"

师:我们都知道,这次阅兵是第一次有外军参加。当我知道这个消息时,我立马想到,我在俄罗斯红场看过俄军踢正步,他们和我们的正步大不一样。他们两腿之间的夹角是 90°~100°,我们两腿之间的夹角是 45°~60°;他们的步长是 80 厘米,我们的步长是 75 厘米。问题来了——

(PPT 出示:中国士兵每步 75 厘米,俄罗斯士兵每步 80 厘米。假设两个方阵相距 20 米,俄罗斯方阵用多少秒钟追上中国方阵?)

师:有没有这个问题?

生:有!这是追及问题!

师:这个问题怎么计算呢?(停顿,给学生充分的思考空间)时间关系,我们就不再计算了。但是阅兵指挥官是怎么解决这个问题的呢?我一看报纸,知道了。(PPT 出示报纸图片)

生:(七嘴八舌)哦,外国军队按中国步伐受阅!

师:外国军队也是按照我们的步伐标准来走的,这样一来,还有追及问题吗?

生:没有了!

师:想想也是,如果不这样规定,方队之间的间隔就会有大有小,时大时小,那就不美了。那这次阅兵中就不存在追及问题了吗?

生:有,坦克!

师:对!俄罗斯方队之后就是坦克方队,坦克方队的速度是 2.78 米/秒,想象一下,会有什么事情发生?

生:(七嘴八舌,开心地笑着)过去了,把俄罗斯方队压扁了!

师:坦克的速度是俄罗斯方队速度的两倍,肯定要压过去了!哈哈哈,那这个问题怎么解决呢?

(笑声过后,学生开始静静地思考,此时无声胜有声)

师:欲知后事如何,请听下回分解!

生:(遗憾地)啊……

五、全课总结

师：今天这节课，我们一共分享了3个故事。从这3个故事中，你知道了什么？学会了什么？感受到了什么？

生：我学会了植树问题、火车过桥问题和追及问题。

师：是今天学的吗？

生：不是！

师：对，是之前学的，今天用上了。这节课我们为什么学得很快乐，很轻松？因为正像刚才这位同学所说，这些知识我们在课本上学过了，今天是又回顾了一下，实际应用了一下。孔子说过一句话："学而时习之，不亦说乎"。（教师随即板书：学而时习之）这个"习"，有"练习"的意思，也有"实习"的意思。实际地练习，解决实际的问题，会让人觉得更快乐！

生1：以前学习火车过桥问题，我想不清楚。今天明白了，阅兵就是3D版的火车过桥。

生2：我觉得生活中真是处处有数学，没想到阅兵里也有！

生3：上了这节课，我才知道原来阅兵中那么整齐的步伐，其实都是经过精密计算的。

师：没错！我们本来以为阅兵那么整齐就是拼命训练出来的，没想到其实是有很多数据在帮忙！

生：我觉得不论是阅兵还是其他什么事情，只要经过了数学的精密计算，都会变得更美！

师：马克思说过的一句话和你的意思差不多。

（PPT出示，学生齐读：一门科学只有在成功地运用数学时，才算达到了真正完善的地步。——马克思）

生：上完这节课我明白了，数字影响秩序。

师：（两眼放光，一脸惊喜）厉害，厉害，哲学家的水平！你的感悟力真强，用掌声表达我们的敬意！（板书：数学使人精细）

众生：数学使人精细。

师：英雄所见略同，她和大哲学家培根想的一样，厉害！

生1：从这节课中我感受到了，哪里有数，哪里就有美！

生2：我有个遗憾，华老师最后也没告诉我们，坦克到底为什么没有撞上俄军？（学生们赞同地、用力地点了点头）

师：哈哈哈，相信你们自己能找到答案！这节课我还想和同学们分享一点：怎么才能享受到思考的快乐呢？想象！数学是抽象的，学习数学需要想象。想象了，就能发现问题，例如，51个人该怎么排；想象了，才能很好地分析问题，例如，如何计算方队的长度；想象了，才能保证解决问题的准确性；想象了，才好玩。数学其实就是玩具，就是和自己想象力玩耍的玩具。

（学生们频频点头）

师：总之，"阅兵中的数学故事"告诉我们："心中有数，无限美好！"（停顿）再看阅兵的时候，你是不是有这样的感受呢？试试看——

（再次播放阅兵视频片段，片尾飘出"下课啦"三个字）

（课堂实录由北京市第二实验小学刘伟男老师整理）

课后明辨

享受了60分钟，学生们还是欲罢不能；如果是35分钟的课，可能就更不尽兴了。由此可以看出，北京市教委推动长短课的课程改革很有必要。

感谢北京第二实验小学六年级数学组同人的帮助！施银燕、刘铮、吕小盈、王红、王静平等各位老师给予的宝贵意见，使这节课不再青涩，使这节课熠熠生辉。

衷心感谢李烈校长的赏识和肯定，更感谢李烈校长的高位引领！怎样拓宽时空，让综合实践活动真正活动起来？我继续思考。

关于这节课，我确实思考了很多，有些叠床架屋了。综合实践问题比课本问题复杂很多，因此可以很好地突出解题思路的重要性。这节课，我舍去了很多，舍得对吗？一课一得足矣，但综合实践课是否可以或者说应该"一课多得"？我又进一步思考：哪怕是新授课的课堂总结，老师是否也不该用和学生一样的话总结？学生"画龙"，教师"点睛"，才是艺术，才是科学，才是故事，才能凸显出学生的主体地位和教师的主导性。课尾的失语，是老师的缺位！教师怎样总结，才能够说到学生心里去？教师怎样总结，才是要言不烦？我说不出一二三了，这个问题值得进一步研究。

"阅兵中的数学故事"应该怎么上？追求什么目标？研究什么问题？设计什么活动？学生还会欲罢不能吗？

数学教学的目标是什么？我以为，简要地说，就是让学生心中有"数"。心中有"数"，才能用数学的眼睛（抽象和直观）观察世界；心中有"数"，才能用数学的思维（推理和运算）思考世界；心中有"数"，才能用数学的语言（数据和模型）表达世界。心中有"数"，还说明心中对数学有良好的情感。不一定是情有独钟，但一定不是心中无"数"，更不是心中厌"数"。

"阅兵中的数学故事"告诉我：心中有数，无限美好！

/ 名家点评 /

小学数学教学贵在激发学生的兴趣与潜能

王光明（天津师范大学）

数学教育的目标是发展学生的数学素养。对小学生而言，教师首先要激发学生的学习欲望，挖掘学习潜能。好奇心、求知欲、探究力等，人皆有之。平庸的教师可能会扼杀孩子的这些与生俱来的品质或潜能，而优秀的教师却能够保护或挖掘出孩子的这些品质或潜能。在数学教学中保护和挖掘这些品质或潜能，不是简单地让学生模仿、记忆，而是通过让学生经历、体验、感受、理解、探究和建构来实现。

引入恰当的生活情景，创设充满数学味道的现实问题，让小学生参与"数学化"学习活动，在他们的内心"播下一粒'数'的种子"，帮助他们"积累一种'数'的感觉"，训练他们的数学思维童子功，是小学数学教学的一个理想愿景。北京第二实验小学的华应龙老师的这节综合实践课——"阅兵中的数学故事"，就描绘出了这样一幅愿景图。

51、17×12+3、25×14+2+7、0.3、0.02、6、0.9……这些数字就是一粒粒"数"的种子。这些种子有些是原始数，有些是衍生数，还有的是多个数的计算式。

"那51名女仪仗队员是怎么排的呢？""我想阅兵指挥官一定会计算一个方队通过检阅区的时长是多少秒。那要解决这个问题，需要知道哪些数据呢？"……这些问题就是华老师带领孩子们从数学的角度认识世界的入口。这些入口有的是简单的计算提问，有的是复杂的推理设问，还有的是引发思考的反问。

"在三军仪仗队之后，是10个英模部队方队，看了这个式子，你又能发现什么呢？""看到这两个式子后，我又发现了一个好玩的问题：17和25都是单数，为什么每排士兵的人数不是双数而是单数呢？""我还真请教了阅兵指挥官。他说：'每排的人数是单数时，就有一个人站在最中间，从正面看，整个队伍就有左中右对称的美。'"……这一系列充满数学味道的现实问题，说明华老师是有意识地呵护孩子们的学习欲望，有意识地激发其学习潜能。孩子们对列式的准确计算则是华老师高效教学的必然结果。

孩子们的思维火花不断迸发，他们在好奇心的驱动下，逐渐思考并建构出这些数字背后所蕴含的信息和内容，包括设想数字的来历、对算式进行解释，有的孩子甚至产生了"这个问题和之前我们学习的火车过桥问题很像"等深刻认识。华老师让孩子们畅所欲言，孩子们的学习热情持续高涨，理解也越来越深刻。

华老师的"阅兵中的数学故事"，虽不是蜜，但却做到了让数学学习充满甜味；虽不是磁，但却可以吸引学生的注意力；虽不是热闹无比，但是学生思维跌宕起伏，学习潜能得以激发，是值得学习和推广的小学高效课堂。

阅兵教学铸就数学梦想
—— 观华应龙"阅兵中的数学故事"之感想

范文贵（天津师范大学）

2014年，我带领学生去北京第二实验小学华应龙名师工作室学习。2015年，教育部举办"国培计划"培训班，我们邀请华老师来天津为学员授课"阅兵中的数学故事"。"阅兵中的数学故事"这节课意义深远，我谈谈自己的几点想法。

一、教师具有敏锐的课程资源开发意识

优秀教师都有自己的看法，他们能将从外界观察到的现象（如阅兵活动）与自己的课相结合。2015年9月3日上午，中国举行了以抗战胜利为主题的盛大阅兵。华老师去现场观礼，他观看阅兵时仍不忘自己数学教师的责任。他在看电视、看报纸、闲聊的时候都在琢磨，他应该做些什么。阅兵结束后，他将阅兵活动当作课程资源，设计了"阅兵中的数学故事"这节课。这节课展示出华老师卓越的教育智慧。这节课的教学设计大气与精进共存，展示了理性与温情的魅力。

作为课程资源，"阅兵中的数学故事"具有以下特点：一是时代性，它与反法西斯战争的时代背景紧密联系，学生观看阅兵，更容易理解这项实践学习活动的意义；二是复合性，学生可以从多个角度、采用多种方法开展研究，能充分展示出学生研究个性的差异；三是关联性，这个题材可以很好地体现数学与军事（阅兵）、数学与其他学科之间的联系，学生需要综合运用多个领域的知识和方法来解决问题；四是活动性，这个题材能激发学生的探究欲望，学生在实践探索的过程中积累了数学活动经验。

二、教师与学生一起分享"阅兵故事"

这节课以"故事"开头，接地气的故事引发学生积极地思考。

1. 提出问题比解决问题更重要

解决老师提出的问题、别人提出的问题固然重要，但是让学生发现新的问题、提出新的问题更加重要。回顾历史我们不难发现，科学史上的每一项重大发现都是从发现问题开始的。

师：一起来看第一个故事。（PPT 出示报纸图片）

这次阅兵徒步方队有三个新亮点：一是每个英模部队方队掌 7 面抗战时期的功勋荣誉旗；二是增加了 20 名将军领队，都是现职军职领导干部；三是三军仪仗队首次派出 51 名仪仗队员参加受阅。

师：看完这段文字，你有什么问题吗？

生：女兵为什么是 51 名呢？

师：（开玩笑地）你就像我的托儿！我看报纸的时候，也有这个疑问：怎么会是 51 名呢？真奇怪！（停顿）想象一下，51 名女仪仗队员该怎么排？（板书：想象）

华老师创设有效问题空间，落实课程标准的理念，着重培养学生的问题解决能力，让学生从数学的角度发现并提出问题，综合运用数学知识解决实际问题，增强应用意识，提高实践能力。

师：在三军仪仗队之后，是 10 个英模部队方队。看了这个式子，你又能发现什么呢？［PPT 出示数据：英模部队方队（25×14+2+7）］。

……

华老师让学生积极思考，对学生给出的各种结果，均给予了充分的肯定。这种激励教育、赏识教育有利于学生积极探索问题，自由表达想法。学生之所以在华老师的课堂上勇于表达自己的想法，与华老师善于通过提问推进教学、注重对学生的鼓励赞扬以及营造民主融洽的课堂气氛有着直接的关系。

华老师很重视课堂提问的开放性和有效性，为学生营造了一个积极思考、民主和谐的学习环境，让师生在教学的过程中都有所成长，有所发展。

2. 阅兵中的数学

华老师组织学生观看仪仗队踢正步过检阅区的视频，引领学生分析相关数据，鼓励学生计算，交流发现的规律。华老师通过科学的梳理及适当追问，让学生学会借助图形适当地转化，化繁为简。华老师通过引导学生深层探究相关数据，让学生理解了数学在阅兵活动中发挥的神奇功效，领悟到阅兵队伍庄严的正步后有着复杂的运算。士兵们整齐的步伐中不仅有士兵的汗水，还有数学的功劳，阅兵时士兵整齐的步伐其实都是经过精密计算的。

师：对仪仗队员而言，在整个阅兵过程中，踢正步通过检阅区的那一刻是最神圣、最震撼的。那么，这一刻有多长时间呢？

数学研究者的重要任务之一就是用精练的文字语言、符号语言、图形语言描绘复杂多样的现实世界，揭示现实世界中数量与空间形式的因果关系。为解决阅兵方阵通过检阅区的时间问题，华老师引导学生将实际问题抽象为数学模型，用图形表征阅兵方阵，再计算整个方阵的长度。学生理解了简图所表示的问题的重要特征、关系和图形数据，就能够从数学的角度分析，进而得出结论。

旗手脚尖到将军脚尖 6 米，将军脚尖到第一排脚尖 6 米，后面 14 排都是前一排脚跟到后一排脚尖 0.9 米，脚长 0.3 米。

学生们的想法各不相同，需要交流各自的想法。华老师创造机会，让学生暴露差错，改正错误。

生：我开始时列的算式是 6+6+0.3×14+0.9×14，后来在讨论的过程中我发现，14 名士兵有 14 个脚长，但是其中的间隔是 13，所以应该改成 13×0.9。（课堂上响起热烈的掌声）

师：为什么是 13×0.9 呢？

生：我觉得可以把这个问题当成植树问题，14 个士兵就是 14 棵树，14 棵树只有 13 个间隔，所以应该用 13×0.9。

……

师：关于这个问题，还有不同的算法吗？

生：（走上讲台，边说边比画）我把 0.3 和 0.9 看成一组，每个 0.3 后面都有一个 0.9，只有最后一个 0.3 后面少了 0.9，所以我列的算式是 6×2+(0.3+0.9)×14−0.9，算出来的结果也是 27.9。

在华老师的课堂上，学生勇敢表述自己的计算方法，与其他同学交流，这样一旦发现有错误，可以及时纠正。丘成桐曾说过，我们做数学研究是屡败屡战，往往错的机会比对的机会多很多。但即使是错十次对一次也是很好的，因为犯过的错误越多，你就越能从错的地方找到继续向前的方向。优秀的数学家也会犯错误，但能很快发现并纠正；学生解决数学问题时出现错误很正常，只要及时纠正，就有利于他进一步学习。

华老师尊重学生的个性，给予学生独立思考的机会，激励学生自主探索，允许学生从不同的角度认识问题，以不同的方式表达问题，用不同的方法探索问题，鼓励学生尽可能找到自己的算法。学生提出各种个性化的算法后，教师组织学生互动交流，以归纳、整理出"多样化"的算法。

师：现在我们知道了方队的长度是27.9米，那么方队的速度呢？是我告诉你们，还是你们自己算出来？

生：（自信地齐答）自己算！

……

生1：我算出的速度是140米/秒。

生2：我觉得应该是1.4米/秒。

师：应该是哪个？

……

师：同学们，其实错误都是在提醒我们！用掌声感谢刚刚这位同学，他提醒我们要去想象数据的意义。

三、引导学生欣赏数学之美

华老师的教学没有停留在对数量的计算上，而是注重让学生透过数据感受数学的魅力。

1. 欣赏数学应用之美

华老师通过"为什么每排士兵的人数不是双数而是单数呢？"和"为什么

旗手脚尖到将军脚尖和将军脚尖到第一排士兵脚尖都是间隔 6 米,而不是 7 米呢?"两个问题,让学生体验到生活中的对称美和节奏感都与数学有关,感受到数学与生活的密切联系。每排士兵人数是单数的话,就有一个人站在最中间,从正面看,整个队伍就有左中右对称的美。

师:我们圆满解答了刚才这道题。看着这些数据,我又发现了一个问题:为什么旗手脚尖到将军脚尖和将军脚尖到第一排士兵脚尖都是间隔 6 米,而不是 7 米呢?

生 1:是不是因为六六大顺啊?

生 2:今年是建国 66 周年,所以是 6 和 6。

师:哈哈哈,想得好!还有其他角度吗?同学们,我们来计算一下,一步是 75 厘米长,如果间隔是 6 米,要跨几步?

众生:8 步。

师:间隔 7 步半呢?

生:9.333……除不开啊!

华老师吸收了自然科学的精华,用美和逻辑来引导学生,将数学想象力发挥得淋漓尽致,创造出令人惊叹不已的数学问题。他引领学生用简洁严谨的语言解释阅兵中纷繁复杂的问题,从中发现蕴含的规律。数学优美无比的简约与强韧令人动容,寻求数学科学中令人心醉的美妙感受,恰恰是许多研究者最真实的驱动力。

生:上完这节课我明白了,数字影响秩序。

师:(两眼放光,一脸惊喜)厉害,厉害,哲学家的水平!你的感悟力真强,用掌声表达我们的敬意!(板书:数学使人精细)

2. 领略继续研究之美

本节课华老师为学生留下了很大空间,他鼓励学生猜想,让学生拥有更多美好的遐想。数学并不是一场比赛,而是学习者和自己的想象力玩耍的玩具。坦克自然没有踩上俄军的脚后跟,到底是怎么实现的并不重要,重要的是这引发了学生的兴趣，让学生对数学有了继续研究的想法。

引导学生用数学的思维看待问题

孔凡哲（东北师范大学）

小学数学课究竟该如何上，才能更好地促进学生全面、健康、和谐、可持续地发展？现实情境究竟应该如何选取，才能更好地促进学生的数学能力发展，同时又能充分体现社会主义核心价值观？

这些一直是困扰我国小学数学教育界的难题，我们苦苦思索却始终未找到完整的答案。华应龙老师执教的"阅兵中的数学故事"，给出了比较圆满的回答。

作为在现场点评的观课者，我觉得，华老师的这节课有以下几个突出特点。

第一，思路清晰，充分体现出数学问题解决的基本思路，即现实情境—发现并提出数学问题—建立数学模型—分析解决问题—回顾反思、点拨提升。这不仅与《义务教育数学课程标准（2011年版）》倡导的"问题情境—建立模型—解释应用—拓展反思"一致，还添加了新意，将国家认同、民族认同、数学之美等内容融入其中。

第二，创设的情境十分精彩，不仅体现了数学学科的本质内涵，而且关注了对数学情感的激发。这节课不仅关注了学生数学学习所必须具备的关键能力的培养（涉及抽象能力，运算能力，发现问题、提出问题、分析问题、解决问题的能力等），而且非常关注学生必备品格的塑造。

很多教师创设课堂教学情境时，不是被"专家"引到"好玩的""有趣的"情境上，就是被引到"简单的政治说教"上，而其中的数学内涵却被搁置，国家认同、民族认同等内容更是无法沾边。

华老师充分利用自己参加"9.3"大阅兵的机会，"用一双数学的眼睛"洞察其中的数学问题，创造性地提出阅兵中的小学数学问题并适时加以解决，既注重了数学内涵，又关注了核心价值观、核心素养，二者的融合的确让人拍案叫绝。

第三，师生互动效果好。本节课不仅实现了师生互动、生生互动，而且充分利用了视频的视觉和听觉冲击，图片的视觉冲击，以及问题争辩（追问）的语言冲击，将全班学生的注意力吸引到阅兵中的数学问题上来。学生既为阅兵的宏大场面感到震撼，又有"上了这节课，我才知道原来阅兵中那么整齐的步伐，其实都是经过精密计算的"的惊呼，"心中有数"的预设得以充分体现。

第四，本节课最大的特色就是教师非常注重启发学生独立思考，借学生的口说出老师想说（甚至老师说不出）的话。整堂课，教师几乎全程启发诱导，无论是问题的发现、数学问题的提出，还是问题解决方法的提炼、思想的升华，教师教的火候都把握得恰到好处。

总之，华应龙老师的这节课充分印证了两个道理：

一是教师教学的生命力体现在课堂上，体现在独具个人魅力的教学艺术上。

二是引导学生用数学的思维看待现实中的问题，是优秀小学数学教师的绝活之一。

教海无涯，普通的教师教知识，优秀的教师教过程，卓越的教师启迪学生的智慧。

期待更多的小学数学教师能像华老师一样，成为独具个人魅力的智慧型教师。

引导学生发现数学与现实世界的联系

孙晓天（中央民族大学）

华应龙老师执教"阅兵中的数学故事"这节课时，我在现场。这节课可供分析的信息比较多，限于篇幅，我想着重探讨一下这节课的借鉴意义。

一

虽然已经过去一段时间了，但一提起"9.3"大阅兵，那战旗猎猎、"金戈铁马"、机群掠空的场景，仍会使每个中国人热血沸腾。你可能想不到，大阅兵观礼人群中一位数学教师在感慨着三军仪仗队的威武之余，脑海里翻腾的竟还有一连串与数字有关的"为什么"。"阅兵中的数学故事"的雏形，我想应该是在那时形成的。

扪心自问，我们可曾想到过大阅兵与数学教学之间有什么联系？我们能否通过受阅官兵的整齐步伐思考我们所处的现实世界与数学课程、数学教学的关联？这么一想，就觉得华老师这种无处不在、无时不在的数学眼光，与广场上的三军将士一样，着实令我们敬佩。

20世纪90年代初，我在荷兰弗赖登塔尔研究所进修。这是一个数学课程研究所，荷兰的大部分中小学教材都是由这里的研究人员编写的。每天午餐之后，研究所的同行都会三三两两结伴到研究所附近走一走。之所以叫走一走而不叫散步，是因为走的速度很快，还因为走的过程中彼此之间的交流几乎全都与数学教学有关。记得我第一次与他们同行时，那位国际著名的斯特里弗兰先生（如今已故）和我说的第一句话就是："你看前面那座高楼上垂下的广告有多长？"我当时还非常不适应这样的问话，数学与司空见惯的广告之间有什么关系远在我思考的边界之外。但从那时起，他们这种无处不在、无时不在的数学眼光越来越令我向往。

一下子说到几十年前的荷兰是想说明，华老师无处不在、无时不在的数学眼光，不仅让我钦佩，而且令人欣慰。这种眼光对数学教学、数学教师真的是太重要了。下面说说原因。

二

数学素养是公民核心素养中不可或缺的组成部分。在数学素养中，了解数学与现实世界的联系尤为重要。

小学是建立这种联系最重要的阶段，因为小学数学拥有发现这种联系的丰厚土壤，数学这棵大树的几乎所有根系，都会在小学数学中发育生长。更重要的是，小学之后，中考、高考将步步紧逼，题型教育、考试教育会日甚一日，到那时，学生已经没有多少发现数学与现实世界联系的空间了。

因此，就培养学生的数学素养而言，小学阶段实在太重要了，但小学数学教学的现实并没有那么乐观。

翻开一本小学数学练习册，一艘在长江上航行的轮船，算下来行驶速度居然可以达到每小时近 60 公里；再翻开一本小学数学教材，在烙饼的过程中，竟然有把烙了一半的饼拿出来放几分钟之后再放回去继续烙的程序。仔细核对后发现，前者计算无误，后者程序清楚，可这样的航行速度、这样的烙饼方法，虽然准确、清楚，却不合理。这样的事在现实生活中有过吗？学习这样的内容，学生能知道数学与现实世界的联系吗？

类似的问题一定还有不少。可能有人认为这无所谓，这很正常，"对、快、准"才是数学的硬道理，其余的都应该是陪衬！

这就涉及小学数学教育何去何从的大问题了。

任何割裂现实生活与数学科学的处理，都会直接影响数学学习本来应该具有的理性。正如数学家弗赖登塔尔所说，理性的一个重要特征是认真，数学学习就是要让"儿童逐步变得认真起来"，认真地面对生活，认真地面对社会，认真地面对未来。而上面提到的例子，直接损害的就是"认真"二字，正面教育的意义有限，但负面的杀伤力很大。如今学生对数学越来越畏惧，学习数学的目的越来越趋于实际，多半与此有关。"书上说的，不少是假的、编的""数学除了考试有用，别的也派不上什么用场"，类似的消极经验已经在销蚀数学课程的肌体了。

这节课的内容源自真实的阅兵，不仅引人入胜，而且提供了巨大的思考和探索空间。从情景的选择、问题的提出、对关键数据的提取，一直到发现关系并做出表示，数学与现实世界不断交替出现。学生在热闹刺激的气氛中，变得更加严肃，态度越来越认真，思考越来越深入，活生生的现实逐步转化为具体的算式、算法，如何使"受阅部队正步通过检阅区做到分毫不差"等问题，最终都得到了令人信服的答案。

这看上去那么顺理成章，但这一切都源自华老师不懈的思考。根据我的经验，这种思考绝不会是偶尔为之，可以断定，他无论身处何地，都在努力寻找数学与现实世界的联系。

毫无疑问，教师的数学眼光应当是丰富的、多层次的，教师不仅要紧盯现实中亟待解决的教学问题，还要十分关注改革的方向。但无论如何，数学与现实世界的联系以及如何在教学中加以体现，最应重到重视，因为这是最重要的数学素养，也是实际教学中面临的重要挑战。

如果我们的教师，无论身居何地，都有像华老师这样的数学眼光，哪怕向华老师目光所及的方向瞟上几眼，我们的数学教学面貌都会大为改观。

三

说完华老师的眼光，下面再探讨一下他的教学。整节课值得分析的元素有很多，限于篇幅，这里只讨论其中的两个问题，当然也是我个人比较感兴趣的两个问题。

1. 应用题问题

应用题的类型是我们向苏联学习的，由于它在我们的小学数学课程中存在了几十年，渐渐地我们就以为它是我们自己的了。现在不提应用题的类型了，有的老师还多少有些失落。

之所以不再提应用题和应用题的类型，主要有两方面的原因：第一个原因是，这类应用题的准确含义是文字题（这个称谓世界通用），其主要作用是帮助学生从文字叙述当中提取数学信息并解决问题。这个"应用"和实际的数学应用没有多少关系。第二个原因是，从"应用"本身来说没有什么类型可言，如果硬把"应用"类型化，会产生两个误导：一是会让学生产生但凡是应用都可以归入某种类型的错++++++觉，而事实上，几乎所有真的应用都与这些应用题的类型无关；二是一旦将"应用"归为类型就成了只在考试中有用的题型了，找条件、凑条件、套题型就成了解这种应用题的唯一手段，至今仍摆脱不掉的题型教育最初就是这么来的。更重要的是，应用的目的是解决问题，特别是现实的、实际的问题。而这些应用题的类型与现实之间几乎没有真正意义上的关联。像植树问题，在现实生活中植树的关键在于树的间距和每棵树所占的面积，除了成片的植树造林，学生能够见到的城区道路的始点和终点处通常是不会植上一棵树的，这只要到有树的路边一看就清楚了。这些例子都说明，应用题的类型与现实生活中的应用是两码事。

不过，现在的数学课程中仍然能看到原来应用题类型的影子，如商品数量单价总价问题、时间路程速度问题。提出这些问题的目的不在于应用，而在于表示这三个量之间的关系，在于对等式性质的把握。而关系的发现、要素的提取、数学语言的表示及等式性质的作用等合在一起，差不多就是我们熟悉的建模了。

华老师在这节课上也提到了火车过桥问题、植树问题、追及问题和相遇问题，有些原来也是作为应用题的类型出现的，现在一般是作为较复杂的问题在带有拓展性的教材栏目中零散地出现，而不再作为类型讨论了。因为这些问题一旦成为类型，就会成为只在考试中有用的题型。

上面这些分析，有的老师可能还不大清楚，所以，华老师在这节课上的思路与举措就很值得借鉴参考。

首先，这节课的每一个问题都是"真"问题，都是阅兵现场生动鲜活的真事，都有解决的必要。坦克能否踩上俄军的脚跟？这个问题一下子就引起了学生的好奇心和主动探索的意识，数学的应用也就顺理成章了。请注意，这里没有类型，不是有了类型再应用，而是应用在遇到问题的第一刻就已经介入了。

可不管怎么说，这里的"坦克能否踩上俄军的脚跟"不就是应用题类型中的追及问题吗？如果有个现成的类型，在这里一"套"不是也挺好吗？这就又涉及应用题的"类型"最初应该从哪里来的问题了。

如果希望数学真正成为学生作为一个合格公民的基本素养，应用就不能糊弄，不能人为编造。在今天的交通工具、道路系统和交通规则框架下，把相遇、追及作为应用题的类型已经没有多少现实的教育意义了。而在阅兵中，俄军队列后面是步步紧逼的坦克，"追及"才又成了富有实际意义的真问题。

上面的分析意在说明，应用题的类型和真正意义上的应用的区别在于：是先有真正的应用再有类型，还是先编个情景弄出个类型，再去应用。而这正是问题的关键。

本课的主线是通过阅兵这一真实情景，启发、引导学生发现数学与现实世界之间的联系，而这种联系只有伴随着"真刀真枪"的实战才会逐步实现。

华老师从这节课的第一分钟开始就指导学生如何应用，原因也就在这里。我相信，通过这样的教学，学生肯定会对数学的"有用"生出新的感悟与理解。

如果弄清了真正的着眼点，我觉得原来那些应用题的类型也都可以再回来、再出现。不过不能再用原来的那些称谓，也不要再试图把它们类型化了。只要把这些类型置于现实生活的真实情景中，由学生围绕其中蕴含的关系及其表示做出探索与发现，真正意义上的应用就会呼之欲出。如果找不到与某一类型对应的真实情景，我们可以坦然地与这一类型说再见。

2．化错问题

学生在学习过程中的"错"可以生成新的学习资源，这一点大家已有共识。过去，我们在这方面简单化的处理比较多：错了就是错了，错误明明摆在那里，教师岂能不管？今天我们已然清楚，能否正确面对和处理这些"错"，影响着学生未来的心理发育、人格构建，是一件"细"活儿。目前来看，虽然常态的做法不少，但有意义的"大招儿"还不多。

在这节课上，华老师关于"化错"的一些思考和实践有些"大招儿"的味道，这说明这件"细"活儿其实也有规律可循。

这节课的重心是引导学生发现数学与现实世界的联系，这本身就是一个探索过程。而任何一个探索过程，都不会一蹴而就，弯路少不了，失误也不可避免。华老师值得称道之处在于：他没有把在这一过程中出现的失误看成是负面信息，不让生硬的纠错给学生带来心理压力。他的举动明显表示出他从心底里认可学生出错的合理性。于是，合理的错就渐渐转化成新的学习资源。这里的"化"就是转化，就是提升。在这节课上，这样的场景不少，值得我们认真揣摩。

教师如果急于"纠"错，结果可能错上加错，更容易让学生气馁。而像华老师这样"容"错、"化"错，则有助于学生充满自信地寻找正确的方向。我觉得从这个意义上讲，化错有可能成为一种新的课堂教学文化。

"化错"是华老师自创的一个新词，这节课也帮我理解了这个新词的含义。

附录

"我不只是数学"何以可能？
—— 对优秀教师专业成长的再解读

刘加霞

华应龙老师在从教过程中经历了从"我就是数学"的自信到"我不只是数学"的慎思与追求。这离不开他对数学教学的领悟与把握、对学生如何学习数学的洞察以及为了达到"我不只是数学"境界的不懈努力。"我不只是数学"是对"我就是数学"的再认识与超越，是对数学所承载的多元价值的深刻理解及践行。正如华老师所说，"我就是数学"乃是他的自我安顿、自我期许和自我鞭策。既用数学修身，也用数学育人，还用数学立命。"我不只是数学"是对它的超越，既关乎数学的学科价值，更关乎学生的成长。

一、数学承载的多元价值决定"我不只是数学"

数学除了具有解决实际问题的工具性价值以外，还具有促进人发展的发展性价值及传承人类文化的文化性价值。数学的工具性价值可以说尽人皆知，后两种价值虽不外显但也越来越受到教育者的重视。华应龙老师从"我就是数学"到"我不只是数学"的思想转变，正是因为他越来越清楚地认识到数学后两种价值的存在及其重要意义。

为什么可以说"我不只是数学"呢？这是因为我们要特别关注在数学知识形成、发展的过程中，数学家的意志品质与思维品质。R·柯朗和H·罗宾在其著作《什么是数学——对思想和方法的基本研究》中指出："数学作为人类思维的表达形式，反映了人们积极进取的意志、缜密周详的推理和对完美境界的追求。数学的基本要素是逻辑和直观、分析和推理、一般性和个别性,虽然不同的传统会强调不同的侧面,但正是这些相互对立的力量的相互作用以及它们综合起来的努力,构成了数学科学的生命、用途和它的崇高价值。"[1]

数学知识源自人类的经验与感觉,是对日常经验的深思、追问与系统化。弗赖登塔尔曾说过,数学是系统化了的常识,小学数学的内容尤其如此。数学教学除了落实数学的工具性价值以外,更应该让学生初步认识到数学要经历"从无到有的创造、从粗糙到精细的完善"过程;了解数学家们不断追求"从不局限于解决实际问题,而是更关注厘清问题的本质特点、探索解决问题的方法的普适意义";更要了解数学家们在面对问题与困难时,敢于大胆猜想,敢于将复杂问题简单化,再通过缜密周详的推理逐步解决问题,进而不断将数学结构化与系统化、不断追求完美的过程。

学生学习数学的过程既是运用所学到的数学知识解决实际问题的过程,也是培养理性与合作精神、锻炼意志品质、学会"再创造"的过程。正如罗素所言:一切开端总归是粗糙的,但是我们不应该因此就忽视了它的创造性。所以,"我"应该"不只是数学"。

二、持续、专注地做好一件事是"我不只是数学"的前提

王长沛在其著作《数学教育与素质教育》中指出,不管专家们如何认真地进行课程改革的研究,无论专家们对数学新课程抱有多高的期望,这些最终还得通过数学教师来落实;正是那些与学生直接接触的教师的行为、态度、教学决策,决定了数学教育改革的成败。[2] 因此,一线教师应该坚定地信奉"我就是数学""我不只是数学",并在教学实践中有效落实。

古人云:"书痴者文必工,艺痴者技必良。"华应龙老师对"琢磨"课堂教学十分痴迷,对研究学生如何学习数学十分痴迷,在全国范围内设计并执教了

---

[1] R·柯朗,H·罗宾.什么是数学——对思想和方法的基本研究[M].上海:复旦大学出版社,2012:3.
[2] 王长沛.数学教育与素质教育[M].北京:中国工商联出版社,1999:223.

很多有影响力的研究课，发表了数百篇专业论文。

华老师曾经讲过一个"寻找金表"的故事：一个大富翁的金表丢了，他于是发布悬赏通告，谁找到金表就悬赏十美元。好多人去找金表，找来找去找不到，大家都纷纷离开了。只有一个小孩子等到夜深人静的时候，听到了金表的声音，找到了金表。华老师说，研究数学教学也要这样，在百思不得其解的情况下你再坚持一下，也许就会听到金表的声音。

突然，脑中灵光一现，我赶紧从飞机前排座位后面的口袋中抽出清洁袋，在清洁袋上把想到的方法记了下来。

有一天，我关灯睡觉。睡了一会儿，突然想到了白天琢磨的那个问题的解决办法。我开灯，把它记下来。记完了，关灯再睡。睡了一会儿，又想到了，再开灯记，记完了关灯。再开灯，再关灯……我突然觉得我家的床头灯不就像萤火虫吗？

现在很多教师缺少的就是持续地、专注地思考一个问题的习惯与意识。教师要掌握一定的思考问题的方法，并逐步实施，在思考和研究中形成长时间专注地"做好一件事"的能力。

三、追问"为什么"的思维习惯是"我不只是数学"的保障

华老师曾说过，做正确的事比正确地做事更重要。首先是"做正确的事"，然后是"正确地做事"。怎样才能"做正确的事"？华老师认为：要突破思维定式，不迷信书本和权威，不受现成结论和传统观念的束缚，不人云亦云，多问几个"为什么"，自己独立思考。

他在追问并思考什么是数学，数学到底要给孩子留下什么。

数学是玩具，是前人留下的玩具；数学是游戏，是在统一规则下的游戏。别把小学数学说得那么高深，那么玄乎，那样会把小学生给吓住。只有让孩子们对数学感兴趣，他们才能学好数学。

让学生心中有"数"是数学教学最大的目标。学生从心底里害怕数学，那

是数学教学最大的失败。如果我们的数学教学不仅传授知识，启迪智慧，还滋润生命，那么，我要学生心中无"数"都不可能。

他在追问并思考什么是有效的教育，什么是有效的教学。

教是因为需要教，不要在不需要教的地方好为人师。学习应该像呼吸一样自然，教学应该是教师带着孩子们一起玩儿。不要道貌岸然，而要道法自然，学生"水到"，教师"渠成"，乃是至善。

理想的教学应该是对话式的，师生相互请教，双方互为先生和学生。教师要不断提升自己的学识，让自己变得更理性，因为只有丰厚的学识与彻底的理性才能让人变得大气。这种大气对教师是非常重要的，因为只有大气的教师，才能真诚地鼓励学生放飞想象的翅膀，才能让学生明白"吾爱吾师，吾更爱真理"！

他在追问并思考学生在学习过程中的角色与作用。

在我眼里，学生永远是上帝。

正确的解答，可能只是模仿；而错误的解答，却可能是创新。

看待学生的思维成果时，不要着眼于对还是不对，而应着眼于有价值还是没有价值，价值是大还是小，是现时价值还是长远价值！

约翰·杜威在《我们怎样思维》一书中指出："有了疑难的状态，也有了先前的经验，能够产生一些思考和联想，思维还未必就是反省的。因为人们可能对所得的观念没有加以充分的批判。他可能是匆匆忙忙得出结论，而没有衡量结论的根据；他可能放弃了或过分消减了研究、探索的行动；他可能由于心智的倦怠、麻痹，只采用了第一次出现的'答案'或解决办法，而不肯耐心地寻求某种更为稳妥的方案。只有人们心甘情愿地忍受疑难的困惑，不辞劳苦地进行探究，他才可能有反省的思维。"[1]

普通教师往往既不能承受判断时的困惑，又不愿做出理智的研究，只想要

---

[1] 约翰·杜威. 我们怎样思维·经验与教育[M]. 北京：人民教育出版社，2005：21.

尽快地得出结论。华老师则愿意继承和发扬怀疑精神，以便更专注、更彻底、更深入地探究，不会轻易地接受任何信念或武断地得出结论。

四、享受职业幸福是"我不只是数学"的动力源泉

小说家严歌苓曾说过，能不能过上那把瘾，取决于你认不认真，是否全身心地投入。只有彻底投入，才能进入佳境，出神入化。而投入的过程，往往有些痛苦。要多大的毅力、多强的自制力，才能勒住意念的缰绳？些许消极怠工都会让你前功尽弃！而那凤凰涅槃后的极致快乐就在认真单纯的求索后面，就在那必不可缺的苦头后面。享受"苦头背后的快乐"，做一名享受职业幸福的老师，是追求"我不只是数学"境界的动力源泉。

华老师曾说过："有人说我'勤奋''刻苦'，其实我自己不认为是'勤奋''刻苦'，我是在享受幸福，享受自己的全身心投入，享受数学对我的青睐有加，享受生活对我无微不至的照顾。张爱玲说：'人生最大的幸福，是发现自己爱的人正好也爱着自己。'"

教师产生职业幸福感的源泉是什么？是对学生无私的、发自内心深处的、纯粹的热爱。这种热爱不是作秀，而是来自灵魂深处。对学生的这种爱（绝不同于父母对自己孩子的爱）是教师教育教学的动力源泉，是教师职业幸福的源泉。有了这种爱，教师才会不断地追求"我就是数学""我不只是数学"的境界，才会把教师职业当成一种事业来追求，而不仅仅是养家糊口的饭碗。

教师在体验到这种职业幸福感后，会转变生活及工作态度，而态度的转变又必然会提升教师的职业幸福感，由此形成良性循环！

每一位教师都应该具有"我不只是数学"的态度和追求，有了这样纯粹的目标和兴趣，教师专业成长之路才能越走越宽，越走越顺利。

后记
每一个字，都是盛开的花

"每一个字，都是盛开的花"，这是我此刻真切的感受——

"课前慎思"中的每一个字，都是长在思考之树上的丁香花；"课中笃行"中的每一个字，都是盛开在课堂沃土上的太阳花；"课后明辨"中的每一个字，都是窗前月光下的夜来香；"名家点评"中的每一个字，都是捧在手上的紫罗兰！朱永新、郑毓信教授序文中的每一个字，都像是优昙婆罗花。

"佛祖拈花，迦叶微笑"。让我感到好奇的是，佛祖拈的是什么花？一查，是优昙婆罗花。

优昙婆罗花是传说中的仙界极品之花，因其花"青白无俗艳"被尊为佛家之花。西方极乐佛国中善见城之优昙，与备受推崇的阿修罗城的莲、持国天城中的水仙和爱染明王城中的牡丹同属极品，沾皇家的华贵气息，三千年一开，花形浑圆，犹如满月，远远看去，雪白的花朵倒像是卷了千堆雪，祥瑞之气缭绕，观者受福。

观者受福，观者受福，愿观者都受福！

冰心曾说过，成功的花，人们只惊羡她现时的明艳。然而当初它的芽儿，浸透了奋斗的泪泉，洒遍了牺牲的血雨。本书中的11节课，都是我在北京第二实验小学期间执教的，都是2009年出版的《我这样教数学——华应龙课堂实录》面世后上的课。衷心感谢我生命中的贵人李烈校长把我带到这个优秀的团队中来，衷心感谢同事们、朋友们在我研究这些课的过程中给予我的帮助！

我将书名定为"我不只是数学"，不仅为了和我的第一本书《我就是数学——华应龙教育随笔》呼应，而且也是为了表达我从数学教学走向数学教育的追求。

我，对每一朵花都微笑。

衷心感谢帮我整理课堂实录的老师们！

很多年轻教师对我说，在大学里，某某老师总是推荐我的课，说我的课多么多么好。我要感激那些相知、相识甚至未曾谋面的教授们帮我种下了花的种子！在此，我更要感激百忙之中抽空帮我写出启人深思的评论的刘晓玫、刘加霞、陈今晨、张丹、李红云、曾小平、张春莉、方运加、喻平、张景斌、彭钢、丁国忠、曹一鸣、陈玉梅、王光明、范文贵、孔凡哲、孙晓天等教授和导师！

书中的课堂实例，都在有关报刊上发表过。衷心感谢《光明日报》《人民教育》《小学数学教师》《小学数学》《江苏教育研究》《教育视界》等报刊的编辑老师们对我的指导和信任！

衷心感谢我的师妹、特级教师施银燕和我的徒弟胡健老师帮我一一校对，细致推敲！

衷心感谢源创图书的吴法源先生、王莹女士，他们的美妙创意，让我喜笑颜开；他们的精益求精，让我十分感佩！

衷心感谢我的家人，餐桌上的交流常常让我心花怒放，"会桃花之芳园，序天伦之乐事"。我在享受天伦之乐的同时，竟然突破了教学难点，完善了课堂设计。"开琼筵以坐花，飞羽觞而醉月。不有佳咏，何伸雅怀？"

人的心灵是一棵会开花的树。每当遇到这样的时刻，我们的心灵之树就会悄悄地发芽、长叶，向着辽阔的空间伸展枝丫。

愿你我的心灵悄悄地开花！

愿我们的世界是个百花园，欣欣向荣！

2018年2月18日修改于江苏老家

图书在版编目（CIP）数据

我不只是数学／华应龙著.—北京：中国人民大学出版社，2018.2

ISBN 978-7-300-25509-5

Ⅰ.①我… Ⅱ.①华… Ⅲ.①小学数学课—教学研究 Ⅳ.①G633.602

中国版本图书馆CIP数据核字（2018）第026937号

我不只是数学

华应龙 著

Wo Buzhi Shi Shuxue

出版发行	中国人民大学出版社		
社　　址	北京中关村大街31号	邮政编码	100080
电　　话	010-62511242（总编室）	010-62511770（质管部）	
	010-82501766（邮购部）	010-62514148（门市部）	
	010-62515195（发行公司）	010-62515275（盗版举报）	
网　　址	http://www.crup.com.cn		
经　　销	新华书店		
印　　刷	北京华宇信诺印刷有限公司		
开　　本	168 mm×239 mm　16开本	版　次	2018年2月第1版
印　　张	18.75　插页1	印　次	2022年6月第5次印刷
字　　数	300 000	定　价	68.00元

版权所有　　侵权必究　　印装差错　　负责调换